Kathrin Leineweber
Tür zu, es zieht!

Zu diesem Buch

Zwischenmenschliche und meteorologische Turbulenzen gehören zum Alltag von Chefstewardess Kathrin Leineweber. Und eines Tages kommt beides zusammen: Mitten über dem Atlantik lernt sie den Piloten ihres Herzens kennen, heiratet einen anderen, hängt ihren Job nach dem vierten Kind fast an den Nagel und landet dann doch wieder an Bord – und bei ihrem Traummann. Jede Menge haarsträubende und lustige Geschichten aus zwei Jahrzehnten über den Wolken.

Wer denkt, dass Stewardessen durchgestylte Großstadtneurotikerinnen mit Jet-Set-Sehnsucht sind, kennt *Kathrin Leineweber* nicht. Mit ihrer Patchwork-Großfamilie und jeder Menge Getier lebt sie in einem perfekten Kontrastprogramm zur großen weiten Welt: einem kleinen Dorf bei Münster.

Kathrin Leineweber

TÜR ZU, ES ZIEHT!

Aus dem Leben einer Stewardess

Piper München Zürich

Mehr über unsere Autoren und Bücher:
www.piper.de

Für Hannah, Henry, Helen und Hardy,
die mit ihrem »Flieg schön, Mama« oft den Abschied
viel cooler weggesteckt haben als ich.

Originalausgabe
September 2012
© Piper Verlag GmbH, München 2012
Umschlaggestaltung: semper smile, München
Umschlagabbildung: Betsie Van der Meer/Getty Images,
David Oxberry/Getty Images, mauritius images/imagebroker/
Mauricio Jordan
Satz: Kösel, Krugzell
Gesetzt aus der Meridien
Papier: Munken Print von Arctic Paper Munkedals AB, Schweden
Druck und Bindung: GGP Media GmbH, Pößneck
Printed in Germany ISBN 978-3-492-30096-4

Inhalt

Technische Daten	9
Willkommen an Bord!	10
Der Griff nach den Sternen	25
Flügge werden zwischen Schlangen und Arktis	32
Meine Feuertaufe	46
Ungebetene Gäste auf Kuba	63
Zicken unerwünscht	74
Einmal Rindsroulade für den bayerischen Engel	80
Noch alle fünf Sinne beisammen?	85
Apropos Flugangst	97
Es wird turbulent	102
358 Könige an Bord	111
Und immer wieder: Toiletten	117
Ritt auf der Kanonenkugel	126
Alles wird gut	137
Höher hinaus	144
Die ersten Abenteuer mit Hasenzähnchen	151
It's showtime!	160

Das dicke Ende 169

Prost Neujahr 177

Die Tücken des Enteisens 187

Paris – eine Reise wert? 196

Tausendundeine Nacht 205

Auf der Insel gestrandet 214

Hurrikan-Saison 227

Verschwörer an Bord? 235

Kringel über Karpathos 245

Fernweh 254

Fliegerchinesisch 258

Zu guter Letzt 272

*Wohin die Reise auch geht, hängt nicht davon ab,
woher der Wind weht, sondern wie man die Segel setzt.*

Irischer Segensspruch

Technische Daten

- Baujahr: *April 1967*
- Jungfernflug: *1975 (mit Oma und Opa nach Palma de Mallorca)*
- Erstzulassung als Düse: *März 1990*
- angeflogene Airports: *158*
- zurückgelegte nautische Meilen per Flugzeug: *5 640 000*
- verbrachte Stunden in der Luft: *11 988*
- auswärtige Übernachtungen: *1756*
- ausgeschenkter Tomatensaft: *7920 Liter*
- rote Lippenstifte verbraucht: *72*
- verschlissene Uniformschuhe: *28 Paar*
- Laufmaschen: *725*
- verschlafen: *1 Mal, aber gründlich*
- gefühlte Mücken-, Sandfloh- und Wanzenstiche: *unzählbar*
- geschriebene Postkarten: *536*
- Dienst wegen unerwarteter Umstände nicht angetreten (Auto im Graben wegen Glatteis, Autopanne unterwegs, alle vier Kinder gleichzeitig Windpocken): *3 Mal*
- verschlissene Ehemänner: *1½*
- Kinder: *4*
- graue Haare aufgrund von Verspätungen, widrigen Umständen und schwierigen Mitmenschen: *siehe Mückenstiche*

Willkommen an Bord!

Fliegen macht süchtig, das habe ich bei meiner Lebensplanung absolut unterschätzt. Inzwischen bin ich seit mehr als 22 Jahren bei einer deutschen Airline beschäftigt – und noch immer erwische ich mich bei dem sehnsüchtigen Gedanken, wohin wohl die nächste Reise geht.

Dabei sind wahrhaftig nicht alle Flüge ein Genuss. Flugbegleiter sein heißt nun mal nicht, in schicker Uniform mit kleinem Zieh-Köfferchen und schwindelerregend hohen Pumps durch weltbekannte Flughäfen zu staksen, den Jetlag an den schönsten Stränden der Welt in der Sonne zu verdösen und dazwischen in New York, Bangkok oder Shanghai ein bisschen shoppen zu gehen.

Ein Flugzeug ist ein ganz eigenes Universum mit vielen fremden Menschen auf engstem Raum in 10 000 Metern Höhe – eine Showbühne für unglaubliche, witzige, rührende und haarsträubende Geschichten während der Reise zu den unterschiedlichsten Destinationen auf diesem Globus.

Oft habe ich mir gedacht, ich sollte bei *Wetten, dass …?* mitmachen, indem ich beim bloßen Anblick der Fluggäste sage, woher die Maschine kommt: Gäste mit Zöpfchen und Palmflechthut aus Punta Cana, Passagiere mit Rucksack und Sandalen aus Kos, braun gebrannte Herrschaften mit Golftaschen aus Fort Myers und zobelbehangene Damen mit platzenden Duty-free-Tüten aus St. Petersburg. Und dann ist da noch Ibiza …

An einem regnerischen Sonntag, der mir bestens im Gedächtnis geblieben ist und erst mal förmlich danach schrie, mit dampfendem Tee vor dem Kamin verbracht zu werden, stand DUS-IBZ-DUS-SZG-DUS auf dem Dienstplan – also ein Hopser von Düsseldorf auf die schicke Baleareninsel mit anschließender Stippvisite in Salzburg.

Bei Ibiza handelte es sich um eine Destination, die für ihr schickes Publikum bekannt und gefürchtet war. Während nach Málaga, auf das spanische Festland, oft eher elitäre Menschen zu ihren Ferienhäusern oder einem kleinen Golfwochenende reisten, die man mit schnöden Sandwiches und Getränken in Plastikgläsern besser gar nicht erst belästigte, war das Publikum auf Ibiza stets sehr gemischt. Es flogen die Reichen und die Schönen, die Verrückten, die Durchgeknallten, die »Mehr scheinen als sein«-Menschen, rüstige Rentner und – ja, doch – auch ein paar ganz normale Gäste, die im November einfach dem ekligen Wetter in Deutschland entfliehen wollten. Diese bunte Mischung verlangte von uns Flugbegleitern ein Höchstmaß an Flexibilität. Die Wünsche an Bord waren vielfältig und oft zahlreicher, als wir bei zwei Stunden Flugzeit in der Lage waren zu befriedigen.

Wir boardeten an jenem Morgen über zwei Treppen, da die Gäste per Bus vom Terminal kamen. Während die hintere Treppe aus mir unverständlichen Gründen verwaiste, knubbelten sich unsere Passagiere auf der vorderen Gangway. Ins Flugzeug hineinzukommen, war ungefähr so einfach, wie einen ausgewachsenen Elefanten durch ein Nadelöhr zu fädeln, zumindest wenn man das voluminöse Handgepäck unserer Gäste mit in Betracht zog. Rechts hing meistens eine Handtasche, in die problemlos eine Enzyklopädie der Neuzeit gepasst hätte, links zerrte man einen Hartschalen-Bordtrolley in Lackschwarz, Rot oder modischem Türkis hinter sich her, in dem sich problemlos ein blinder Passagier hätte verstecken können. Über dem Arm hing dann die winterliche Oberbekleidung, manchmal zusätzlich noch ein Laptoptäschchen. Da man so bepackt nicht die Zeitschriftenstapel inspizieren konnte, wurde das Gepäck erst einmal in der Küche mit Schwung fallen gelassen. Gut, wenn man da als Flugbegleiter seine Füße vorausschauend in Sicherheit gebracht hatte.

Das Problem unseres Baby-Airbusses war, dass er in den vorderen Gepäckfächern leider kaum Stauplatz für die Gäste hatte. Auf der linken Seite blockierte die Videoanlage ganze zwei Staufächer, und danach parkte dort auch noch die firmeneigene Ausrüstung, wie die Computer für den Bordverkauf, ein Safe, Absperrbänder, falls mal eine Tür unbrauchbar sein sollte, ein Megafon und ein kleiner schwarzer Koffer mit allen Videokassetten, die man während des Flugs gebrauchen konnte. Versäumte man als Purser, wie der Kabinenchef im Flieger genannt wird, die notwendigen Filme vor dem Einsteigen der Passagiere zu entnehmen, gab es entweder ein karges Unterhaltungsprogramm auf dem Flug oder man musste sämtliches, sorgsam hineingepfriemeltes Gepäck erst mal wieder entfernen. Auf der rechten Seite sah es leider auch nicht viel besser aus, hier verweilten in pummeligen Jutesäcken so unverzichtbare Dinge wie Verlängerungs- und Babygurte, Ersatzschwimmwesten und natürlich unsere komplette medizinische Ausrüstung. Das Gemeine an der ganzen Situation war, dass die Gäste in Reihe eins, also unmittelbar hinter der ersten Trennwand zu unserer Kombüse, angehalten waren, zu Start und Landung sämtliches Handgepäck in den oberen Fächern zu verstauen, da es sich hier um den direkten Zugang zu den Notausgängen handelte.

An diesem Morgen zogen dort ganz elitäre Menschen ein, mit Gepäck, das zum Auswandern sicher gereicht hätte. Ein sperriger Alukoffer köpfte bei einem dilettantischen Verstauversuch fast einen Mitreisenden, ein großer Kleidersack wurde in Fach eins deponiert, indem man unsere Sicherheitsausrüstung pfiffig herausräumte und mit dem Fuß diskret in die Galley, also unsere Küche, schob.

Die Erfahrung hatte gezeigt, dass gewisse Diskussionen nur zu grauen Haaren führten – und zwar ausnahmslos aufseiten des Dienstleisters. Deshalb verstauten wir den ganzen Krempel ohne große Kommentare woanders, zumal es wieder einmal pressierte. Aber Reihe eins hatte noch mehr Überraschungen für uns – der Flug sollte nicht langweilig werden.

Zunächst kam jedoch ein rüstiger Rentner in einer nachempfundenen Admiralsjacke an Bord. Das gute Dutzend Goldknöpfe blinkerte mit seinen Kronen um die Wette, die nicht ganz dazu passende Jeanshose in Karottenform hatte er bis knapp unter die Achseln gezogen, und seine Füße zierten eine Art Lackschuhe, mit güldener Schnalle geschmückt. Er hatte auch einen zünftigen Seesack dabei, mit dem er schwunghaft den Stapel Zeitungen vom Trolley am Eingang wischte. Er quetschte sich ohne Kommentar, aber mit breitem Grinsen neben meine Kollegin in ihren Zeitungskiosk und drängte ihr ein Gespräch auf. Offenbar fühlte er sich sehr wohl bei dem Plausch, denn er machte so gar keine Anstalten, seinen Platz aufzusuchen. Hartnäckig blieb er samt Seesack in der Küche stehen, bis auch die letzten Passagiere eingestiegen waren. Kurze Zeit später hieß es » Boarding completed « – alle Gäste an Bord. Meine Frage an ihn, wie wir ihm denn nun helfen könnten, wurde komplett ignoriert, er schulterte salopp seinen Sack, ging drei Schritte bis zu Reihe drei, wo der Gangplatz noch frei war, und proklamierte laut: » So, dann sitze ich heut mal da! «

Ich beobachtete mit Spannung, wo der Herr Admiral a. D. nun wohl sein Gepäck verstauen würde. Aber auch das war für den alten Seebären kein Problem, er wischte die sorgfältig zusammengefaltete Oberbekleidung seiner Sitznachbarn forsch beiseite, stemmte den Sack nach oben und fing an zu drücken. Er schaffte es tatsächlich, das Ungetüm hineinzuquetschen, und knallte die Klappe sodann lautstark zu. Eigentlich müsste der Flieger nun eine Beule in der Außenhaut haben, dachte ich. Das konnte ja noch spaßig werden.

Nachdem wir die vorläufige Reiseflughöhe fast erreicht hatten und das Vorflugprogramm abgehakt war – Serviceansage machen, heiße Essen anpreisen, Film für die Sonderessen einlegen, Bestellungen derselbigen aufnehmen, Kopfhörer verkaufen, Videomagazin einlegen und die Jungs im Cockpit füttern –, konnten wir mit unseren fertig aufgebauten Wagen in die Kabine rollern. Ich musste nur noch einmal kurz an das zweite Gepäckfach, um dort unsere Baranhänger mit Milch, Zucker, Zitrone und Rührstäbchen herauszufischen. Diese waren genau über dem Kopf des Herrn Admiral geparkt. Er rief laut: »Die Musik eben war aber schön! Warum ist die jetzt wieder aus?«

»Das war nur die Hintergrundmusik von unserem Informationsfilm über die heißen Essen, die wir heute an Bord haben«, erklärte ich ihm.

»Schade!«, grunzte er. »Die Musik war schön. Der Rest ist echt schlecht. Dieser komische Schauspieler, den Sie da immer zeigen, dieser Brian Dingsda … da … der ist wirklich nicht zum Aushalten!«

Inzwischen hatte ich die Schublade aus dem Gepäckfach ziehen können und schloss sie wieder.

»Tut mir leid, aber wir haben ganz verschiedene Musikkanäle, vielleicht ist ja da etwas für Ihren Geschmack dabei …?«

»Ach was«, winkte er ab, »das ist doch alles totaler Mist! Wollen Sie mich vielleicht auf den Arm nehmen? Das kann man doch keinem Menschen zumuten, das Gedudel! Ich fliege sonst sowieso immer mit XY-Airways!«

Na, warum zum Teufel konnte der Herr Admiral das nicht heute auch tun? Flogen die nicht nach Ibiza?

Ich sah mich leider gezwungen, das Gespräch an dieser Stelle abzubrechen, flötete »Sie entschuldigen mich, meine Kollegin wartet auf die Zuckertüten ...« und ließ den Seebären weiter vor sich hin brabbeln. In der Galley klemmte ich die beiden Baranhänger an unsere Wagen und schüttelte den Kopf.

»Was war denn das für eine Diskussion?«, fragte meine Kollegin, die durch den Vorhangspalt meinen Dialog mit 3C beobachtet hatte.

»Frag nicht, lass uns einfach anfangen ...«

Meine Kollegin ging rückwärts mit einem Getränkewagen, ich folgte ihr vis-à-vis mit einem Sandwichtrolley, auf dem oben die Standardgetränke wie Kaffee, Tee, Cola, Wasser und Saft in einer Schublade aufgebaut waren. Praktischerweise ließ sie mir die ersten Reihen frei und fragte schon einmal in Reihe drei nach Getränken. Das Essen würden die Passagiere dann etwas später von mir bekommen, sobald ich mit Reihe eins und zwei fertig war. Ich begann auf der linken Seite: »Was möchten Sie gerne trinken?«

Dame auf 1C: »Ich hätte gerne ... ich hätte gerne ... ja, was hätte ich denn gerne? Ilse, was nimmst du denn?«

Ilse auf 1B erhielt einen herzhaften Knuff in die Seite.

»Hä?« Die Dame, nicht mehr ganz jung an Jahren, hatte kein Wort verstanden. Das war in der Steigflugphase nicht ungewöhnlich, der Flieger war noch recht laut, und nicht umsonst waren wir Flugbegleiter allesamt Profis im Lippenlesen.

Ilse überlegte angestrengt und brüllte dann: »Ich krich Teeh!«

Dame auf 1C: »Gut, für mich dann auch einen!«

Ich nahm zwei Pappbecher in die Hand und fing an, in einen davon schwarzen Tee einzuschenken.

»Leichten Kaffee haben Sie ja wohl nicht? Darboven?«

»Ich kann Ihnen Kaffee HAG anbieten, der ist koffeinfrei.«

»Keinen Darboven?«

»Nein, leider, Kaffee HAG.«

»Mmmh.« Die Dame auf 1C überlegte, wartete, bis ich den Tee auf das Tischchen von 1B gestellt hatte, und sagte dann bestimmt: »Dann nehm ich den leichten Kaffee, aber mit viel heißem Wasser.«

»Einen Moment, bitte.«

Ich stellte die Teekanne zurück auf den Wagen, öffnete den Vorhang und verschwand in der Küche, um ein Tütchen Kaffee HAG aus dem Ausrüstungswagen zu kramen. Wenig später stellte ich den dampfenden Becher auf ihrem Tischchen ab.

»Das ist Kaffee HAG?« Sie äugte erst skeptisch in den Becher, dann zu mir hoch. Ich bejahte diese Frage und lächelte.

»Möchten Sie Milch und Zucker dazu?«

»Ja, und heißes Wasser!«

Ich legte ihr ein Döschen Milch und eine Tüte Zucker nebst Rührstängel neben den Kaffee, verschwand für das begehrte Glas heißes Wasser wieder hinter dem Vorhang und zapfte es aus dem Coffeemaker. Als ich es neben den Kaffee stellte, sagte 1C: »Zwei Milch, einen Zucker!« und schaute mich strafend an. Wie unachtsam von mir, noch nicht mal ihre Gedanken lesen zu können! Derweil schaute Ilse neugierig auf den Kaffeebecher ihrer Nachbarin und fragte: »Was ist denn das?«

»Da ist leichter Kaffee, aber nur von HAG. Willst du auch einen?«

Und ob Ilse wollte.

»Den können Sie wieder mitnehmen!«, sagte 1C zu mir und deutete forsch auf den Teebecher.

»Ich krieg auch so was!«, quäkte Ilse und zeigte auf den Kaffee HAG.

Sehr gerne. Ich verschwand zum dritten Mal hinter dem Vorhang. Der widerspenstige Trolley ließ sich nicht gleich öffnen, und ich half mit einem beherzten Tritt nach. Der Kaffee für Ilse war schnell gemacht, und weiter ging es im Service.

1A nahm ganz unspektakulär einen O-Saft ohne Sandwich. Dafür bekamen Ilse und ihre Freundin noch jeweils ein Mineralwasser, mit Blubber natürlich, dekoriert mit einem Schnitzer Zitrone, und überlegten eine gefühlte Ewigkeit, ob sie sich für das Sandwich-Modell Käse oder Putenwurst entscheiden sollten. Geduld zählte ohnehin nicht zu meinen Kernkompetenzen, inzwischen war ich kurz davor, in der Küche noch einmal gegen irgendeinen Trolley treten zu müssen. Aber Gelassenheit ist alles, dachte ich und sah, dass meine Kollegin bereits in Reihe vier angekommen war.

Auf der anderen Seite von Reihe eins erging es mir nicht viel besser. Dort begehrte man einen Früchtetee – wieder zurück in die Galley –, eine Cola light mit Zitrone und einem klitzekleinen Eiswürfel – aber bitte nur einem ganz kleinen, sonst verwässert er den Geschmack! – und ein Bitter Lemon, das sich zu meiner übermäßigen Freude ebenfalls in der Küche verbarg.

Endlich stand ich mit meinem Wagen in Reihe zwei. Hier saß eine junge Familie mit einem ziemlich groß geratenen Kleinkind. Ich hätte den Bengel mindestens auf drei oder vier geschätzt anstatt auf unter zwei.

»Wir nehmen zwei Mineralwasser und einen Champagner …«

Ich hätte schreien können, an diesem Tag wäre ich mit einem Getränkewagen und zwei Schubladen mit Sandwiches weitaus besser bedient gewesen, denn natürlich musste ich auch den Champagner wieder aus der Küche organisieren.

Ich flötete »Ein Augenblickchen« und verschwand wieder hinter meinem Freund, dem Vorhang. Ich holte den Champagner, knotete eine Serviette um den Flaschenhals von Herrn Heidsieck und angelte nach der dazugehörigen Champagnerflöte aus Kristallplastik. Als ich die bestellten Getränke anreichen wollte, sah ich aus dem Augenwinkel, wie mein Trolley, dessen Bremse ich schon gelöst hatte, ins Wanken geriet. Turbulenzen hatten wir keine, aber der Admiral auf 3C, also genau auf Höhe meines dort geparkten Wagens, war aufgestanden und quetschte sich einfach an dem Barwagen vorbei, denn Gast 3B, eine recht füllige Dame, musste offenbar mal zur Toilette. Ohne ein Wort schob er sich in den Gang und bog den Wagen einfach zur Seite, woraufhin dieser eine ungesunde Schräglage einnahm und Kaffee, Tee und Softdrinks aus ihren Behältnissen hüpfen wollten. Ich konnte wegen der gelösten Bremse den Wagen nicht loslassen, balancierte in der linken Hand noch immer den Champagner nebst Flöte und stand nun ungewollt in direkter Tuchfühlung mit unserem grantigen Seebären mittig im Gang. Zur Krönung versuchte noch die Dame von 3B, sich an uns vorbeizuquetschen.

Die Mutter des Kleinkinds beobachtete mit Spannung mein Mienenspiel, offenbar wartete sie auf irgendeine Schimpftirade oder wenigstens eine Zurechtweisung. Innerlich hatte ich sicher einen weitaus höheren Druck als ihr Piccolo, aber ich verkniff mir einen Kommentar. Was hätte es gebracht? Meine Kollegin war inzwischen fast an den Tragflächen angekommen, ich hing immer noch in der zweiten Reihe. Gut, dass die Flugzeit für dieses Servicekonzept verhältnismäßig lang war.

Als endlich sämtliche Sandwiches verteilt waren und wir die Wagen zurück in die Küche zogen, blieben wir wieder in Reihe drei stecken. »Ich hätte gerne eine Flasche Bier!«, orderte der Admiral mit donnernder Stimme

»Tut mir sehr leid, ich kann Ihnen nur eine Dose Bier anbieten«, erwiderte ich.

»Dosenbier? Bah, das können Sie selber trinken! Ich verzichte!«

Na, dann eben nicht. In Reihe zwei konnten wir noch ein Wasser servieren, und in Reihe eins hatten Ilse und ihre Freundin auf einmal mit der Zugluft zu kämpfen. Um sich aufzuwärmen, bestellten die beiden noch einen »leichten Kaffee«. Damit waren wir aus dem ersten Servicedurchgang entlassen. Ach, nein, halt, Platz 1F verlangte noch eine Cola light: »Sie wissen schon, mit einem klitzekleinen Eiswürfel.«

Ich suchte den süßesten und kleinsten Eiswürfel heraus und servierte die Cola mit dem dazugehörigen Lächeln. Insgeheim aber dachte ich: Nur noch drei Flüge und neun Stunden Dienst, und schwupp, dann hast du Feierabend …

Während meine Kollegin das Chaos in der Küche bezwang, den übrig gebliebenen Kaffee und Tee in der Toilette entsorgte und die leeren Flaschen wieder in die Wagen räumte, verteilte ich schon einmal die heißen Essen, die die Gäste vorhin bestellt hatten. Heute waren dies vier Currywürste, zwei Chili-Hähnchen und zwei Mal das Pilzgericht.

Diese Essen hatten es in sich: Die Plastikteller waren glühend heiß, wenn sie aus dem Ofen kamen, und von ihnen musste noch eine nicht minder heiße, widerspenstige Alufolie abgefrickelt werden. Zur Currywurst gesellten sich dann ein aufgebackenes, nicht minder störrisches

Brötchen, ein Wurstpieker und eine Tüte mit extra Curry-pulver.

Eigentlich sollte die Metallfolie vor dem Gast abmontiert werden. Aber nachdem mir einmal bei Turbulenzen so ein Fleischteil entglitten war und sich mit Schwung die gesamte Sauce großzügig auf meiner Uniform verteilt hatte, zog ich es vor, die heißen Essen in der Küche auszuwickeln.

Also balancierte ich die Bestellungen in die Kabine, eine Wurst saß auf 4F, eine auf 6D und zwei auf 13A und B. Die Dame auf 4F winkte mir hektisch, offenbar war sie bereits am Verhungern. In Reihe zwei, bei dem Elternpärchen nebst zu großem Kleinkind, servierte ich zwei Mal die Pilze. Nach einem kurzen Blick auf die Essen sagte die Mutter: »Können Sie meins wieder mitnehmen? Ich esse das später! Sie können es irgendwo hinstellen, es muss nicht in den Ofen, es ist sowieso immer zu heiß. Und ich hätte gerne noch einen Champagner.«

An dem leeren Champagnerpiccolo lutschte unterdessen ausgiebig der Nachwuchs, der auf dem Sitz zwischen ihnen saß. Verträumt nuckelnd schaute er mich dabei an. Der Vater zog derweil das andere Essen zu sich, drückte mir seinen leeren Plastikbecher in die Hand und fragte: »Können Sie das mitnehmen? Ich hätte auch gerne noch ein Wasser. Dann brauchen Sie nicht zwei Mal zu laufen …«

Nachdem die heißen Essen ausgeteilt waren, galt es, den Müll wieder einzusammeln. Meine Kollegin bereitete die Wagen und die Küche schon einmal für den Rückflug vor, also schnappte ich mir das Müllauto und rollerte wieder in die Kabine. Weit kam ich nicht, die Dame von 1C blaffte mich an, kaum dass ich den Vorhang beiseitegeschoben hatte: »Sagen Sie mal, das ist ja eine Unzumutbarkeit! Das ist ja hier kaum zum Aushalten!!«

»Was meinen Sie bitte?«, fragte ich. Ich konnte mir in der Tat keinen Reim auf diese Beschwerde machen.

»Dieser Gestank von Ihrem Ofen da, der ist ja wi-der-lich!«

»So? Das tut mir leid ...« Warum musste man sich als Flugbegleiter eigentlich für alles und jeden entschuldigen? Mir tat es überhaupt nicht leid, im Gegenteil, der Geruch der Currywurst verursachte höchstens ein Bauchgrummeln, das in Richtung Hungergefühl ging, denn zum Frühstücken war ich an diesem Tag noch gar nicht gekommen. Aber der Dame auf 1C war es auch völlig egal, was ich antwortete, sie stellte ihre Füße etwa auf meiner Bauchnabelhöhe an die hellgraue Trennwand und lamentierte weiter: »Dieser Essensgeruch ist wirklich un-er-träg-lich. Eine Zumutung! Aber Sie kennen das ja wohl nicht anders!«

Oh, doch, kannte ich. Ich kannte Flüge ohne Currywurst. Ich kannte aber auch Flüge mit Knoblauchnudeln, Flüge mit Käsefüßen, Flüge mit Verdauungsschwierigkeiten und Flüge mit Gästen, die offenbar zu arm für ein Deodorant waren. Ich kannte sie alle, wünschte mir schon 1000 Mal ein zu öffnendes Fenster ins Flugzeug oder wenigstens eine Aircondition, die den Mief endlich mal ordentlich umquirlte. Dass sich aber jemand über den Geruch der Currywurst beschwerte und mir zeitgleich seine Stinkefüße in Schuhen mit schwarzer Kreppsohle an einer hellen Kunststofftrennwand entgegenstreckte, war schon etwas Neues. Fliegen konnte so spannend sein!

Nachdem ich den Müll eingesammelt hatte, zog ich das Müllauto zurück und fing mir noch einen gehässigen Kommentar von der Wurst auf 4F ein: »Das Brötchen war ungenießbar! Viel zu lange in der Mikrowelle! Steinhart!«

Ein schneller Blick auf das Tablett zeigte mir, dass von dem erwähnten Teigteilchen nur mehr ein knapper Quadratzentimeter übrig war, der freudlos in dem Rest der scharfen Sauce dümpelte. Ganz so schlimm konnte es also nicht gewesen sein – oder sie hatte es sich weich gelutscht.

Ich lächelte die Dame bedauernd an und nahm das Tablett mit den sterblichen Resten ihrer Currywurst nebst Zubehör wieder an mich, um endlich wieder in der Galley zu verschwinden.

Bis zum Bordverkauf war noch ein wenig Zeit. Diese nutzte allerdings unsere Happy Family in Reihe zwei zu einem Windelwechsel des Juniors. Dies ging vonstatten mit lautem Gebrüll; aufgrund der Körpermaße von Papa und Sohn war es offenbar auch nicht möglich, die Tür der Toilette zu schließen. Wir ertrugen es mit Fassung, auch wenn unsere Flugbegleitersitze, auf denen wir uns gerade etwas Essbares einverleiben wollten, sich direkt neben dem Klo befanden. Als der Vater mir dann aber eine erschöpfend ausgenutzte Windel unter die Nase hielt mit den zuckersüßen Worten »Guten Appetit. Kann ich die hier mal bei Ihnen loswerden?«, blieb mir das Brötchen im Hals stecken. Na, immerhin hat der Gute uns die Pampers nicht einfach auf den Tisch neben das Schnittchen gelegt. Fliegen macht dankbar – schon für die kleinen Dinge im Leben.

Wir flogen noch eine knappe Stunde, die Kolleginnen kamen von hinten mit unserem Bordshop-Angebot angefahren und begannen mit dem Verkauf in Reihe eins. Ich sah, wie Ilse sich ausgiebig über eine Feuchtigkeitscreme beraten ließ, und flüchtete nach vorne ins Cockpit. Fünf Minuten Luftholen – ein Highlight an diesem Tag! Und er hatte doch gerade erst begonnen.

Nach der Landung in Ibiza öffnete ich die Tür. Die Sonne schien, aber es fegte ein stürmischer Wind, der wenig zum Verweilen einlud. Die Passagiere wuchteten ihr Gepäck aus den Ablagen und defilierten an uns vorbei. Die Mutter aus Reihe zwei fragte beim Aussteigen: »Dopen Sie sich eigentlich?«

Ich hatte sie wegen des im Wind klappernden Triebwerks nicht richtig verstanden und fragte nach.

»Ich wollte wissen, ob Sie sich dopen«, wiederholte sie mit einem Grinsen. »Weil Sie immer so ruhig bleiben.«

Ich musste lachen. Gut, dass sie nicht in mich hineinsehen konnte. Das Geheimnis war nicht Doping, sondern die komplette Abkopplung des inneren Gemütszustandes von der äußeren Fassade. Ich konnte »du blöde Kuh« denken und dabei so freudig aussehen wie im Sommerschlussverkauf bei Chanel. So etwas nennt sich »Contenance« – jeden Flug aufs Neue.

Doch nicht alle Flüge sind so. Manche sind so lustig oder so abenteuerlich, dass ich sie am liebsten in ein Glas stecken und konservieren würde, um sie immer mal wieder hervorzuholen und zu betrachten.

Bin ich nicht in der Luft, kümmere ich mich um die Familie: Vier Kinder zwischen 13 und 17 bespaßen mich täglich mit neuen pubertären Ideen, dazu kommt ein quirliger Kapitänsgatte, der mit drei eigenen Kindern die Großfamilie vor zehn Jahren schlagartig komplettierte. Um dieser gerecht zu werden, leben wir auf dem Land, auf einem alten Bauernhof in Westfalen. Zu unserem gegenwärtigen Haushalt zählen aktuell noch zwei Esel, zwei Pferde, zwei Neufundländer, sechs Katzen, 15 Hühner und eine wuselige Bande Rennmäuse, deren Anzahl ich momentan nicht konkret beziffern kann, da uns bei der Geschlechterbestimmung offenbar ein kleiner Fehler unterlaufen ist. Freddy und Paul sind zur Zeit schwanger.

Vielleicht denken Sie sich: Chefstewardess, vierfache Mutter und das Leben auf dem Bauernhof – das passt doch alles nicht zusammen?

Stimmt absolut.

Aber es sind gerade die Gegensätze, die diese Symbiose wunderbar funktionieren lassen. Und ohne meinen Beruf hätte ich auch niemals meinen persönlichen Traumprinzen kennengelernt, hoch über den Wolken, die über den Nordatlantik zogen. Ich war gerade in der vorderen Küche unseres Fliegers beschäftigt, als die Cockpittür aufging und … aber davon später mehr!

Jetzt heiße ich Sie erst mal willkommen an Bord!

Tomatensaft gefällig? Aber natürlich! Salz und Pfeffer dazu?

Der Griff nach den Sternen

Es gibt viele Wege, die in die zivile Luftfahrt führen. Die schier unendliche Weite des Himmels lockt Menschen nicht nur ins Cockpit, sondern auch in die Kabine, den Teil hinter dem Heiligtum – denn auch hier gibt es die Möglichkeit, dem unheilbaren Fernweh nach »ganz oben« und »ganz weit weg« nachzugeben. Die Ausbildung zum Flugbegleiter dauert nur sechs Wochen und kann scheinbar so schwierig nicht sein, also bewerben sich reiselustige Menschen aus den unterschiedlichsten Berufssparten bei den Airlines. Nicht nur Reisebürokaufleute, Hotel- und Restaurantfachmenschen, Krankenpflegepersonal und Erzieher und Erzieherinnen, die sich von der Dienstleistung nicht schrecken lassen, wollen mit in die Luft gehen. Wir haben auch Kollegen, die sich früher in einer Bank langweilten, im Lehramt tätig waren, Kunst, Musik oder BWL studierten, Tauch- oder Ballettlehrer waren, vielleicht Versicherungen verkauften oder im Zahnlabor Prothesen fertigten. Kurz: Die Besatzungen der Flieger sind genauso bunt wie das Leben. Verschiedene Nationalitäten, Altersgruppen und berufliche Ausgangspositionen ergeben eine spannende Mischung, auf die man sich täglich neu einlassen muss. Denn jeder Flug, egal wohin, bedeutet auch immer eine neue Crew.

Eigentlich wollte ich ja Balletttänzerin werden. Die Füße in rosafarbenen Spitzenschuhen mit langen Satinbändern, ein wippendes Tülltutu um die Taille und zu romantischen Klängen von Mozart, Chopin und Tschaikowsky über blank gebohnertes Parkett schweben – so konnte ich mir meine Zukunft durchaus vorstellen. Also tanzte ich mir in einer wunderschönen, schneeweißen Jugendstilvilla im Hamburger Nobelviertel Blankenese seit meinem sechsten Lebensjahr Woche für Woche die Füße wund. Mit zehn bekam ich endlich die ersehnten Spitzenschuhe – und mit vierzehn musste ich einsehen, dass es aufgrund meiner elfenhaften Größe von 1,81 mit einer Karriere als sterbender Schwan nun doch nichts werden würde.

Ich hängte die Tanzschuhe an den berühmten Nagel und befragte wütend den Himmel: Warum ausgerechnet ich?

Vielleicht wollte er etwas gutmachen, der blaue Himmel mit seinen weißen Wattewölkchen, denn er weckte eine neue Sehnsucht in mir. Wenn ich schon nicht übers Parkett schweben konnte, dann doch vielleicht wenigstens dort oben?

Mein Traum vom Fliegen war geboren! Ein Urlaubsflug mit Oma und Opa 1975 nach Palma de Mallorca manifestierte den Wunsch, hoch in der Luft mein Unwesen zu treiben. Ich stellte es mir herrlich vor: jeden Tag die Sonne zu sehen, die über den Wolken dem Hamburger Schmuddelwetter geradezu ins Gesicht zu lachen schien. Eine schicke Uniform zu tragen, ständig neue Gäste zu bewirten, fremde Sprachen zu sprechen und nebenbei die ganze Welt zu bereisen.

Eine zaghafte Anfrage bei Kranich-Air ließ mich ernüchtert feststellen, dass Flugbegleiter vorzugsweise mit abgeschlossener Schulbildung und Lehre in der Dienstleistung eingestellt würden.

Also überlegte ich mir, was ich denn lernen könnte, und absolvierte die elfte Klasse in Kalifornien. Insgesamt war ich über 24 Stunden unterwegs gewesen, als ich endlich dort ankam. Das Thema Jetlag beschäftigte mich zum allerersten Mal in meinem Leben, als ich am nächsten Morgen im Gästebett meiner neuen Familie aufwachte und nicht den geringsten Schimmer hatte, wo ich war. Diese zwischenzeitliche Verwirrtheit änderte aber nichts an meinem Wunsch zu fliegen – im Gegenteil: Hier in der Ferne lockte das Abenteuer. In Amerika war alles groß: die Autos, die Hochhäuser, die Swimmingpools, die Supermärkte. In den Regalen zählte ich sage und schreibe 35 verschiedene Sorten Kartoffelchips. Ich war zutiefst beeindruckt. Doch wie sah es anderswo auf der Welt aus? In Afrika, Asien, Australien?

Mein Fernweh war geweckt. Zurück in Deutschland, war mir mein Weg absolut klar: Nach dem Abitur wollte ich eine Ausbildung zur Hotelfachfrau machen, um dann endlich Flugbegleiterin zu werden. So bewarb ich mich bei gut zwei Dutzend Hamburger Hotels, und ich hatte Glück: Ein renommiertes Haus an der Außenalster sagte zu.

Als ich mir zum Ende der Lehrzeit das Knie zertanzte und drei Monate auf Krücken laufen musste, wurde ich kurzerhand ins Büro versetzt und kam nach dem Dienst in Bankett, Küche, Etagenservice und Saalreinigung mit einem Mal in den Genuss von Buchhaltung, PR und Marketing. Schnell stellte ich fest, dass diese Art von Arbeit sterbenslangweilig war. Stundenlang Ablage zu machen, Texte abzutippen und nicht enden wollenden Papierwust zu sortieren – das war nichts für mich. Mir fehlten die Kollegen – und die Gäste. Höchste Zeit, nach vorne zu schauen und mich bei den größeren Airlines zu bewerben, die damals von Deutschland aus operierten.

Gesagt, getan. In den nächsten Wochen schaute ich ständig mit dusselig verträumtem Blick in den Himmel, betete jedes Wölkchen an und hoffte auf baldige Resonanz. Von den Bewerbungen erzählte ich nur meinen Eltern, die Blöße einer Absage wollte ich mir im Kollegenkreis nicht geben. Außerdem hätten meinem Arbeitgeber meine geheimen Träume sicher missfallen – Gastronom war man mit Leib und Seele, die Lehrstellen waren begehrt und gute Arbeitsplätze rar, da verschwieg man besser das Fremd-fischen in anderen Gewässern. Meiner Mutter behagte mein Wunsch, fliegen zu gehen, eher wenig, da sie selbst unter massiver Flugangst litt. Meinen Vater konnte ich mit meiner Idee auch nicht beeindrucken, für ihn waren Ste-wardessen billige Kellner in der Luft, da konnte ich ja gleich im Hotel bleiben, das hatte wenigstens noch eine vornehme Adresse. So war ich mit meiner Neugier und meiner An-spannung allein.

Der Briefkasten mutierte in dieser Zeit des Wartens zu meinem persönlichen Erzfeind, denn er schenkte mir gön-nerhaft eine Absage nach der anderen. Die eine Airline war auf ganze fünf Jahre hinaus ausgelastet, die andere bemän-gelte meine nur knapp ausreichenden Französischkennt-nisse, hier betrug die maximale Körpergröße 1,75 Meter, dort schlitterte man gerade in die erste Pleite und stellte vorerst niemanden mehr ein, und die amerikanischen Kol-legen setzten für Deutsche als Einsatzort das ehemalige Westberlin voraus.

Der Traum vom Fliegen war damit für mich vom Tisch. Ich entschied mich kurzerhand, Hotelmanagement in den USA zu studieren, und besorgte mir die entsprechenden Unterlagen. Drei Tage später flatterte unversehens eine Einladung zu einem Bewerbungsgespräch ins Haus.

Und nun? Eine weitere Absage zu kassieren, war mit meinem Ego schwer zu vereinbaren. Ich beschloss dann aber trotzdem zu fahren, erstand eine Dose englischer Bon-bons, damit ein Kollege den freien Tag mit mir tauschte, und stellte mich dem Bewerbungsgespräch.

Die schriftlichen Tests waren keine besondere Herausfor-derung. Hier wurden so profane Dinge gefragt wie: Nen-nen Sie den längsten Fluss der Erde. Wie heißen Deutschlands Nachbarländer? Darauf folgte ein Englischtest – nach dem Jahr in Amerika ein Kinderspiel.

Im Anschluss an die schriftlichen Prüfungen ging es weiter zum Wiegen und Messen. Ich versuchte, mich klein zu machen und den überschüssigen Zentimeter zu verbergen – 1,80 war das absolute Maximum bei Damen. Unsere Werte wurden von einer mürrischen Dame mit grauem Dutt notiert. Ohne jeden Kommentar schickte sie uns in den Mock-up, einen Raum, der aussah wie das Innere eines Flugzeugs, mit etwa 30 Fluggastsitzen und einer großen Tafel am vorderen Ende.

Ein Mitarbeiter der Firma referierte mit Inbrunst und ausgiebig über die Nachteile des Jobs: keine sozialen Kontakte, Wochenend- und Feiertagsarbeit, nie zu Hause, ein Leben aus dem Koffer, gesundheitliche Belastungen durch Strahlung, lange Arbeitszeiten, schwere Trolleys und Container, Jetlag, seelische Vereinsamung durch wechselnde Kollegen, psychische Belastungen durch fordernde, nörgelnde und nie zufriedene Gäste.

Danach sollten wir einzeln vortreten, unseren Namen an die Tafel schreiben und in drei Minuten erzählen, warum wir immer noch Flugbegleiter werden wollten. Zwei Mädchen in schicken Kostümchen und mit lockiger Hollywoodmähne standen direkt auf und verließen ohne weiteren Kommentar den Raum. Ich stand auch auf, wollte aber gerne anfangen, denn mich konnte keines der genannten Argumente schrecken. Ich kritzelte meinen Namen an die Tafel und fing an:

»Schönen guten Tag zusammen, ich bin gelernte Hotelfachfrau und habe gerade das Gefühl, als hätten Sie meinen Job in dem Fünf-Sterne-Hotel beschrieben, in dem ich zur Zeit als Empfangssekretärin tätig bin. Ich arbeite trotz aller Widrigkeiten sehr gerne in der Dienstleistung, es macht mir Spaß, Gastgeber zu sein, und ich könnte mir gut vorstellen, Ihre Passagiere mit einem charmanten Lächeln sicher von A nach B zu begleiten – denn es kommt ja nicht nur auf das Servieren von Kaffee an …«

Einer der Prüfer hakte sofort nach: »Was glauben Sie denn, worauf es ankommt?«

»Spontan fällt mir eine offene, positive Grundeinstellung ein, kombiniert mit fundiertem Fachwissen, Einsatzbereitschaft, Flexibilität und Ehrgeiz. Eine Prise Zurückhaltung kann sicher ebenso wenig schaden wie gute Umgangsformen, ein trainierter Wortschatz und körperliche Belastbarkeit.«

»Das klingt ja alles ganz hervorragend, haben Sie das irgendwo auswendig gelernt?«

»Nein, das ist das Ergebnis meiner persönlichen Erfahrungen in den letzten Jahren im Hotel Atlantic in Hamburg.«

»Warum bleiben Sie dann nicht in dem Hotel, das ist doch eine sehr gute Adresse?«

»Das stimmt, aber ich reise gerne, ich habe meinen letzten Urlaub in Rio de Janeiro verbracht, war ein Jahr in den Vereinigten Staaten, habe schon viele europäische Länder besucht, und mir gefällt es einfach, mehr über andere Länder, Sitten und Kulturen zu lernen. Die Welt endet schließlich nicht hinter den Hotelmauern.«

Meine drei Minuten waren um, der Wecker piepte.

Im anschließenden Einzelgespräch saß ich vor fünf Prüfern, alle waren emsig mit ihren Notizen beschäftigt. Der Chef richtete das Wort an mich: »Wir haben Sie sehr genau beobachtet. Sie lächeln recht wenig. Woran kann das liegen? Meinen Sie wirklich, Sie sind für diesen Job die Richtige?«

Die Richtige? Ich war gebacken für diesen Job!

»Das liegt bestimmt daran, dass ich mich gerade absolut darauf konzentriere, aus diesem Gespräch als Gewinner hervorzugehen. Wenn ich den Job habe, bin ich wieder ganz entspannt!«, lächelte ich etwas linkisch.

Der Prüfer konnte sich ein Grinsen seinerseits nicht verkneifen. Wahrscheinlich war ihm so viel Offenheit bei einem Vorstellungsgespräch selten begegnet.

Ich war mir sicher, von dieser Airline wieder zu hören. Ganze zwei Tage später spuckte mein Briefkasten endlich mal etwas Nettes aus – die Zusage aus Düsseldorf!

Na bitte, hatte ich doch gleich gesagt – auf einen Zentimeter mehr oder weniger kam es überhaupt nicht an.

Flügge werden zwischen Schlangen und Arktis

Da hatte ich nun die Option auf meinen Traumjob, brauchte innerhalb weniger Wochen eine neue Wohnung, 400 Kilometer weit von Hamburg entfernt, einen zweiten Reisepass, tropentaugliche Impfungen, einen aktuellen Erste-Hilfe-Kurs und den einen oder anderen Koffer. Das einzige Reisegepäckstück, das ich besaß, glänzte nämlich quietschgrün und erschien mir eher unpassend als Begleiter für meine zukünftige Karriere.

Bei der Wohnungssuche kam mir eine gute Fee zu Hilfe. Eine zukünftige Kollegin zog gerade um und bot mir ihre bisherige Bleibe an: Ein-Zimmer-Wohnklo mit Kochnische und Nachtspeicherofen in Mülheim an der Ruhr. Natürlich sagte ich zu, mistete in Hamburg so viel aus, wie nur ging, und knatterte mit einer Fiesta- und einer VW-Bus-Ladung Habseligkeiten Anfang Januar 1990 Richtung Mülheim. Die Wohnung lag mitten im Industriegebiet, der Dialekt der Menschen war für mich als Hanseatin kaum verständlich und die Innenstadt für eine echte Großstadtpflanze eher enttäuschend. Welch ein Kulturschock! Aber egal, ich freute mich auf die Ausbildung. Sechs Wochen noch, dann würde ich endlich fliegen dürfen! Das war ja kaum mehr als ein Augenzwinkern – dachte ich. Ich ahnte zu diesem Zeitpunkt natürlich nicht, wie viel Lehrmaterial man in 42 Tage quetschen konnte.

Wir trafen uns am ersten Schulungstag in der Flugschule, wo die zukünftigen »Helden der Lüfte« in Theorie und Praxis ausgebildet wurden. Auf dem Hof standen neben einem großen Hangar ein paar Cessnas, diese einmotorigen Brummkugeln, mit denen Flugschüler zu jener Zeit ihre ersten Schwebeversuche am Himmel starteten. Mir waren diese kleinen Fluggeräte äußerst suspekt, ich wollte auf die großen Jets mit dicken Düsentriebwerken und dann richtig hoch hinaus!

Hoch hinaus wollten offenbar alle in dem Kurs. Wir erschienen überpünktlich in einem eher kahl ausgestatteten Raum mit unbequemen Holzstühlen und beäugten uns eingehend. Anhand der Garderobe und des Auftretens war von Anfang an klar, dass wir aus den unterschiedlichsten Berufssparten und sozialen Schichten kamen.

Da war zum Beispiel Ina, die emsige Krankenschwester mit dem platinblonden Zopf und dem Helfersyndrom, die immerzu lächelte und es gerne jedem recht machen wollte. Annabel, Silke und Cornelia waren Reisebürokaufleute, äußerst schick gewandet, mit fein manikürten Händen – sie kannten natürlich schon die ganze Welt, wenn auch nur aus dem Reisekatalog. Die etwas pummelige Carina hatte ein BWL-Studium absolviert und noch keine Berufsausbildung, fühlte sich dem zu erwartenden Stress aber durch Qigong und Yoga durchaus gewachsen. Unsere einzigen beiden Jungs, Oliver und Stefan, beide mit sehr pfiffigem, modischem Kurzhaarschnitt, kamen aus der Gastronomie; sie machten einen aufgeweckten, sympathischen und vor allem neugierigen Eindruck. Der Rest der Bande ist mir nicht so detailliert in Erinnerung geblieben, insgesamt waren wir 18 aufgeregte junge Menschen, die nur eine vage Vorstellung von dem hatten, was da kommen würde.

Schlag acht Uhr trat der erste Lehrer durch die Tür, und das gegenseitige misstrauische Mustern nahm vorerst ein Ende. Noch verstanden wir uns nicht als Team, sondern als Konkurrenz – den Job bekam schließlich nur der, der am Ende auch die Prüfung bestand.

Als Erstes lernten wir, dass wir hier waren, weil die Firma Profis suchte. In vier kurzen Stichworten wurden die Aufgabengebiete eines Flugbegleiters an die Tafel geschrieben: Sicherheit, Service, individuelle Betreuung sowie allgemeines Fachwissen.

Im Grunde suchte man also Fachleute im Service, in der Gastgeberrolle, als Firmenvertreter, Erste-Hilfe-Kraft, Psychologe, Wetterfrosch, Sicherheitsbeauftragter, Blitzableiter, Kellner, Zollbeamter, PR-Manager, Kindergärtner, sozusagen: all-in-one. Kein Problem, wir waren alle guter Vorsätze, saßen mit gespitztem Bleistift im Unterrichtsraum und lauschten den Lehrern.

Die Ausbildung begann mit Emergency, also jeglicher Art von Notfall, die an Bord passieren könnte, und wie man sie verhinderte. Wir lernten die Handhabung von Feuerlöschern, Sauerstoffgeräten, pyrotechnischen Leuchtmitteln, Notaxt und Notsender und wo all diese Zauberdinge in einem 60 Meter langen Flugzeug versteckt sind.

Am Sauerstoffgerät durften wir ein bisschen herumdrehen, die Handhabung von Notsignalen, Notaxt und Notsender blieb der Theorie überlassen. Allein die Feuerlöschgeräte wurden auf der Wiese vor dem Hangar ausprobiert. Das Wissen um die richtige Löschtechnik konnte in kürzester Zeit über Leben und Tod an Bord entscheiden. Das leuchtete auch uns unerschrockenen Neuzugängen ein. Nebenbei erfuhren wir, dass unser Sicherheitsbeauftragter den Feuerlöscher auch schon mal dazu verwendete, um Passagieren, die auf der Toilette mit einer dort verbotenen Zigarette den Rauchmelder auslösten, eine eindrucksvolle Lehre zu erteilen. Im selben Atemzug wurde uns aber unmissverständlich klargemacht, dass wir auf solche Ideen gar nicht erst kommen sollten. Viel zu gefährlich! Schade, anscheinend durfte nur er diese erzieherische Maßnahme ergreifen.

Das Wichtigste aber war die Handhabung der Türen. Sie öffneten sich im Notfall per Umlegung eines Hebels mit eindrucksvoller pneumatischer Unterstützung. Eine CO_2-Flasche sorgte für die blitzschnelle, ruckartige Öffnung der Tür, eine zweite blies innerhalb von vier Sekunden die zirka zehn Meter lange Notrutsche auf, die sich bei einer Notwasserung auch noch zum Rettungsboot umbauen ließ. Für eine normale Türöffnung musste ein weiterer kleiner Hebel in die richtige Position gebracht werden, um die Rutsche zu entschärfen. Sie blieb während der Türbedienung dann in ihrer Stauposition versteckt.

Wir lernten die Notöffnung der Türen von der Normalöffnung zu unterscheiden, im Hellen, im Dunkeln, sogar im Schlaf. Im Notfall wollte man nicht fünf Meter in die Tiefe schauen, und im Normalfall wollte man natürlich keine Rutsche schießen. In der Tat konnte dieses Riesengummiboot zur tödlichen Waffe werden, zum Beispiel wenn man damit unabsichtlich einen Mitarbeiter vom Kopf der Treppe direkt in den Himmel beförderte.

Aber das war längst nicht alles. Im Gegensatz zu einem Notfall an Land ist man in der Luft ganz auf sich allein gestellt, egal ob es sich um einen Herzinfarktpatienten, einen Toilettenbrand oder einen randalierenden Passagier handelt – 112 anzurufen und auf Hilfe zu warten, ist leider ein Ding der Unmöglichkeit. Wahrscheinlich ist das auch der einzige Grund, warum es heutzutage noch Flugbegleiter an Bord gibt. Im Zuge notwendiger Sparmaßnahmen würden so manche Firmenbosse bestimmt liebend gern das Kabinenpersonal durch einen Industrie-Kaffeeautomaten und einen Sandwichkiosk im Check-in-Bereich ersetzen. Vom Gesetzgeber ist aber bis heute pro 50 Fluggastsitze beziehungsweise pro Ausgang in einem Verkehrsflugzeug mindestens ein Flugbegleiter vorgeschrieben, um die Evakuierung des Fluggeräts innerhalb von 90 Sekunden zu gewährleisten. Dabei ist es egal, ob der Flieger 100 oder 400 Sitzplätze hat, mehr als anderthalb Minuten darf es nicht dauern.

Es gibt natürlich Airlines, die mit mehr Personal auf Reisen gehen. Anfang der Neunzigerjahre las ich einen Zeitungsartikel über eine notgelandete Lockheed TriStar einer asiatischen Airline – alle 200 Gäste sowie 23 Besatzungsmitglieder blieben unverletzt. Wir flogen das gleiche Modell damals mit 358 Gästen, drei Herren im Cockpit und acht Flugbegleitern.

Aber egal, was sind schon knapp 100 Passagiere pro Servicesektion? Wir waren ja Fachleute! Nun, zumindest ein paar von uns. Und so lernten wir in unserer Flugbegleiterschulung nicht nur den sicheren Umgang mit heißen und kalten Getränken an Bord, wie man störrische Plastiktabletts aus den engen Wagen herauszaubert und – viel schwieriger – die abgegessenen Modelle wieder hineinbekommt. Man lehrte uns auch, wie man sich nach einer Notlandung im Dschungel verhält, wie man in der Wüste Trinkwasser gewinnt oder wie giftige Fische von ungiftigen Fischen zu unterscheiden sind, damit die Gäste – und man selbst – bis zur Rettung von der einsamen Insel auch ja nicht verhungern. Unsere Lehrer erklärten uns, wie man Schlangen fangen kann, ohne sich dabei beißen zu lassen, wie man ohne Streichhölzer Feuer macht und was bei einer Notlandung in der Arktis zu tun ist.

Das war für uns alle unbekanntes, unerwartetes Terrain – aber es bestätigte uns gleichzeitig in der Wertigkeit unseres neuen Aufgabengebiets. Von wegen billiger Luftkellner! Es ging eben nicht nur darum, den Gästen lauwarmen Kaffee zu servieren und dabei immer hübsch zu lächeln! Wir Flugbegleiter konnten nach dem größten anzunehmenden Unfall, nämlich einer Bruchlandung irgendwo auf diesem Globus, auch weiterhin für das Wohl unserer Gäste da sein – und wenn es dabei nur ums nackte Überleben ging.

Unser Survival-Trainer Nick Heimfeld ließ keine Zweifel an der Überlebbarkeit einer Notlandung aufkommen. Er war klein, untersetzt und von schwer schätzbarem Alter. Seine langen, lockigen Haare waren mit vielen grauen Strähnen durchzogen, und die Haut wirkte zerknittert, aber seine stahlblauen Augen blitzten mit einer Energie und einer Dynamik, die mich fesselten.

Herr Heimfeld malte uns seine eigenen Abenteuer in allen Farben aus. Es gab wohl keinen Ort auf diesem Erdball, den er noch nicht mit nicht mehr als einem alten Taschenmesser und einem Bild von seiner Frau bezwungen hatte.

»Stellen Sie sich vor, Sie müssen in der Arktis notlanden. Die Piloten finden eine schmale Gasse zwischen zwei Gletschern, die Maschine setzt auf. Die Außentemperatur beträgt minus 40 Grad. Was könnte problematisch werden?«

»Der Flieger bricht bei der Landung auseinander?«, mutmaßte Sabrina.

»Sie trauen Ihren zukünftigen Kollegen wohl nicht viel zu, was? Wir nehmen an, das Fluggerät bleibt in einem Stück, schlittert über den gefrorenen Boden und bleibt irgendwann in einem Schneehaufen stecken. Mit welchen Schwierigkeiten haben wir nun zu rechnen?«

»Die Maschine fängt Feuer?«, kam ein anderer Vorschlag von Oliver.

»Eher unwahrscheinlich bei den Temperaturen. Denken Sie doch mal praktisch, Herrschaften! Es herrscht ein Klima, eisiger als in einem Fünf-Sterne-Gefrierschrank! Es ist kalt, um nicht zu sagen a…kalt! DAS ist Ihr Problem! Sie müssen für überlebensfähige Temperaturen sorgen! Ihr Flugzeug wird es nach einer außerplanmäßigen Landung zwischen den Eisbergen nicht mehr können. SIE müssen das hinbekommen. Was können Sie tun?«

Betretenes Schweigen erfüllte den Raum. Schon allein vom Zuhören lief mir ein Kälteschauer über den Rücken.

Herr Heimfeld dozierte unerschütterlich optimistisch weiter: »Die überlebbare Zeit außerhalb des Flugzeugwracks in der Arktis beträgt maximal zwei Stunden – eher weniger. Wenn Sie nichts tun, wohlgemerkt. Aber wozu gibt es denn Flugbegleiter? Sie werden die Führung übernehmen!«

Er strahlte über das ganze wettergegerbte Gesicht, und ich glaubte ihm bedingungslos. Natürlich würde ich meine Gäste retten und aus der Eishölle führen!

»Was muss ich tun?«, hauchte ich voller Ehrfurcht vor so viel Energie, Zuversicht und Tatendrang.

»Ganz einfach! Zuerst einmal teilen Sie die Leute in Gruppen ein. Je vier Leute, das sollte reichen. Diese weisen Sie an, unter der hoffentlich unversehrten Tragfläche eine Schneehöhle zu bauen!«

»Aber womit sollen wir denn schaufeln?«, gab ich zu bedenken.

»Sie nicht! Die Passagiere! Große, starke Männer! Zuvor geben Sie Anweisung, die Klappen von den Gepäckfächern aus der Kabine zu reißen, die eignen sich hervorragend zum Schippen. Sie koordinieren, die Passagiere schaufeln. Verstanden?«

Ich war beeindruckt.

»Vergessen Sie nicht, auf etwa zwei Drittel der Wandhöhe Löcher zum Ausatmen einzuplanen.« Herr Heimfeld hatte offenbar schon öfter ein Iglu unter einer Tragfläche gezaubert, so selbstverständlich, wie ihm die Instruktionen über die Lippen kamen.

»Und wie heizen wir unsere neue Suite?« Cornelia blieb skeptisch.

Herr Heimfeld saß vorne auf dem Pult, hatte dabei beide Hände tief in den Hosentaschen vergraben und schaute neugierig in die Runde. Wieder konnten wir nur ratlos mit den Schultern zucken.

»Geben zusammengedrängte Menschen nicht schon genug Wärme ab?«, wagte Carina einzuwenden.

»Nicht schlecht, der Punkt«, meinte Herr Heimfeld. »Aber natürlich geben Sie sich damit nicht zufrieden. Man kann aus Coladosen ganz hervorragende Kerzen basteln. Einfach mit Kerosin füllen, einen Textilstreifen hineinhängen – zum Beispiel von einem Küchenvorhang – und anzünden. Wie man ohne Streichhölzer Feuer macht, habe ich Ihnen ja schon in der Dschungellektion erklärt. Gibt es noch Fragen?«

Wir schüttelten fasziniert die Köpfe.

»Gut, dann ist ja alles klar. Den Boden unter der Tragfläche können Sie mit Sitzen und Gepäck zur zusätzlichen Isolation abdecken. Wenn Sie alle Ratschläge befolgt haben, herrschen dann nur noch um die minus 20 Grad im Fliegeriglu. Aber hüten Sie sich davor, nacktes Metall anzufassen! Sie werden sofort daran festfrieren.«

Anabelle betrachtete besorgt ihre manikürten Hände.

»Wenn Sie darüber hinaus noch Heizbedarf haben – Sie haben ja wahrscheinlich noch genügend Kerosin im Tank. Damit dies länger brennt, füttern Sie das Feuer mit Sitzkissen, Koffern, Designertäschchen; es gibt sicherlich genug Schnickschnack an Bord, der hervorragend brennt! Seien Sie wachsam, und entfernen Sie sich nicht zu weit vom Flugzeugwrack – schließlich kann man Metall am leichtesten in einem Schneesturm orten.«

Wir saßen wie festgefroren auf unseren Holzstühlen und hingen an Herrn Heimfelds Lippen. Geht nicht gibt's nicht! Seine vier Schlagworte waren: Arbeiten sinnvoll einteilen. Niemanden überfordern. Kräfte schonen! Nie aufgeben!

Herr Heimfeld machte uns auch klar, dass es unsere Aufgabe war, die Passagiere von der nahen Rettung zu überzeugen. Wir mussten die Führung übernehmen, Aufgaben verteilen und Lösungen zum Überleben anbieten, nein, anordnen! Die Wassergewinnung sei dabei das größte Problem. In der Arktis könne man alten Schnee schmelzen, um Trinkwasser zu erhalten, aber im Dschungel oder in der Wüste? Sollten Pflanzen vorhanden sein, hüte man sich vor den mit milchigen oder zähflüssigen Säften – diese seien garantiert giftig. Klare Flüssigkeiten, wie zum Beispiel aus Bambus, Lianen oder Regenwasser auf Blättern, könnten meist unbedenklich den überlebensnotwendigen Flüssigkeitshaushalt aufbessern. In der allergrößten Not könnte auch das Kondenswasser vom Aluminiumblech des Wracks abgewischt werden.

Der Mensch komme ohne Feuchtigkeit nicht aus, und auch der Notsender brauche sie, um aktiviert werden zu können. Die Qualität der Flüssigkeit spiele bei diesem aber keine entscheidende Rolle, es genüge also vollkommen, in den beigepackten Behälter zu pinkeln.

Wenn die Fluggäste der Hunger plage, sei der Fischfang eine Option. Aus einfachen Metallteilen Haken zu frickeln und diese an einer Leine ins Wasser zu halten – das sei nicht weiter schwer.

»Wenn Sie nicht genug Schnüre haben, dann ribbeln Sie halt zur Not den Strickpullover eines Passagiers auf«, meinte Herr Heimfeld ganz pragmatisch.

Mit den Überbleibseln könnten dann auch Vögel »geangelt« werden: gleiches Prinzip, Haken am Band und mit Fischkopf am Strand ausgelegt, nichts einfacher als das.

Zum Schlangenfangen müsse man sich schon etwas geschickter anstellen, dafür waren sie laut Herrn Heimfeld aber eine deliziöse Bereicherung des Speiseplans. Vorzugsweise ärgere man die Beute mit einem langen Stock, denn:

»Schlangen beißen nur, wenn sie sich angegriffen fühlen. Nach vier- bis fünfmaligem Vorschnellen sind sie müde und können leicht in einen bereitgelegten und natürlich getarnten, zeltartig aufgebauten Müllsack getrieben werden«, erzählte er. Man sollte vor ihnen keine Angst haben, aber natürlich Respekt!

Respekt hatten wir vor Herrn Heimfeld. Bei ihm lernten wir wirklich etwas fürs Leben.

Wer noch mehr über Survival nach einem Flugzeugabsturz erfahren möchte, kauft sich entweder entsprechende Lektüre oder unterhält sich mit einem Flugbegleiter, der von Herrn Heimfeld unterrichtet wurde. Wir wissen Bescheid!

Mit dem Emergency-, Service- und Survival-Training war die Schulung aber noch lange nicht zu Ende. Als Nächstes wurden ausführlichst ein Flug von A nach B beschrieben, die Flugphysiologie im Detail erklärt – warum plöppt es im Ohr, und warum tut es dann nicht mehr weh? Und wo man schon beim menschlichen Körper war, gab es noch umfangreichen Unterricht zur Ersten Hilfe an Bord. Was konnten wir als Flugbegleiter im Notfall tun, wenn weder Arzt noch Sanitäter verfügbar waren und wir mitten über dem Atlantik schwebten, also mindestens vier Stunden bis zum nächstmöglichen Landeplatz brauchen würden? Wir lernten den Inhalt der Erste-Hilfe-Box, des Arztkoffers und des bordeigenen Survival-Kits kennen. Dazu kamen Informationen über Zollbestimmungen, über Speisen, Getränke und das Angebot aus dem Bordshop, über die Geschichte der Firma, akzeptierte Zahlungsmittel an Bord, Durchführung und Abrechnung des Bordverkaufs, Formular-Ordner, Flugstrecken, Servicekonzepte, Kinderbespaßungskiste, Passagierbetreuung, Crewessensbox, das Führen von Verkaufsgesprächen und, und, und.

So langsam trennte sich in unserem Kurs die Spreu vom Weizen. Längst war klar zu erkennen, wer trotz der Tonnen von Papier, mit denen wir überhäuft wurden, noch frohen Mutes war und wer sich mittlerweile so langweilte, dass er beim Erklären von Stauplänen von Trolleys und Containern an Bord auch schon mal einnickte. Aber spätestens in den letzten zwei Wochen sollte sich das ändern. Nun war Action angesagt, wir enterten das Objekt der Begierde, das heißt, wir übten auf Flugzeugen, die ein oder zwei Stunden Leerlauf hatten und in der Halle oder im Hangar standen.

Versehen mit neuen Papierbergen, legten wir los: Wie funktioniert ein Coffeemaker? Wo waren diese Dinger überhaupt? Wie schiebt man einen Wagen auf einen Verriegelungspilz – und vor allem, wie bekommt man ihn anschließend wieder herunter, ohne sich versehentlich die Finger zu amputieren? Wie handhabt man den Fahrstuhl, tauscht einen Gurt aus, ein Sitzkissen, und wo in aller Welt sind die wieder verstaut? Wo sind die Sauerstoffgeräte versteckt, wie lässt sich das Wasser in der Toilette abstellen, wie zum Teufel kommt man mit so einem dicken Wagen durch den schmalen Gang, ohne ständig überall anzuecken?

Wir krochen auf dem Boden herum, schauten in jedes noch so kleine Staufach und in jede Gepäckablage. Überall war etwas untergebracht, angeschraubt oder festgezurrt, was wir zwar aus der Theorie schon kannten – aber es nun in seinem natürlichen Wirkungskreis zu sehen, war viel aufregender als im abstrakten Unterricht.

Annabel versuchte einen Feuerlöscher unter einem Sitz aus der Halterung zu schälen und brach sich dabei prompt einen Fingernagel ab. Sie fluchte leise und warf den Feuerlöscher empört auf einen freien Sitz. Prioritäten zu setzen, würde sie wohl noch lernen müssen. Cordula befüllte eine Kaffeekanne mit heißem Wasser, stellte sie auf einen leeren Trolley und bewirtete damit Oliver, Sabrina und mich, die wir in einer Dreierreihe Platz genommen hatten. Der Wagen knallte mit Schwung vor die Sitzkante, der imaginäre Kaffee sprang in hohem Bogen aus der Kanne und landete gut verteilt über Oliver und Sabrina.

»Vergessen Sie nie den Deckel, wenn Sie mit einer Kanne in der Kabine sind – es könnte unschöne Folgen für alle Beteiligten haben«, mahnte unser Ausbilder. Zumindest wir vier würden diesen Ratschlag in Zukunft beherzigen.

Kurz vor Ende unseres Kurses bekamen wir in der firmeneigenen Kleiderkammer von Herrn Birkhoff die Uniform verpasst. Freundlich, aber bestimmt verteilte er die Röcke, Hosen, Jacken und Blusen, da gab es kein Vertun. Herr Birkhoff hatte einen Blick, genau wie ein Zentimetermaß, und legte jedem von uns auf Anhieb das Passende heraus. Zur Not wurde hier und da noch etwas abgenäht, kein Problem für einen gelernten Schneider. In der Kleiderkammer fanden sich auch Koffer, Uniformschuhe und die begehrten Parfumpröbchen für die Ware, die wir an Bord verkauften. Seinerzeit gab es einen regelrechten Boom an Miniflakons. Parfumhersteller, die etwas auf sich hielten, produzierten sündhaft teure Miniversionen der Originalflaschen, bei Sammlern sehr begehrt. Für uns Flugbegleiter stellte sich bald heraus, dass die Mininachbildungen nicht immer das Gelbe vom Ei waren. So verlor eine rundliche Kleinstausgabe eines französischen Edeldufts ihren mikroskopisch kleinen Stöpsel in meinem damaligen Bordkoffer und entleerte sich in selbigem. Aber Qualität zeichnet sich aus, der Koffer, mittlerweile seit 15 Jahren in Rente im Keller, duftet heute noch danach …

Nun waren wir also fesch in Uniform und damit alle gleich. Unterschiede durch teure Designerklamotten verpufften mit dem blauen Frack im Orbit, aus ehemaligen Konkurrenten wuchs so etwas wie ein Team. Wir hatten gelernt, dass wir voneinander abhängig waren, jede Kette war nur so stark wie das schwächste Glied. Es galt, persönliche Kompetenzen einzubringen und Defizite – so sie denn überhaupt auftauchten – zu eliminieren. Keiner konnte alles wissen, aber zusammen waren wir unschlagbar!

Zum perfekten Auftritt fehlte uns nur noch der allerletzte Schliff: das persönliche Styling. Nichts ist so gnadenlos und undankbar wie die Beleuchtung in einem Flugzeug, zumindest für das arbeitende Personal. Das Licht scheint seitlich durch die Fenster je nach Körpergröße von Gürtel- oder Brusthöhe an senkrecht nach oben. Ein Albtraum für jeden Fotografen – und auch für uns! Nun waren wir zwar keine Models, sollten aber trotzdem nett anzusehen sein und bekamen daher zur Krönung einen Schmink- und Frisurenberatungstermin aufgedrückt. So manch eine(r) erkannte sich hinterher nicht wieder, aber etwas modifiziert konnte man schon den einen oder anderen Tipp übernehmen. Schließlich steht ja auch im Arbeitsvertrag, dass ein gepflegtes Make-up zur Uniform dazugehört.

Was das Aussehen betrifft, tun mir unsere männlichen Kollegen leid, bleibt ihnen doch zumindest in dieser Hinsicht viel weniger Spielraum, Weckzeiten um drei Uhr morgens oder einen Jetlag von mehr als sechs Stunden gezielt mit gut deckenden Zaubercremes zu verbergen. Ich wiederum musste leider feststellen, dass dieser Trick nur in den ersten zwei Jahrzehnten meiner Laufbahn als Flugbegleiterin funktionierte. Hat man einmal die Lebensmitte überschritten, ist es auch für das weibliche Bordpersonal nicht mehr möglich, die Kissenfalte im Gesicht zu überschminken. Verschwand sie damals, mit knapp 20, nach durchwühlten Nächten noch auf dem Weg zum Airport, so kann ich heute froh sein, wenn sie vor der Landung in New York nicht mehr zu sehen ist. Da hilft dann auch keine Extraportion Nachtcreme mehr …

An Tag 42 der Ausbildung wurde endlich der gefürchtete Test geschrieben. Thema? Alles!

Wir hatten gebüffelt, bis der Morgen graute, uns gegenseitig abgefragt, alle Fragebogen noch einmal gewälzt, die Papiere geordnet – durchfallen kam für keinen von uns infrage.

Nach zwei Stunden Totenstille, emsigem Gekritzel, inbrünstigen Flüchen und stillem Beten war es dann endlich so weit: Alle hatten es geschafft! 18 frischgebackene Flugbegleiter standen ab sofort der Firma zur Verfügung. Wir erhielten eine kleine Urkunde, ein Glas Sekt in die Hand und kaum zehn Minuten später unseren ersten Dienstplan aufs Auge gedrückt. Unsere Wege würden sich von nun an trennen, der Wind wehte uns aus dem Stand in alle Himmelsrichtungen.

Zunächst warteten drei Einweisungsflüge auf jeden von uns, bei denen wir noch als zusätzlicher Flugbegleiter an Bord waren. Mein erster eigenverantwortlicher Einsatz sollte mich dann wenig später gen Afrika führen, nach Tunesien, mit Zwischenstopp in Frankfurt.

Vor lauter Aufregung bekam ich in der Nacht davor kein Auge zu. Endlich sollte es losgehen! Fliegen! In einem dicken Jet mit 358 Sitzplätzen, 200 Tonnen schwer, 60 Meter lang – wie sollte ich denn da bitte schön schlafen können?

Aber Schlaf wurde doch sowieso total überbewertet …

Meine Feuertaufe

Der erste Flug ... Wie würde es sich anfühlen, endlich ein vollwertiger Teil der Crew zu sein und nicht nur als zusätzliches Begleitpersonal neben dem eigentlichen Geschehen zu stehen? Bestimmt grandios!

Ich erschien stolz wie Oskar und frohen Mutes in meiner schicken dunkelblauen Uniform und fesch geknotetem Halstuch – dem heimlichen Markenzeichen aller Stewardessen – überpünktlich in der Firma und trug mich in einer schier endlos langen Liste von Flügen mit Namen und Unterschrift an der richtigen Stelle ein. Man bedenke, vor einem knappen Vierteljahrhundert lief das Check-in noch mit Bleistift und Papier. Heutzutage wird der Crewausweis einmal durch den Schlitz am Computer gezogen, und schon ist die Waschmaschine, pardon, der Flug gekauft.

Voller Spannung wartete ich im Aufenthaltsraum auf die mitreisenden Kolleginnen und Kollegen. Wie war wohl der Purser oder die Purserette? Schon im Kurs hatten wir gehört, dass manche Kabinenchefs die unangenehme Eigenart hatten, Neuzugänge erst mal gründlich ins Visier zu nehmen und zu allen flugspezifischen Details zu befragen – egal, wie sinnvoll oder unsinnig sie waren. Um nicht noch nervöser zu werden, verbannte ich solche Gedanken kurzerhand und beobachtete voller Neugier das bunte Treiben um mich herum.

Die eintrudelnden Crewmitglieder begrüßten sich mit Küsschen hier und Küsschen da, erzählten einander von vergangenen Stopps auf den Malediven, in Amerika und Afrika, die unbedingt bald einmal wiederholt werden mussten, von Kindern, Krankheiten, Neuanschaffungen, der ganzen bunten Palette des Lebens eben, die morgens um sieben bei einem Kaffee schnell berichtet werden kann. Mich beachtete niemand. Um nicht nur dekorativ in der Gegend herumzustehen, beschloss ich, mir ebenfalls einen Kaffee zu ziehen. Ich steckte die Münzen in den Schlitz, drückte auf »Kaffee mit Milch« – und nichts geschah. Ich drückte erneut energisch, aber anscheinend hatte der Kaffeeautomat eine Abneigung gegen Neue.

»Warte mal, manchmal ist der ein bisschen zickig!«, raunte ein dunkel gelockter Steward hinter mir, der schon das abgezählte Geld für einen Cappuccino in der Hand hielt. Er trat einmal herzhaft gegen die Seite des Automaten, und siehe da, das störrische Teil spuckte prompt einen Becher aus.

»Oh, vielen Dank!« Ich sah mir den Steward genauer an. Ob dieser Retter in der Not wohl mit mir reisen würde?

»Fliegen Sie auch nach Monastir?«

»Nee, Süße, ich düse gleich Kuba, habe da ein Date mit Fidel! Wenn du möchtest, können wir gerne tauschen!«

Mein Milchkaffee war fertig, der hübsche Steward drückte ihn mir in die Hand, zog sich seinen Cappuccino – ganz ohne Fußtritt – und verschwand mit einem Zwinkern und den Worten: »Hab schon Check-in und muss los, guten Flug!«

War das aufregend! Das also war jetzt meine Welt, da gehörte ich hin …

Ich warf einen Blick auf die Uhr. Nur noch 15 Minuten bis zum Check-in! Sollten nicht bald einmal die Kollegen für meinen Flug auftauchen? Ich fragte mich, wie man einander erkennen würde. Am Namen – ja klar –, aber wenn man noch niemanden kannte? Auf das Namensschild schielen oder direkt fragen? Wo war eigentlich der Briefing-Raum für unseren Flug? Auf was hatte ich mich da überhaupt eingelassen? Erste Zweifel flogen mich an. Ich fühlte mich total überflüssig, und mich beschlich ein mulmiges Gefühl. Immerhin konnte ich mich jetzt an meinem Plastikbecher festhalten.

In den nächsten Minuten trudelten immer mehr Flugbegleiter ein, offenbar war gerade die morgendliche Rushhour. Die Crewlounge war bald brechend voll, und alle paar Minuten fragte jemand laut in das muntere Gebrabbel hinein: »Nach Las Palmas?« – »Fuerteventura?« – »Möchte jemand mit nach Thessaloniki?« Und endlich auch: »Monastir? Wer fliegt mit nach Monastir?«

Fast hätte ich laut »Hier, ich!« gerufen, aber zum Glück stand ich einfach nur auf und folgte den anderen zu dem Briefing-Tisch im Raum nebenan.

Zur Crew gehörten ein Purser und sieben Flugbegleiter. Der Purser saß logischerweise als Chef vor Kopf, die Flugbegleiter setzten sich so an den Tisch, wie es an Bord ihrer späteren Arbeitsposition entsprach. Und wer am längsten flog, durfte sich zuerst einen Platz aussuchen. Das hieß für mich neue Wurst geduldig zu warten, bis alle anderen saßen, und dann nehmen, was übrig blieb. Da fiel die Entscheidung doch wenigstens leicht.

Ein Briefing besteht aus vier großen Themen: Notfallausrüstung und -verfahren, Service, allgemeines Fachwissen inklusive Erster Hilfe und individuelle Fluggastbetreuung. Ich war aufgeregt wie eine Braut kurz vor der Hochzeit, saß mit feuchten Händen am Tisch und musterte insgeheim meine Sektionskollegin. Mit ihr zusammen sollte ich in einer knappen Stunde in unserem gemeinsamen Arbeitsbereich 120 Menschen an Bord glücklich machen. Mir fiel die L2-Position zu, das war gleich an der Tür, die zum Ein- und Aussteigen der Gäste benutzt wurde. Auf mich wartete also 358 Mal »Guten Morgen«, 358 Mal »Auf Wiedersehen« und das Gleiche noch einmal retour. Aber halt, war da nicht auf dem Rückweg noch eine Zwischenlandung in Frankfurt geplant? Während ich noch im Kopf mit Begrüßungsfloskeln im vierstelligen Bereich kämpfte, wandte sich der Purser unvermittelt an mich: »Oh, was sehe ich? Ein Newbie? Herzlich willkommen in unserem Zirkus! Der wievielte Flug ist das denn bei Ihnen?«

Meine bunte Gedankenwolke verpuffte, als hätte jemand mit einer Nadel hineingestochen: »Dies ist mein erster eigenverantwortlicher Flug«, quetschte ich mit einem gestelzten Lächeln hervor. Lächeln, darauf kam es an, war es nicht so? Ich fühlte mich total idiotisch.

»Na, dann herzlichen Glückwunsch!«, grinste er, ein kleiner, stämmiger Mann mit schütterem, schon leicht angegrautem Haar, welches er dynamisch vom einen Ohr zum anderen gekämmt hatte. »Erzählen Sie uns doch einmal etwas über die Benutzung unserer Feuerlöscher.«

Ha, das war einfach! Notfallausrüstung und deren Handhabung hatten wir bis zum Umfallen im Kurs geübt!

»Unter jedem Sitz gibt es einen Feuerlöscher, der mit Halon gefüllt ist. Halon löscht Brände der Schadstoffklasse B, C und D, bei Brandklasse A muss mit entsprechender Flüssigkeit nachgelöscht werden. Im Löscher sind 1,2 Liter Löschmittel, die reichen für etwa acht Sekunden ununterbrochene Anwendung. Der Brand wird wedelnd in kleinen Schüben bekämpft …«

»Oh, danke, ganz hervorragend.« Der Purser schnitt meinen Vortrag ab. Ich lächelte geschmeichelt, da fuhr er schon fort: »Ja, wirklich ganz toll referiert! Da kann ja heute nichts mehr schiefgehen, wo wir doch eine Fachkraft wie Sie an Bord haben …«

Sehr witzig. Ich beschloss spontan, diesen Vorgesetzten nicht in die Kategorie Favorit einzuordnen, und knetete

49

energisch mein inzwischen völlig durchweichtes Taschentuch.

Aber ich hatte Glück, mein Beitrag zu diesem Briefing war damit geleistet, und kurze Zeit später fuhren wir alle gemeinsam zur Maschine. An Bord stürzten wir uns sofort auf die sogenannten Vorflugarbeiten.

Zuerst wurde anhand von Checklisten von jedem geprüft, ob die Notfallausrüstung seiner Arbeitssektion vorhanden, in Ordnung und einsatzbereit war. Dieses wurde dann später auf einem Formular beim Purser mit Unterschrift dokumentiert. Danach ging es an die Ausstattung der Kabine: Sitztaschen auffüllen und ordnen (genug Spucktüten und Notfallkarten da?), Leselampen ausschalten, Fensterblenden hochschieben, Lautstärkeregler der Musik in den Armlehnen runterdrehen, Zeitungen, Bordmagazine, Flugpläne und Postkarten in die Schaukästen stecken und das Putzpersonal kontrollieren: War überall gesaugt? Die Tischchen sauber? Die Aschenbecher geleert? (Ja, damals gab es noch Raucherflüge!) Lagen die Sitzgurte alle schick über Kreuz? Waren die Waschräume blitzblank? Befanden sich Kissen und Decken in den dafür vorgesehenen Fächern?

Die sogenannte Galley-Mouse – die Küchenfee – musste die gesamte Beladung an Bord zählen und auf Vollständigkeit prüfen. Wie schön, dass wenigstens dieser Kelch an mir vorübergegangen war – beim Zählen von 690 Essen sowie diversen Sandwiches für den Zwischenstopp hätte ich ganz sicher Zitronenscheiben, Mund-Eis oder Klopapier vergessen.

Apropos – die Toiletten mussten von uns auch noch aufgefüllt werden, dazu standen Kleenexboxen, Papierhandtücher, Berge von Klorollen und natürlich Spucktüten bereit. Die Stöpsel im Handwaschbecken mussten immer auf halb hoher Position stehen, damit die Waschräume nicht aus Versehen geflutet wurden, und vor jedem Tages-erstflug mussten fünf Beutelchen »Celeste« in einer der Toiletten versenkt werden. Bitte mit Einweghandschuhen! Dies war ein gnadenloses Desinfektionsmittel, welches das Toilettenwasser schön blau färbte, den Duft von syntheti-schen Maiglöckchen verströmte und den bösen Bazillen im Wassertank den Garaus machte. Gäste, die aus Langeweile oder Entdeckergeist schon mal unter dem Waschtisch her-umwühlten und die kleinen Kissen aus Versehen mit besonders schöner Seife verwechselten – die wir bösen Flugbegleiter ihnen nicht gönnen wollten, darum versteck-ten wir sie ja auch in einem hässlichen Karton hinter einer Klappe –, rannten tagelang mit königsblauen Fingern herum. Das Zeug färbte wie der Teufel!

Mir schwirrte der Kopf – was sollte ich nun zuerst machen? Die Fensterblenden hochschieben? Waren alle oben, also schnappte ich mir einen Stapel Spucktüten, nahm ein paar Bordmagazine und Sicherheitskarten und begann in meiner Sektion die Sitztaschen zu kontrollieren. Das ging angeblich am besten, indem man sich in den Mit-telsitz der Dreierreihe fallen ließ, schnell die Taschen kont-rollierte, alles Nötige hineinstopfte und sich dann mit Schwung wieder herausschälte. Dann das gleiche Spiel in der nächsten Reihe. Spätestens bei Reihe fünf meldete sich das Kreuz, in Reihe zehn fragte man sich, ob der Flieger je ein Ende nehmen würde, und in Reihe 15 kam man kaum noch aus dem Sitz. Was für eine bescheuerte Arbeit! Muss-ten die Passagiere denn auch ständig Eselsohren in die Bordmagazine machen, ganze Seiten herausreißen, ihre Kaugummis an die Notfallkarten kleben, Männchen drauf-malen und die Spucktüten als Mülleimer verwenden?

Gerade als ich in Reihe 17 ein zerfleddertes Bordmagazin aus der Sitztasche fummelte, kam die Cockpitbesatzung an Bord. Drei schnittige Herren in Uniform mit goldenen

Knöpfen und Litzen, damals ging man noch nicht gemeinsam in den Flieger, die Helden der Lüfte reisten mit einem eigenen Bus an. Unser Purser kam ihnen gerade entgegen, begrüßte sie überschwänglich mit großer Gestik und trat im Gang devot zur Seite. Als die Piloten im Cockpit verschwunden waren, tänzelte er auf mich zu, blieb vor meiner gerade zu bestückenden Sitzreihe stehen und flötete: »Da Sie ganz frisch in unseren Reihen sind, würde ich mich bei Kapitän Steiger und seinen Jungs mal vorstellen. Kann bestimmt nicht schaden …!« Er kniepte übertrieben das linke Auge zu und turnte weiter hüftschwingend durch den Gang nach hinten.

Natürlich. Kein Ding. Ich war mit dem Stecken der Sitztaschen sowieso gerade fertig, meine Kollegin war mir von hinten entgegengekommen und hatte die gesamte Mitte, die ich in all der Aufregung vergessen hatte, auch schon mit verarztet.

Ich ging also nach vorne zum Heiligtum und klopfte an die Tür. Keine Reaktion. Ich klopfte noch einmal, etwas fester.

»Ja?!« Eine mürrische Stimme antwortete, und ich hatte etwa so viel Lust, dort hineinzugehen, wie sich ein Kaninchen freiwillig vor ein Rudel Wölfe hocken würde.

»Hallo?« Ich drehte den Türknauf, öffnete die dünne Presspapptür und grinste um die Ecke. Mein Gott, das theatralische Auftreten von Miss Globetrotter würde ich noch proben müssen.

»Hallo, ich bin die Neue und wollte mich kurz vorstellen«, sagte ich verlegen in die Runde. Der Flugingenieur saß in seinem Sessel direkt vor mir, er schraubte geflissentlich an einigen Schaltern und Knöpfen herum. Kapitän und Copilot drehten mir den Rücken zu und waren offenbar schwer beschäftigt. Doch Kapitän Steiger fand schließlich Zeit, mir einen Blick zuzuwerfen.

»Ach, gut, dass Sie kommen. Haben Sie einen Moment Zeit? Sind Sie fertig mit Ihren Vorflugarbeiten?«

»Ähm, ja, ich denke doch, ja. Warum?« Ich fühlte mich überrumpelt.

»Sie haben ja sicher gesehen, dass wir etwas spät an Bord gegangen sind. Unsere Gäste kommen gleich. Könnten Sie bitte mal kurz für unseren Flugingenieur den Reifendruck am Fahrwerk prüfen?«

»Wie bitte?«

»Das schaffen Sie – bestimmt. In fünf Minuten sind die Gäste da. Auf, auf!«

Ich hätte mit allem gerechnet. Einer blöden Anmache, einem doofen Spruch, kompletter Nichtbeachtung – aber das Prüfen des Reifendrucks? Bei einem 200 Tonnen schweren Flugzeug?

Ich stolperte aus dem Cockpit, während mein Gehirn ratterte. Hatte ich in der Ausbildung etwas übersehen? Wieso musste ich als Düse den Reifendruck überprüfen? Und vor allem wie? Ich empfand es ja schon als technische Herausforderung, den Luftdruck bei den Reifen meines Ford Fiestas zu kontrollieren.

»Wo wollen Sie denn jetzt hin?«, schnauzte mich der Purser an. »Die Passagiere kommen jeden Moment! Gehen Sie mal zügig auf Ihre Position!«

»Ich soll den Reifendruck am Fahrwerk testen, hat Kapitän Steiger gesagt«, erwiderte ich, immer noch verwirrt.

Der Kabinenchef rollte genervt mit den Augen und strich sich mit einer geübten Handbewegung das Haar platt.

»Ach so, na ja, das ist was anderes. Beeilen Sie sich bloß. Ich übernehme so lange Ihre Tür.«

Ich eilte die Gangway hinunter und stellte mich vor das imposante Fahrwerk der Maschine. Die Räder des Hauptfahrwerks waren so hoch, dass ich mich bequem mit dem Ellenbogen oben aufstützen konnte. Die vier dicken Reifen

53

sahen hervorragend aus, ich ging weiter zum Bugfahrwerk. Hier waren die Räder etwas kleiner, aber immer noch beeindruckend mit der ganzen Technik drum herum.

Und wie sollte ich nun den Luftdruck prüfen?

Endlich schwante mir was. Die Boys wollten mich doch wohl auf den Arm nehmen, oder?

Der erste Passagierbus rollte schon vor den Flieger. Oh Gott, wie peinlich! Irgendetwas würde ich mir einfallen lassen müssen, und zwar ganz schnell. Ich raffte meinen dunkelblauen Rock, holte kräftig aus und trat herzhaft gegen das Gummi. Perfekt! Besser aufgeblasen konnte so ein Flugzeugreifen gar nicht sein. Ich entfernte mich etwas vom Bugfahrwerk, zeigte dem Copiloten auf der rechten Fensterseite den erhobenen Daumen – so hatten wir es in der Fliegersprache ja gelernt – und flitzte wieder die Treppe hinauf, gerade noch rechtzeitig, bevor die Gäste aus dem Bus stiegen.

»Flugbegleiter L2 meldet: Luftdruck im Fahrwerk ist okay!«, erklärte ich atemlos dem Purser, der schon ungeduldig an meiner Tür auf mich wartete. Ich wurde mit schallendem Gelächter empfangen.

Klar, im Hotel hatten wir die Neuen auch veräppelt, indem wir sie in der Küche zum Beispiel die Schnittlauchschere für den Gemüsekoch suchen ließen – die es natürlich nicht gab –, die Eieruhr für die Straußeneier, die Spaghettimessmaschine oder sonstigen Unfug. Feuertaufen – ih, wie gemein! Zugleich konnte ich nicht anders, als mitzulachen, und plötzlich hatte ich ein ganz gutes Gefühl. Jetzt war das meine Crew!

Ich hatte mit dieser Episode noch verhältnismäßig Glück, wie ich bald herausfinden sollte. Andere Besatzungen waren zu Neulingen viel fieser als meine. Meine frischgebackene Kollegin Annabel zum Beispiel erzählte mir bei einem Kaffee in der Crewlounge etwa eine Woche später:

»Wir waren beim Briefing, und weil wir Verspätung hatten, kam auch das Cockpit zu uns an den Briefing-Tisch. Ich hatte mich brav vorgestellt, und die Jungs machten auch voll den sympathischen Eindruck ...« Sie strich sich eine platinblonde Locke aus dem Gesicht und rührte weiter in ihrem Kaffee.

»›Süße, kannst du mal eben aus dem Crewkontakt den Zündschlüssel für unsere Maschine nach Palma holen?‹, flirtete mich der Copilot dann vor versammelter Mannschaft an.«

»Noch beim Briefing?«

»Ja, die saßen alle da und kuckten natürlich, wie ich reagieren würde.«

»Und was hast du gemacht?«

»›Selbstverständlich‹, habe ich gesagt. ›Wie ist denn das Kennzeichen?‹ Die wollten sich daraufhin alle ausschütten vor Lachen. Ich bin dann einfach aufgestanden und in den Crewkontakt gegangen. Da habe ich gesagt, ich möchte den Zündschlüssel für die Palma-Mühle haben.«

»Und?« Ich konnte mir ein Grinsen schwer verkneifen.

»Na, da haben sie mir so 'nen ollen rostigen Schlüssel in die Hand gedrückt. Zuerst hab ich gedacht, Mann, sind die Flieger schon so alt? Und als ich mir den genauer angesehen habe, habe ich überlegt, was ein Mercedesschlüssel wohl mit 'ner TriStar zu tun hat ...«

Nun grinsten wir beide. Die kreativen Ideen unserer lieben Kolleginnen und Kollegen hatten etwas für sich – wenn man nicht gerade selbst zum Deppen gemacht wurde.

Andere Neue durften auf der Außenstation mal eben die gesamten Fenster in der Sektion wienern oder bekamen vom Kapitän in der Bodenzeit ein Fünfmarkstück in die Hand gedrückt. Damit sollten sie dann wahlweise die Profiltiefe der Reifen prüfen, der Nachbarmaschine, die neben uns parkte, eine kleine Frequenzbürste abkaufen oder auch den Slot, das vorgeschriebene Startfenster.

Es ging aber auch noch detailverliebter, wie ich hörte. So konnte man zum Beispiel bei der Lifevest-Demo – der Belehrung der Gäste über die Handhabung von Notausrüstung, Notausgängen und Schwimmwesten, die vor den Zeiten eines modernen Sicherheits-Videofilms noch live als sogenanntes Wasserballett vor jedem Flug vorzuführen war – die roten Plastikgriffe zum Aufblasen der Schwimmweste durch Teebeutel ersetzen. Oder auch mit dickem rotem Edding *Ich bin noch zu haben!* auf die Innenseite der Sicherheitskarte schreiben, die den Gästen zum Abschluss der Demonstration präsentiert wurde. Da bin ich ja glimpflich davongekommen!

Unser Flug nach Monastir war planmäßig reisefertig – auch dank der Kolleginnen, die mir unter die Arme griffen, wo ich noch nicht schnell genug war. Kurz vor dem Start, nach erfolgreich vorgetanztem Wasserballett und der abgeschlossenen Kontrolle der Arbeitssektion, saß ich entgegen der Flugrichtung angeschnallt auf meinem Sitz an der Tür – beäugt von mindestens 60 neugierigen Augenpaaren. Ein wenig Extrovertiertheit kann in dem Job durchaus nicht schaden. Ich beschloss, mir für die Zukunft ein dickeres Fell anzueignen und ein wenig mehr Nonchalance einzubauen. Trotz der Sehnsucht, endlich in die Luft zu gehen, und trotz der Blicke, die auf mich gerichtet waren, fühlte ich mich auf dem Weg zur Startbahn kurzfristig sehr allein an Bord – so allein eben, wie man in einem Team von sieben Flugbegleitern sein kann, inmitten von gut 358 Passagieren, einer Masse Mensch, verteilt auf ein paar läppischen Quadratmetern.

Der Flieger fuhr nun schnell zur Startposition, die Triebwerke summten noch leise, dafür rauschte die Aircondition ungewöhnlich laut. Musste das so sein?

Endlich bremste das Flugzeug ab, kurvte ächzend um die Ecke herum und stand dann einen kleinen Augenblick lang still – Nase Richtung Süden. Mein Herz klopfte. Ich hielt mich mit den Händen an den Seiten des Sitzes fest, beide Füße flach auf dem Boden, Knie handbreit nebeneinander, so wie sie es uns beigebracht hatten. Lässig mit übereinandergeschlagenen Beinen sah zwar eher sexy aus, konnte im Fall eines Startabbruchs aber mit bösen Knochenbrüchen enden, wie man uns eingetrichtert hatte. Wir waren tatsächlich auf alles vorbereitet. Waren wir das? War ich das?

Die Triebwerke jaulten auf, die Bremse wurde fühlbar gelöst, durch die gesamte Maschine ging ein Ruck, und unser bis unter das Dach ausgebuchter Silberdrache nahm behäbig Anlauf. Immer schneller wurde die Maschine, die Triebwerke röhrten, die Beschleunigung drückte nun die Passagiere in die Sitze, wir mussten der Fliehkraft auf unseren Plätzen entgegenwirken. Du lieber Himmel – wie lang war so eine Startbahn? Sie schien kein Ende zu nehmen. Das Flugzeug hüpfte behäbig, schlingerte leicht mal nach rechts, mal nach links, die Trolleys klapperten metallisch aufgrund der Vibrationen aneinander, die Gepäckfächer zitterten, immer noch röhrten die Triebwerke unter Volllast. Dann endlich – das vordere Fahrwerk löste sich zäh vom Asphalt, wenig später folgte das ganze Flugzeug. Rumpelnd fuhr das Hauptfahrwerk unter mir ein, die Klappen arretierten gut hörbar, und es wurde ein wenig leiser in der Kabine. Wir flogen! Endlich! Um nichts auf der Welt hätte ich dieses Gefühl hergeben wollen. Was ich damals noch nicht wusste: Der Start würde auch nach fast einem Vierteljahrhundert nichts von seiner Faszination verloren haben. Er gab einem das Gefühl, von allem losgelöst zu sein. Wie sang doch Reinhard Mey? Über den Wolken sei die Freiheit grenzenlos … Lieber Reinhard, wenn man aus dem Fenster schaut, hast du sicher recht. Kaum eine Umgebung ist so romantisch wie der strahlend blaue Himmel mit den weißen Wattewölkchen. Aber hast du jemals *in* die Kabine gekuckt? Hier tut sich ein eigenes Universum auf. Und dieses hat durchaus Grenzen.

Einige Dinge in Bezug auf Freiheit über den Wolken lernte ich schon am allerersten Einsatztag.

Intimsphäre an Bord? Ein Mindestabstand von einem halben Meter zu wildfremden Menschen? Negativ! Die einzigen Räume, in denen man kurzfristig allein sein konnte, waren die Down-Galley, also die Küche im Untergeschoss, oder die Toilette. Erstere hatte den Charme eines Aquariums ohne Wasser: Die Deckenhöhe erlaubte mir mit flachen Schuhen gerade eben den aufrechten Gang. Der kleine Raum war vollgestopft mit Trolleys, Öfen, Brötchenkisten, Styroporboxen und was man sonst noch so während des Flugs brauchte. In einer klaustrophobisch engen Ecke gab es einen Flugbegleitersitz, versehen mit Gurten, Sauerstoffversorgung und einem Feuerlöscher, falls doch einmal etwas schiefging. Es musste ein Traum sein, hier alleine einen Ofenbrand mit brennendem Gulasch zu bekämpfen oder bei längeren Turbulenzen einsam und ohne Zeitung auf dem Flugbegleitersitz zu hocken. Einzige Verbindung zur Oben-Welt waren die Pink-Line, das Telefon zwischen den beiden Fahrstühlen, sowie eine Wechselsprechanlage.

Die zweite Möglichkeit, mal für sich zu sein, war allerdings noch viel weniger attraktiv als das Trockenaquarium. Meist roch es dort eigenartig ... und wer wollte schon länger als nötig an einem Ort verweilen, der pro Tag von Hunderten von Menschen aufgesucht wurde, um sich dort zu erleichtern, zu schminken, mit Haarspray oder Parfum einzunebeln, dem Nachwuchs die unbrauchbare Windel zu wechseln oder – verbotenerweise – eine zu rauchen? Nein, danke, eine Flugzeugtoilette kommt in der Rangliste gleich nach einem Bahnhofsklo. Trotz Reinigung an jedem angesteuerten Flughafen, blinkender Silberflächen, blitzender Spiegel und regelmäßigem Aussprühen mit unserem Zauberduft »Wilde Orchidee« verweilte hier wohl kaum jemand freiwillig länger als nötig.

Aber wer wollte denn alleine sein?

Ich stürzte mich erst einmal voller guter Ambitionen ins Getümmel.

Als L2 war ich für die Verteilung der Essen zuständig. Ich half meiner Kollegin so gut es ging bei der Vorbereitung ihres Getränkewagens, und kaum zehn Minuten nach dem Start waren wir kampfbereit. Ich begann mit dem Service, indem ich jedem Gast ein Plastiktablett mit Aufschnitt, Marmelade, einem Pudding und einem kleinen Kartoffelsalat hinstellte. Dazu kam noch ein Brötchen, welches aus einem der zwei großen Pappkartons auf meinem Wagen zu zaubern war. Diese Brötchen hatten offenbar ein Eigenleben, entweder sie klebten alle untrennbar zusammen, hüpften in Kamikaze-Manier aus der Eiszange, die zum Anreichen diente, und kullerten auf Nimmerwiedersehen unter die Sitzreihen, oder blieben an den Zacken selbiger einfach hängen, sodass man sie energisch auf das Tablett des Gastes schütteln musste. Selten landete ein Brötchen auf Anhieb da, wo es hinsollte, eher auf dem Schoß des Gastes. Gut, wenn dieser entsprechende Reflexe hatte und es auffing. Dieses unkooperative Verhalten liederlicher Backwaren konnte ich nicht tolerieren, schließlich kam ich mit Serviceerfahrung aus einem Sternehotel, da hatten wir mit ganz anderen kulinarischen Herausforderungen zu kämpfen gehabt. Also entwickelte ich flugs meine eigene Technik: Ich quetschte das Brötchen entschlossen zwischen die Backen der Eiszange, riss es mit einer leichten Drehbewegung aus dem Karton, drückte es mit Schwung in die

Kaffeetasse rechts oben auf dem Tablett, reichte es dem entsprechenden Gast an und flötete: »Bitte schön – guten Appetit!«

Da das Anreichen von Essen schneller ging als das Erfüllen von Getränkewünschen, hielt ich alle fünf Reihen an und half meiner Sektionspartnerin an der Getränkebar. Großartigen Kontakt zu den Passagieren bekam ich zuerst aber gar nicht.

»Der Kaffee ist alle, kannst du mal neuen kochen?«

»Ich brauche noch Tomatensaft.«

»Machst du mir bitte mal einen Kakao?«

»Du, der Tee ist auch schon alle …«

Also schob ich meine Kiste mit den kulinarischen Offenbarungen erst mal wieder bis zur Mitte, wo ich dann in der dortigen Küche neuen Kaffee, Tee und den Kakao kochen konnte und auch alle anderen Getränke fand – nach mehr oder weniger langem Suchen.

Auf dem Hinflug nach Monastir kam ich zu nicht viel mehr, als das Essen zu verteilen, den Getränkewagen meiner Kollegin aufzufüllen und hier und da ein Glas Wasser oder Cola einzuschenken. Das fluppte auch ganz gut, nur bei einer Situation musste ich den Atem anhalten: Ich schenkte gerade am Fensterplatz Kaffee aus, als die Dame auf dem Gangplatz derselben Reihe mich mit den Worten: »Krieg ich auch so einen?« kräftig am Blusenärmel zog – an dem Arm, an dessen Ende die volle Kanne mit heißem Kaffee hing. Um ein Haar wäre das schiefgegangen – warum mussten einen die Leute auch anfassen? Ich stand doch nur fünf Zentimeter von ihr entfernt!

Der Rest des Flugs verflog in einem Augenzwinkern, ach, was sag ich, in einer Millisekunde! Es gab so viel zu tun: abräumen, den Zollwagen checken, aufbauen, die Zollansage machen, den Gästen die Waren verkaufen – Beratungsgespräche, Anproben und Vorführungen inklusive –, dann das Verstauen des Bordshops, Kontrollieren der Passagiere, der Küchen, der Wagen – die Landevorbereitungen – und schwupp!, waren wir schon unten in Monastir, einer Stadt an der Küste Tunesiens.

Ich hatte mich natürlich bestens darauf vorbereitet und wusste zum Beispiel, dass die Festung von Monastir – Ribat genannt – im Jahr 796 als Schutz gegen Angriffe der byzantinischen Flotte errichtet worden war. Lokalhistorischen Nachrichten aus dem frühen 10. Jahrhundert zufolge war ein Aufenthalt in Monastir besonders wertvoll – ein dreitägiger Dienst in der großen Festung garantierte jedem einen sicheren Platz im Paradies. Nun, wir würden die drei Tage leider verfehlen, nicht einmal drei Stunden würden wir hier mit unserem Flieger verweilen. Geplante Bodenzeit: 90 Minuten.

Als ich die Tür öffnete, durchströmte salzige Meeresluft die Kabine. Die Sonne schien hell herein, es wurde schlagartig sehr warm an der Tür. Ich verabschiedete die Gäste mit vielen »Auf Wiedersehen« und einigen »Schönen Urlaub«.

Ich hätte jetzt mit aussteigen können, in Deutschland tobte der kalte Märzwind mit Temperaturen um die sieben Grad – wer hätte da nicht mit Kusshand getauscht? Aber am Terminal warteten schon 358 Gäste für den Rückflug. Also das Fernweh in den Sack packen, nicht weiter drüber nachdenken und stattdessen hübsch lächeln …

Mein erster eigenverantwortlicher Hin-und-Rückflug endete so schnell und turbulent, wie er begonnen hatte. Wir verließen nach dem letzten Gast das Flugzeug, es war schon lange dunkel, und kalter Nieselregen empfing uns auf dem Flughafen Düsseldorf. Diesmal konnten wir zu Fuß zur Firma hinüberlaufen, die Maschine parkte direkt vor unserer Halle. Jeder kontrollierte noch schnell sein Postfach, es flogen wieder ein paar Küsschen hier und da, und auf einmal waren sie alle weg, wie vom Winde verweht. Der Purser brauchte noch nichts über mich und meinen fantastischen ersten Einsatz zu schreiben, die ersten drei Flüge waren beurteilungsfrei. Er zwängte eine Regenjacke über sein Uniformjackett, schlug den Kragen hoch, stopfte den neuen Dienstplan in seinen Crewkoffer und winkte mir kurz aus zehn Metern Entfernung zu.

Am nächsten Tag würde ich mit einer komplett anderen Mannschaft reisen: neues Spiel, neues Glück. Und bitte das Lächeln nicht vergessen!

Ungebetene Gäste
auf Kuba

Wie alle Neulinge arbeitete auch ich vorzugsweise in der damals noch vorhandenen Rauchersektion. Die Arbeitsplatzwahl im Flieger richtete sich streng nach Seniorität, das heißt, der Flugbegleiter mit der längsten Firmenzugehörigkeit suchte sich seinen Servicebereich zuerst aus. Der oder die Neue nahm, was übrig blieb, und das war in den meisten Fällen ein Platz im Anti-Luftkurort Aft Cabin. Er befand sich im Heck des Fliegers, dort, wo man die Luft in Würfel schneiden konnte, es in der Kabine am lautesten war und aufgrund technischer Gegebenheiten immer am meisten wackelte.

Mit der Verteilung besonders begehrter Flüge war es ähnlich. Man konnte zwar einen Flug pro Monat bei der Planung beantragen, doch auch hier galt: je länger dabei, desto größer die Chance, den ersehnten Flug auch zu bekommen. Immerhin hatte ich das Glück, dass man in unserer Firma nicht erst monate- oder gar jahrelang Kurz- und Mittelstrecke schrubben musste, bis man endlich eine Langstrecke fliegen durfte. Gleich im ersten Dienstplan prangte eine Reise mit drei Tagen Aufenthalt nach Kuba zu Fidel Castro und seinen Freunden. War das spannend!

Auf dem Inselstaat in der Karibik flogen wir mehrfach die Woche verschiedene Städte an, und da Kuba Anfang der Neunzigerjahre zwar schon jede Menge karibisches Flair versprühte, die Versorgungslage vor Ort aber doch eher spartanisch war, war es als Ziel unter den alten Hasen nicht sehr begehrt. Und wenn schon: Mir war es egal, ob die Reise nach Kuba, Barbados, in die Dominikanische Republik, auf die Bahamas oder nach Jamaika ging. Reiselustig war ich schon immer gewesen, und ich konnte es kaum abwarten, unsere Fernziele eines nach dem anderen möglichst bald persönlich kennenzulernen. Fingen wir eben mit Kuba an!

Unser Flieger war diesmal ein Langstreckenmodell, eine Lockheed TriStar 500. 288 Gäste fanden darin Platz, und die Maschine war voll bis unters Dach. Kubareisen waren damals sehr günstig, vielleicht hätte mich das stutzig machen sollen.

An Bord stimmten sich unsere Gäste schon einmal fröhlich auf die sonnigen Tage am Karibischen Meer ein. Was hieß: Alles, was nichts kostete, wurde bis zur Schmerzgrenze konsumiert. Ein Pärchen um die 40 ist mir mit seinem ausgeprägten Durst bis heute in Erinnerung geblieben.

Ich rollerte mit meinem Getränkewagen zu den beiden heran und fragte: »Was möchten Sie denn gerne trinken?«

»Kaffee. Und 'ne Cola!«

Ich schenkte Kaffee in die Tasse vom Tablett und goss Cola in ein Plastikglas. Dieses reichte ich dem Herrn, welcher es mit drei großen Schlucken leerte, mir wieder hinhielt und leise rülpsend krähte: »Da krieg ich noch eins von und bitte einen Tomatensaft!«

»Sehr gerne.« Ich füllte das Glas Cola erneut und schüttelte die Tüte mit dem Tomatensaft. Derweil entdeckte seine Gattin, dass es Wein zum Essen gratis gab. Sie knuffte ihren Angetrauten in die Seite und zeigt auf die Weinflaschen auf dem Wagen.

»Ist das Wein?«, fragte mich der Gast, als ich ihm den Tomatensaft mit Pieker und Gewürzen anreichte.

»Ja, Rot- und Weißwein. Möchten Sie einen?«

»Ja, wenn Sie schon so fragen!« Er grinste und kostete den Tomatensaft.

»Welche Farbe soll es denn sein?«

Er überlegte kurz und proklamierte dann: »Von jedem einen!«

Da auf seinem Tischchen kein Platz mehr war – Kaffeetasse, Cola, Tomatensaft standen schon rechts vom Tablett –, stellte er die beiden Gläser Wein bei seiner Gattin ab.

»Haben Sie noch einen Wunsch?«

Noch bevor er etwas sagen konnte, rief seine Gattin: »Für mich das Gleiche«, und strahlte mich an.

Hmm, was denn, den Wein, die Cola, den Kaffee oder den Saft? Ich war so naiv zu fragen und erhielt prompt die Antwort in zackigem Dialekt: »Na, allet!«

Ich stutzte kurz und konnte mir dann eine weitere Frage nicht verkneifen: »Entschuldigung, aber ... erwarten Sie noch Gäste?«

Natürlich waren nicht alle Passagiere so maßlos, sonst wären unsere Vorräte wohl schon vor der Atlantiküberquerung aufgebraucht gewesen. Gut gefiel mir an diesem Flug, dass wir bei den langen Flugzeiten von etwa zehn Stunden ausreichend Zeit hatten für den Service, eine kleine Pause zwischendurch, für spannenden Klönschnack mit den Kollegen – was konnten die für Geschichten erzählen! – oder ein nettes Gespräch mit dem einen oder anderen Passagier. Einige meiner Kolleginnen und Kollegen konnten Konversationen mit Gästen gar nichts abgewinnen. Ich aber hatte dabei meinen Spaß.

So verging meine erste Langstrecke buchstäblich wie im Flug, und voller Spannung öffnete ich nach der Landung auf dem Flughafen von Holguín die L2-Tür. Fast augenblicklich wurde ich von feuchtwarmer Hitze umhüllt.

Wie die sich anfühlte, kannte ich schon aus meinem Urlaub in Rio de Janeiro. Doch dass diese Luft es mit einem Wimpernschlag schaffte, einem die Uniform an den Leib zu kleben, den Schweiß auf die Stirn zu treiben und die Klimaanlage zu wilden Kondenswolken zu verleiten, war für mich eine neue Erfahrung.

Unsere Gäste turnten inzwischen fröhlich aus ihren Sitzreihen heraus, die meisten hatten schon in der letzten halben Stunde der Reise allen überflüssigen Ballast an Garderobe abgeworfen, nur einige wenige verließen das Flugzeug mit Strickpullovern und den Worten: »Boh, ist das heiß hier!«

Genau das dachte ich auch. Ich konnte gar nicht so schnell schwitzen, wie mir warm war. Die Temperaturen auf dem schwarzen Asphalt des Rollfelds mussten um die 60 Grad gehabt haben. Das konnten wir in Kürze selbst ausprobieren – wir gingen nämlich zu Fuß zum Flughafengebäude, Handtasche und Koffer im Schlepptau, das Uniformjackett brav über dem Arm.

Vor dem Eingang des Gebäudes musizierte lautstark eine vierköpfige Band. Sie trugen bunte Hemden, ihre Kleidung schien einem Modemagazin der Sechzigerjahre entnommen. Sie spielten melodischen Salsa und sangen dazu selbstvergessen, während ein nerviger Fotograf hin und her hüpfte und versuchte, möglichst viele Passagiere zu fotografieren. Ich stutzte – wer würde schon ein Foto von sich kaufen, wie er nach zehn Stunden Flug als Bleichgesicht auf einer Kokosnussinsel anlandete? Ich kam nicht weiter zum Grübeln, die Crew schob mich schnell vorwärts zum Einreiseschalter. Drei ganze Tage Aufenthalt unter karibischer Sonne, die wollte man doch nicht am Airport vergeuden!

Heutzutage gibt es über die Hotels, in denen wir Flugbegleiter untergebracht werden, überhaupt nichts zu meckern, im Gegenteil, sie gehören alle der Luxuskategorie an – bis auf wenige Ausnahmen vielleicht. Die Pionierzeiten auf Kuba allerdings gestalteten sich noch anders, und unsere Unterbringungen damals gehörten zweifelsfrei zu der abenteuerlichen Kategorie. Und so steckte ich schon bei meinem ersten Langstreckenflug voll drin im Abenteuer.

Holguín ist eine Großstadt im Osten von Kuba. Wir hatten eine vorläufige Bleibe direkt am Airport, denn das finale Crewhotel war noch in Arbeit. Mit »direkt am Airport« meine ich so direkt, dass ich, während ich am Pool saß, das Gefühl hatte, ich brauchte nur den Arm auszustrecken, um das Fahrwerk des nach Hause brausenden TriStars berühren zu können.

Ich blickte mich neugierig um. War das Kuba? Eine Kaschemme am Flughafen? Natürlich nicht. Wir ließen uns die Laune von all dem Lärm und Beton nicht verderben. Die Uniform hatten wir längst gegen lässige Strandklamotten getauscht – auch wenn dieser Strand 15 Kilometer weit entfernt war.

Die Sonne war inzwischen kurz davor unterzugehen und färbte den Himmel rosarot. Das passte zu meinem Gefühl – rosarot! Ich war dabei, die Welt zu erobern, und wenn der liebe Gott wollte, dass ich hier anfing – bitte sehr! Die Zikaden zirpten, der emsige kubanische Kellner entzündete romantische Windlichter, und sogar die stinkenden Räucherstäbchen, die zum Vertreiben der Moskitos angesteckt wurden, riefen bei mir Urlaubsstimmung hervor. Die mächtigen Wedel der Palmen rauschten im aufkommenden Wind der Abenddämmerung. Mir war immer noch warm, aber nicht mehr unerträglich heiß. Stattdessen verspürte ich einen kaum löschbaren Durst – Durst auf mehr.

Wir verbrachten einen feuchtfröhlichen Abend bei Mojito, Cuba Libre und viel Bésame-mucho-Gesang. Zum Essen waren wir erst zu aufgekratzt, später zu müde. Gegen zwei Uhr Ortszeit sanken wir in die Kissen.

Am nächsten Morgen wachte ich durch ein schnarrendes Geräusch auf. Es dauerte eine ganze Weile, bis ich entdeckte, dass es sich um eine große Grille handelte, die sich zappelnderweise in der vergilbten Gardine am Fenster verheddert hatte. Ich schwang beide Beine aus dem Bett, um das Insekt aus dem Stück Stoff zu befreien, da sah ich im Augenwinkel etwas huschen – direkt unter das Bett. Was konnte das gewesen sein? Wollte ich es überhaupt so genau wissen? Während ich darüber noch nachgrübelte und die verzweifelte Grille einen Moment ihren Hilferuf einstellte, vernahm ich leise, kratzende Geräusche. Ich rieb mir den Rest Schlaf aus den Augen. Dann zog ich schnell die Füße wieder hoch und versteckte sie unter der Decke: Allein vom Bett aus konnte ich nicht weniger als 23 Kakerlaken zählen, die fröhlich-emsig in meinem Zimmer hin und her krabbelten, sich auf meinem Crewkoffer ausruhten oder irgendwo in den Ecken hockten. Hierbei nicht berücksichtigt waren die Exemplare, die es sich in meinen Pumps gemütlich gemacht hatten, in die Jackentasche meines Blazers geschlüpft waren oder sonstige persönliche Dinge von mir des Nachts erobert hatten. Ich stopfte mir ein Stück Decke in den Mund, um nicht durch unüberlegtes Schreien alle Krabbeltiere und auch meine Kollegen aufzuscheuchen. Bäh, war das eklig!

Gegen ein oder zwei Käfertierchen hatte ich ja nichts einzuwenden, kein Hotel der Welt würde je ohne sie existieren können, schon gar nicht in der Karibik. In Rio de Janeiro hatte ich Kakerlaken erlebt, die so lang wie eine Zigarettenschachtel und etwa halb so breit waren. Die hier waren um einiges kleiner, aber schätzungsweise immer noch so lang wie mein kleiner Finger, und anscheinend hatten sich alle Jungs aus der gesamten Nachbarschaft ausgerechnet in meinem Zimmer verabredet.

Das Badezimmer machte ohne Probleme dem Insektarium vom Zoo Hagenbeck Konkurrenz. Vorsichtig setzte ich einen Fuß vor den anderen, bis ich endlich in halbwegs trittsichere Sandalen schlüpfen konnte. Im Bad stand ich dann breitbeinig vor dem Waschbecken – um auf niemanden draufzutreten –, wo ich erst mal heißes Wasser über meine Zahnbürste laufen lassen wollte. Das Wasser wurde natürlich nur lauwarm, und während ich auf höhere Temperaturen wartete, ging mir so manche Frage durch den Sinn. Lutschten Kakerlaken an Zahnbürsten? Wahrscheinlich nicht, aber allein die Vorstellung, dass so ein Wesen die geschmackliche Offenbarung einer deutschen Zahncreme testen wollte, trieb mir den Ekel in die Magengegend. Im Abfluss der Dusche saß zur Krönung des Morgens noch eine Spinne – handtellergroß mit allen acht Beinen und dazu mit langer flauschiger Behaarung in modischem Schwarz. Das war zu viel. Ungewaschen lief ich zurück ins Zimmer, riss die Tür auf und schüttelte meine Kleider draußen aus, um dann schnell hineinzuschlüpfen. Den Koffer packte ich in Windeseile und saß dann zwei Stunden vor der geplanten Weiterreise im Frühstücksraum, denn in meinem Zimmer hätte ich es keine fünf Minuten mehr ausgehalten.

Ich war nicht die Einzige, deren Unterkunft mehr einem Zoo als einem Zimmer glich. Ein Kollege hatte einen Frosch im Duschvorhang, eine andere Kollegin war total zerstochen, und Kakerlaken waren überall vertreten, wenn auch nicht in solchen Mengen wie bei mir.

Wir fuhren dann mit dem Bus nach Havanna, von dort sollte in zwei Tagen unser Heimflug starten. Sicher würde hier alles viel schöner und vor allem sauberer sein – so hoffte ich zumindest.

In dem Hotel in Downtown Havanna lag ein mehrere Zentimeter hoher Flauschteppich, der sicherlich schon aufgrund der fehlenden Staubsauger längst ein Eigenleben führte. Immerhin musste man sich so nicht alles ansehen, was da im Zimmer herumkrabbelte – wie gnädig!

Ich lernte also Kuba live und in Farbe kennen. Das einheimische Frühstück – welches ich mir in Holguín nach dem unerwarteten zoologischen Angriff komplett verkniffen hatte – bestand in Havanna aus dünnem Weißbrot, harten, blau gekochten Eiern, einer quietschroten Salami mit centgroßen Fettaugen und weißem Wabbelkäse. War das eine Art Mozzarella oder eher ein alter Quark? Von Schaf, Ziege oder Kuh? Oder vielleicht von einem ganz anderen Tier? Fast hätte ich die Kaktusmarmelade vergessen – dunkelrosa, mit kleinen Bröckchen darin, die aber mit hartem Weißbrot eine durchaus gelungene Fusion einging – verhungern musste hier schließlich keiner. Der kubanische Kaffee war ein Westernmodell: so stark, dass ein Hufeisen problemlos darauf hätte schwimmen können.

Ich kippte etwas Milch hinein, die in dem heißen, tiefschwarzen Gebräu sofort großflächig ausflockte. Na ja, vielleicht würde ein bisschen Zucker helfen, dieses Getränk genießbar zu machen. Ich nahm mir den Zuckerstreuer und hielt ihn über meine Tasse – ohne Effekt. Die Luftfeuchtigkeit hatte die Zuckerkristalle untrennbar zusammengeschweißt, da konnten selbst die seltsam braunen Reiskörner nichts gegen ausrichten. Aber schließlich hatten wir alle das Survival-Training absolviert, bastelten wie Pfadfinder den Zuckerstreuer auseinander, löffelten die klebrige Masse in den Kaffee und tauschten uns über kubanische Verhältnisse aus.

Zwei Tage später standen wir auf dem Flughafen in Havanna, um unsere Heimreise anzutreten. Ich wollte ein Taschentuch aus der Außentasche meines Crewkoffers holen und öffnete den Klettverschluss. Im selben Moment schoss ein brauner Chitin-Kollege mit sechs furchtbar schnellen und pieksigen Beinchen meinen Arm hinauf. Ich weiß nicht, wer von uns beiden sich mehr erschrocken hat – denke aber, dass meine Kreischeinlage mit zappeligem Armgewedel und unkontrolliertem Gehopse einen beträchtlich höheren Unterhaltungsfaktor bei der Crew und den umstehenden Kubanern hatte als die in die nächste Ritze entschwindende Kakerlake.

Meinen Koffer habe ich nach diesem Flug sofort ausgepackt. Der Vorteil einer flughafennahen Wohnung liegt klar auf der Hand: Der Koffer ist samt Inhalt und etwaigen blinden Passagieren direkt nach dem Flug noch eisgekühlt, weil das Koffercompartment nur sehr knapp beheizt wird. Kubanische Kakerlaken sind diese kalten Temperaturen nicht gewöhnt und können, zwölf Stunden durchgefroren, kaum ein Beinchen vors andere setzen – die beste Chance für uns Mitteleuropäer, diese flinken Tierchen einzufangen, bevor sie die Wohnung für sich entdecken und dort eine neue Familie gründen.

Ansonsten hatte ich all die Jahre über Glück und machte nur die üblichen Bekanntschaften mit Moskitos, Geckos und Bettwanzen. Auf den Malediven traf ich beim Schnorcheln an der Riffkante einen Hai, der aber sicherlich mehr Angst vor mir hatte als ich vor ihm, und einer zickigen Muräne konnte ich im knietiefen Wasser mit einem beherzten Sprung entkommen.

Meine Kollegen wissen da teilweise ganz andere abenteuerliche Geschichten zu berichten. So hat zum Beispiel ein Steward sein Zimmer unwissentlich eine Woche lang mit einer Schlange geteilt, die es sich unter seinem Bett gemütlich gemacht hatte. Erst als er am letzten Tag den Koffer mit Schwung aufs Bett warf, um seine Sachen einzupacken, zischte sie entrüstet aus ihrem Versteck. Zum Glück war gerade die Balkontür offen, und sie konnte ungehindert in die Freiheit entkommen. Eine Kollegin hatte – übrigens in dem gleichen Hotel – eine Begegnung einer ganz anderen Art. Sie rückte aus mir nicht bekannten Gründen das Sofa von der Wand und fand dort ein riesiges Panzertier. Der Krebs musste da schon länger gesessen haben, denn er sprang gleich mit den Scheren klappernd auf sie zu. Er hatte offenbar Hunger, der arme Kerl …

Das ist einer der Gründe, warum ich möglichst keine Möbel in fremden Zimmern verrücke. Ich schaue auch nicht wie viele meiner Kollegen zuerst unters Bett. Ich will gar nicht wissen, was dort alles an Wollmäusen, Krabbeltieren oder sonstigen Dingen liegt, die da nicht hingehören. In New York soll einer sogar eine Leiche unter dem Bett gehabt haben – du lieber Himmel! Viele von uns reisen mit eigener Bettwäsche, um ja nicht mit den fremden Bettüberwürfen in Kontakt zu kommen. Zugegeben, in manchen Hotels hätte ich auch lieber einen nach Rosenblüten und Vanille duftenden Schlafsack als muffig-feuchte, klamme Baumwolllaken, aber wenn das Bett voller Wanzen ist, pieken sie auch durch den edelsten Stoff. Durch manche Dinge muss man einfach durch.

Fies sind allerdings Geschichten wie diese hier: Meine Kollegin Roswita, eine zierliche, tiefenentspannte Person, die neben der Fliegerei Psychologie studierte, legte sich in irgendeinem Hotel in der Karibik in ihr Bett, um noch etwas zu lesen. Das Buch war spannend, und so bemerkte sie erst nach einer Weile die leise kratzenden, fiependen Geräusche. Ihr Bett hatte am Kopfende eine breite Holzverkleidung, auf der zwei altmodische Lampen standen, von denen ihr eine als Leseleuchte diente. Auf einmal sah sie aus dem Augenwinkel einen unheimlichen Schatten an der Wand vorbeilaufen. Sie drehte sich um und musste feststellen, dass die Holzablage ihres Kopfteils von Ratten als Catwalk benutzt wurde. Ausschlupf war ein Loch hinter der Gardinenstange, von dort ging es kopfüber die Wand hinunter, über das Kopfteil, und dann … schrie Roswita wie am Spieß, sprang aus dem Bett und lief aus dem Zimmer. Die Kollegen, die rechts und links von ihr wohnten, hechteten ihrerseits aus den Zimmern, um ihrer anscheinend sich in größten Nöten befindenden Kollegin zu Hilfe zu eilen. Den Ratten wurde es nun offenbar zu laut, und sie verkrümelten sich. Wohin, das weiß man nicht so genau …

Zicken unerwünscht

Der kürzeste Weg zwischen zwei Menschen ist ein Lächeln – diese Weisheit spürte ich als Neue im Airline-Business ganz besonders. Viele Dinge kannte ich noch nicht, und meine Kollegen brauchten jede Menge Geduld, um zum 95. Mal zu erklären, was ich mit der Müllpresse anstellen sollte, wenn alle Warmlämpchen wild blinkten, oder wie man eine neue Rolle Papier in den Bordverkaufscomputer hineinfummelte, und das alles bei einer Gesamtflugzeit von zwei Stunden zehn Minuten inklusive ständigem Gewackel. Ein nettes Lächeln entschädigte da für vieles – auch im Umgang mit den Gästen, die mich ständig Dinge fragten, auf die mir spontan keine passende Antwort einfiel.

»Warum kann ich meinen Koffer nicht ins Gepäckfach stecken?«

»Wieso haben Sie keinen *SPIEGEL*?«

»Ich hatte aber am Notausgang gebucht!«

»Warum gibt es hier keine Fensterplätze mehr?«

Als Neuling wäre ich nie auf die Idee gekommen zu sagen: »Ihr Koffer wiegt mindestens 20 Kilo, der muss gelabelt werden und nach unten in den Frachtraum, einen Spiegel haben wir leider nur auf der Toilette, am Notausgang dürfen gebrechliche, ältere Herrschaften wie Sie aus Sicherheitsgründen nicht sitzen, und Fensterplätze gibt es zehn Minuten vor Schalterschluss in der Regel keine mehr.«

So etwas durfte man nicht mal denken! Die ganze Schulung wäre umsonst gewesen. Aber ein Lächeln half so gut wie immer. Es durfte nur nicht zu penetrant angewendet werden und in ein eingefrorenes Grinsen ausarten.

Manche Dinge in der Fliegerei waren zunächst befremdlich, und an einige sollte ich mich nie gewöhnen. Aber ich lernte schnell.

Schon nach dem ersten Flug schwor ich mir, die Schuhe nach dem Start zu tauschen. Während meine Kolleginnen alle in bequemen Tretern durch die Maschine schlurften, hatte ich nach sechs Stunden immer noch meine schicken High Heels vom Boarden an – so langsam wurde das selbst meinen Füßen zu viel. Und mit Blasen an denselben konnte sich so ein Tag verdammt in die Länge ziehen. In besagtem Fall begann er um acht und endete um 20 Uhr. Also doch alles wie gehabt?

Im Grunde waren die Dienstzeiten in der Fliegerei mit denen in der Hotellerie nicht zu vergleichen. Hier gab es streng vorgeschriebene Ruhezeiten, die unbedingt eingehalten werden mussten, und die Anzahl der freien Tage pro Monat war genauso festgelegt wie die längstmögliche Dienstzeit an einem Stück. Diese betrug im Normalfall 14 Stunden, na bitte, war ich doch noch satt zwei Stunden drunter. Im technischen Notfall oder bei widrigen Umständen konnte die Dienstzeit durch einen sogenannten Kapitänsentscheid auf maximal 15 Stunden verlängert werden, im Jahr 1990 waren es sogar 16. Hierzu mussten die Kabinenbesatzung und das übrige Cockpitpersonal vom Chef befragt werden, ob sie sich seelisch, geistig und körperlich in der Lage fühlten, diesen Mammutdienst zu leisten. Aber wer sagt da schon Nein, wenn die Alternative eine Zwischenlandung auf einem No-name-Airport in Weiß-ich-nicht-wo-Hausen wäre, wahrscheinlich ohne gescheite Unterkunft und feste Nahrung?

Allein schon in Anbetracht einer unplanmäßigen Zwischenlandung mit Übernachtung gehört immer ein persönliches Survival-Kit ins Handgepäck, wie Kolleginnen mir verrieten: Zahnbürste, Unterwäsche, Haarspray, Ersatzbluse und Ohrstöpsel.

Persönliche Qualitäten erreicht so ein eigenes Notfallpäckchen übrigens erst nach einigen Jahren, wenn man für sich selbst herausgefunden hat, auf welche Dinge man in der Fremde unmöglich verzichten kann oder will: Schmuseente, Einschlafkrimi, Vitaminpillen, Glückssocken und Verschiedenes mehr.

In der Crewlounge fand ich schnell heraus, wer schon seit Zeppelinzeiten flog und wer sich seine Lorbeeren erst noch verdienen musste. Hin und wieder traf ich meine neuen Kollegen aus der Flugbegleiterschulung, mit denen ich die ersten Abenteuer und auch die verpufften Illusionen austauschen konnte.

»Hast du schon gehört, was sie mit Pascal aus dem zweiten Kurs gemacht haben?«, fragte ich Ina eines Morgens, als wir bei einem Kaffee aufs Einchecken warteten.

»Nein, was denn?« Sie rückte neugierig näher. Zwei ältere Kolleginnen hatten sich in der Zwischenzeit zu uns an den Tisch gesetzt, mit ihnen wollten wir das Vergnügen nicht so einfach teilen.

»Du hast doch sicher schon gehört, dass er alles weiß, alles kann und vor allem besser als alle anderen«, flüsterte ich verschwörerisch.

»Ja, er soll sehr arrogant auftreten«, gab Ina zurück.

»Die ganze Crew hat sich in der Küche verschanzt, und die Galley-Mouse hat ihn überzeugt, doch schon mal mit dem Essenservice zu beginnen. Den Wagen hatte sie ihm längst vorbereitet.« Ich verkniff mir ein Lachen, um die Pointe nicht zu verderben. »Was er nicht wusste: An der Rückseite seines Wagens klebte der nett zu betrachtende, kopflose Körper eines männlichen Playmates im Adamskostüm, und wann immer Pascal in die Knie ging, um den – natürlich nur unten befüllten – Trolley zu leeren, sah es so aus, als wenn er nackig im Gang hocken würde. Die Kollegen machten dazu eine freundliche Ansage, dass der neue Praktikant auf der rechten Seite in Flugrichtung sich über persönliche Bestellungen sehr freuen würde …«

Ina brach in schallendes Gelächter aus. »Ich glaub's nicht«, quiekte sie, »ausgerechnet dieser eingebildete Pimpf!«

»Hast du noch Zeit für eine Geschichte?« Ich grinste Ina schelmisch an. Als Neue waren wir jetzt so etwas wie Verbündete, und so eine Beziehung wollte gepflegt sein.

»Ich habe noch sieben Minuten bis zum Check-in«, piepste sie und wischte sich mit dem Zeigefinger eine Lachträne aus dem Augenwinkel.

»Das reicht dicke, hör zu!« Hach, war Tratschen schön!

»Ich war live dabei, es ist gerade erst vor zwei Tagen passiert! Wir waren auf dem Weg nach Fuerteventura und hatten eine Kollegin in der Crew, ich weiß nicht, aus welchem Kurs die kam, aber die war für die Mehrfachbelastungen einer Stewardess echt nicht geschaffen!«

»Warum nicht?« Ina konnte so eine Pauschalaussage mit ihrem guten Herzen natürlich erst mal nicht vereinbaren.

»Ganz einfach: Sie hatte keinen Plan von Serviceabläufen oder wo in aller Welt in welchem Trolley was verstaut war. Alles, was jemand vor ihr berührt hatte, fasste sie nur noch mit gewaltigem Unbehagen und spitzen Fingern an. Meinen Kollegen in der Aft Cabin … den hättest du mal sehen sollen, Liebes! Ein unglaublich attraktiver Kerl, 1,90, hellbraune Locken, fast rabenschwarze Augen, ein absolutes Leckerchen … Na ja, wie auch immer, Stephan ging die Prinzessin auf der Erbse derart auf den Senkel, dass er beschloss, sie einmal so richtig hopp zu nehmen!«

»Und, was hat er gemacht?«

»Er nahm eine Windel aus einem unserer Baby-Sets, bog

sie auseinander und streute einen Beutel Kakaopulver hinein. Mit ein wenig heißem Wasser vermengt, sah das Ganze sehr realistisch aus! Er rollte das Ding zusammen und deponierte es gut sichtbar auf unserem Ausrüstungswagen, der im hinteren Teil der Kabine vor dem Toilettenblock stand.« Dass dort ständig der Müll von Gästen geparkt wurde, die zur Toilette wollten, wusste Ina bereits aus Erfahrung. »Als besagte Kollegin nun um die Ecke kam, rief Stephan total entrüstet: ›Schau mal, ist das nicht eine Frechheit?‹, während er die Windel vor ihrer Nase hochhob. ›Da hat doch tatsächlich einer eine volle Windel auf unseren Trolley geworfen!‹ Die Kollegin wurde ganz blass, als er ihr das durchgeweichte Objekt vor die Augen hielt.«

Ina schüttelte sich. »I-gitt!«

»Haha, warte, das war noch nicht alles«, sagte ich schnell. »Stephan rollte die Windel demonstrativ auseinander. ›Sieh mal‹, rief er entrüstet, ›das Balg hat auch noch Dünnpfiff! Hat wohl unser Essen nicht vertragen!‹ Dann steckte er den Finger in die Kakaomasse und leckte ihn ab. ›Ja, das ist ganz klar unser Bordessen!‹ Die Erbsenprinzessin wurde kreidebleich und konnte sich so schnell gar nicht entscheiden, ob sie hyperventilieren oder ohnmächtig werden sollte. Sie stürzte ins nächste freie Klo, und wir hörten zwischen unseren Lachkrämpfen deutliche Würgegeräusche …«

»Nein!« Ina war geschockt. Sie konnte sich zwischen Ekel und Amüsement noch nicht so richtig entscheiden.

»Doch!«, kicherte ich. »Und weißt du, was noch passiert ist?«

Ina schüttelte den Kopf und warf dann einen Blick auf die Uhr. »Mist, ich muss los«, stellte sie fest. »Wie schade, ich hätte gerne noch weiter mit dir geklönt …«

»Schönen Flug, Ina, halt die Ohren steif. Und vergiss nicht, spätestens nächstes Jahr sind andere die Neuen!«

Ina schenkte mir ein Lächeln, schnappte sich den kalten Kaffee und verschwand geflissentlich in Richtung Briefing-Räume. Ein kleiner, brauner Kringel Kaffee blieb auf dem Tisch zurück. Ich betrachtete ihn kurz, steckte dann trotzig meinen Finger in die Flüssigkeit hinein, malte in den Kreis zwei Augen und einen grinsenden Mund. Auch wenn das Stewardessendasein anstrengend und manchmal auch nervenaufreibend war: So schnell würden wir nicht klein beigeben. Auf keinen Fall! Davon war ich fest überzeugt, auch wenn ich zu diesem Zeitpunkt keine Ahnung hatte, was mich alles noch erwarten würde.

Einmal Rindsroulade für den bayerischen Engel

Eigentlich wollte ich nur ein Jahr fliegen, um anschließend zum sogenannten Ernst des Lebens zurückzukehren und Hotelmanagement in den Vereinigten Staaten zu studieren. Doch die Monate vergingen buchstäblich wie im Flug, und der Job machte mir einen Riesenspaß. Außerdem sollte sich hoch über den Wolken etwas ereignen, das meine Zukunftspläne gehörig durcheinanderbrachte. Doch ich greife vor …

An Bord stellte ich schnell fest, dass dort ein eigener Mikrokosmos herrscht. Man erlebt Dinge, die sich in keinem Großraumbüro der Welt ereignen würden, weil man dort entweder die Polizei, die Feuerwehr, den Notarzt oder einen kirchlichen Seelsorger holen würde, um jeglichem Chaos ein Ende zu bereiten. Bei uns ist der Spuk aber immer erst dann zu Ende, wenn die Maschine irgendwo sicher gelandet ist, auch wenn es sich dabei um einen 200 Tonnen schweren Airbus A330 handelt und der anvisierte Flughafen nur über eine Zulassung für Sport- oder Militärmaschinen verfügt. Immerhin ist das besser, als irgendwo auf dem Highway oder gar einer Schiffswerft zu landen. Alles schon vorgekommen.

Aber ich rede gar nicht von den seltenen technischen Notfällen, sondern vielmehr von zwischenmenschlichen Aussetzern, die anscheinend in enger Verbindung mit einem Flugzeug stehen. Gut, dass man morgens noch nicht weiß, was einen alles bis abends erwartet: So kann man sich unvorbelastet den täglichen Herausforderungen stellen, denn das ist jeder Flug zweifelsohne: eine Herausforderung, egal wohin die Reise geht.

Auf einem Flug von Ibiza nach Hause kam an die vorderste Tür der sogenannte Ambulift. Normalerweise werden Menschen mit Gehbehinderungen oder Rollstühlen vor allen anderen Gästen zuerst an Bord gebracht. Diesmal war das Boarding durch die linke Tür in der Mitte schon voll im Gange, während rechts vorne im Ambulift ein Rentnerpärchen wartete. Die Dame saß im Rollstuhl, ihr Gatte hatte ein Gehgestell, und begleitet wurden die beiden neben zwei monströsen Handgepäckstücken noch von einer Tasche mit einem dicken, gelben Kater, dessen bloßes Hinterteil sicher schon das zulässige Gesamtgewicht – sechs Kilo – eines Tiers in der Kabine überschritt. Im Ambulift befanden sich noch drei andere Rollstuhlgäste, die aber, wie wir später erfuhren, für eine Maschine nach Manchester bestimmt waren, sowie der spanische Fahrer des Gefährts. Dieser sprach weder Deutsch noch Englisch und warf mir erst mal das Handgepäck der alten Leutchen vor die Füße. Die Tasche des dicken Katers – ich taufte ihn insgeheim Garfield – konnte ich gerade noch an den Henkeln erwischen, bevor er sich den Hals brach. Scheinbar unbeeindruckt von dem ganzen Trubel hockte Garfield in seinem Behältnis. Sein Herrchen war nicht ganz so entspannt, er kletterte mit seiner Gehhilfe kurzerhand dem Kater hinterher, was in fünf Metern schwindelnder Höhe über ein schmales Stahlblech vom Lift in den Flieger nicht ganz ungefährlich war. Während wir nun versuchten zu eruieren, wo das Ehepaar sitzen würde, verfrachtete der Spanier die ältere Dame irgendwie in den Ambulift-eigenen Kabinenrollstuhl und schob schon mal mit ihr los.

Ich übergab die Aufsicht meiner Tür der Kollegin und ging den beiden hinterher. Es stellte sich heraus, dass die alte Dame auf Platz 16G sitzen sollte, ein kleines Stück hinter dem mittleren Eingang, an dem die anderen Passagiere derzeit noch links und rechts einstiegen. Das Boarden kam nun auf der rechten Seite gänzlich zum Erliegen, da der Rollstuhl vor dem gewünschten Sitzplatz im Gang stand und niemand mehr passieren konnte. Daraufhin drehte sich der Spanier um und bedeutete mir, die Frau aus dem Rolli in den Sitz zu heben. Das ist allerdings nicht mein Job, aus versicherungstechnischen Gründen muss so etwas eigentlich ein Sanitäter machen, und selbst ein Fliegengewicht lässt sich schwer im engen Gang vom Rollstuhl über die Sitzlehne hieven. Und unsere Dame war von einem Fliegengewicht weit entfernt.

Ich versuchte dem Ramp Agent klarzumachen, dass noch jemand an Bord kommen müsse, um die Passagierin in ihren Sitz zu setzen. Mittlerweile hatte unser Cockpit bereits von der Manchester-Maschine die Anfrage bekommen, wo denn endlich ihre Gäste blieben – nämlich die drei anderen Rollstuhlfahrer aus dem Ambulift. Beide Flieger hatten bereits einen Slot, also ein Startfenster, in dem sie die Triebwerke würden anlassen müssen. Unsere Omi saß immer noch im Rollstuhl bei Reihe 16 im Gang, der Ramp Agent, ein ganz junger und offenbar neuer Kollege, brabbelte verzweifelt etwas in sein Walkie-Talkie, der Pensionär saß derweil entspannt auf meinem Crewsitz und unterhielt sich auf Augenhöhe mit seinem Kater – ihn hatte ich aus Platzmangel auf unserer Küchenanrichte geparkt. Die drei anderen Rollifahrer schwitzten im nicht klimatisierten Ambulift, die Kabinenchefin versuchte einen anderen freien Sitzplatz für das Rentnerpärchen in Erfahrung zu bringen und gleichzeitig zwischen Cockpit und Bodenpersonal zu vermitteln. Dem spanischen Ambulift-Fahrer wurde inzwischen offenbar alles zu bunt. Er ließ die alte Dame einfach im Gang in ihrem Rollstuhl stehen, kletterte kurzerhand über einen freien Sitz hinweg und ging zurück zu seinem Fahrzeug. Dort entfernte er seelenruhig das Stahlblech, welches das Einsteigen ins Flugzeug ermöglichte, und startete den Motor.

Der Ramp Agent stand gegenüber auf der Passagiertreppe; er traute seinen Augen nicht, als er den Ambulift immer tiefer sinken sah. Dieses Ding funktionierte wie ein LKW, der seine Passagierkabine fahrstuhlgleich hoch- und runterfahren konnte. In diesem Fall sank der Lift immer tiefer, der Ramp Agent hechtete durch unsere Küche und redete von der rechten, immer noch offenen Flugzeugtür auf den nach unten entschwindenden Fahrer ein, aber dieser zuckte nur mit den Schultern. Mittlerweile war ich zu der festen Überzeugung gekommen, dass dieser nicht nur kein Englisch und kein Deutsch, sondern auch kein Spanisch sprach.

Nun war guter Rat teuer. Die Manchester-Piloten waren mittlerweile weißglühend vor Wut und schimpften unflätig mit dem Tower, unsere Passagierin saß immer noch mitten im Gang, und diesmal zuckte der Ramp Agent mit den Schultern.

Aber auf allen Reisen gibt es auch einen Engel, unserer saß direkt in Reihe eins und entpuppte sich als bayerischer Rettungssanitäter. Er und seine Frau hatten genug von unserem Kasperletheater mitbekommen, um nun ihre Hilfe anzubieten.

Unser bayerischer Bär stand auf, ich schätzte ihn auf gut zwei Meter und 130 Kilo Lebendgewicht. Er fischte die Frau wie eine Feder aus ihrem Rollstuhl, trug sie zurück in Reihe drei, die – wie sich endlich herausgestellt hatte – frei war, und ließ sie dort behutsam in den Sitz gleiten. Ihr Gatte konnte eine Reihe dahinter Platz nehmen, Garfield durfte auf einen freien Nachbarsitz. Los konnten wir immer noch nicht, weil wir den Rollstuhl noch abgeben mussten, auf den die Crew der Manchester-Maschine laut fluchend wartete. Offenbar war es der einzige am ganzen Flughafen. Unser Slot war mittlerweile weg, der nächste etwa in 60 bis 70 Minuten zu erwarten. Auch das Startfenster der Manchester-Maschine war mittlerweile Geschichte.

Unserem bayrischen Bären aber gaben wir ein ordentliches Essen aus, nachdem er die Einladung auf ein Bier oder ein Glas Sekt freundlich dankend abgelehnt hatte. So gab es für ihn als kleine Entschädigung eine leckere Rindsroulade mit Rotkohl und Kartoffelpüree, während seine Frau den Sekt trank. Unser Cockpit konnte doch noch einen früheren Slot ergattern, und als wir endlich zur Startbahn rollten, stand die Manchester-Maschine immer noch mit offener Tür an der Parkposition.

Noch alle fünf Sinne beisammen?

An Bord eines Flugzeugs sind Flugbegleiter wie auch Passagiere geballten Anforderungen für die menschlichen Sinne ausgesetzt: Hören, Riechen, Schmecken, Fühlen und Sehen bekommen auf einmal eine ganz neue Wertigkeit. Meiner Theorie nach sorgt gerade diese kritische Masse an Eindrücken dafür, dass gewisse Menschen in der Luft so überaus seltsam reagieren. Fangen wir mit der Akustik an.

Dass ein Flugzeug einen gewissen Lärmpegel erzeugt, ist auch dem Nicht-Vielflieger klar. Wie laut es in unmittelbarer Nähe aber tatsächlich werden kann, lässt sich prima herausfinden, wenn man sich so einem Blechvogel unbedarft nähert, etwa um sein Reisegepäck im Crew Cargo Compartment am Heck einladen zu lassen, und liebe Kollegen zeitgleich mit ihrer Maschine auf dem Taxiway zur Startbahn vorbeibrausen. Einen Koffer in jeder Hand, fehlten mir bei einer solchen Aktion leider die Finger, die ich mir gerne in die Ohren gesteckt hätte – am liebsten alle zehn! Der Krach der Triebwerke erreicht die Schmerzgrenze ohne jede Schwierigkeit. Wohl dem, der Ohrstöpsel dabeihat! Startende Flugzeuge treiben einem das Fernweh in die (P)Ohren, das jedoch nur kurzfristig, denn spätestens nach der ersten Wolke sind sie aus dem Auge und aus dem Sinn.

Nicht jedoch, wenn man sich an Bord desselbigen befindet. Die Triebwerke rauschen am schönsten an der 2er- und 3er-Tür, also unmittelbar vor und hinter der Tragfläche, und hier ist es bis zum Erreichen der vorläufigen

Reiseflughöhe immerhin so laut, dass es sich kaum lohnt, etwas zu sagen. Versteht eh keiner. Später im Reiseflug nimmt das Gebrumm ein wenig ab, aber dazu gesellt sich dann vermehrt das Surren der Aircondition. An dem im Gang stehenden Flugbegleiter zischt es etwa auf Ohrenhöhe vorbei, was die Kommunikation mit dem sitzenden Gast nicht unbedingt erleichtert. Folgendes ist mir auf meinem ersten Flug nach Heraklion, der größten Stadt auf Kreta, passiert: »Was möchten Sie gerne trinken?«, fragte ich an diesem Morgen etwa zum 52. Mal.

»Was haben Sie denn?«, erhielt ich eine Gegenfrage aus Reihe 14. Dort saß ein Herr um die 40, mit gegeltem Haar und im sportiven Joggingoutfit.

Das »…en« kam bei mir gerade noch an.

»Ja, ich kann Ihnen natürlich etwas einschenken, was möchten Sie denn gerne?«

»Wasser und Cola!«

Ich verstand »Whiskey-Cola« und wunderte mich ein wenig, für Alkohol war es doch morgens um acht noch ein wenig früh.

»Als Longdrink oder separat?«

»…?«

»Gemischt auf Eis oder beides getrennt?«

»Nee, kein Eis, was zu trinken!«

Ich nahm ein Whiskey-Fläschchen aus der Bar. Der Gast beobachtete interessiert, wie ich den Whiskey öffnete, in ein Glas einschenkte, mit einem Cocktailquirl verzierte und ihm dann anreichen wollte.

Ungläubig schüttelte er den Kopf und verschränkte entrüstet die Arme. »Ich wollte ein W-A-S-S-E-R und 'ne C-O-L-A! Keinen Schnaps!«, rief er empört und auf einmal in einer sehr gut verständlichen Lautstärke.

Verdammte Klimaanlage! In der nächsten Reihe war ich vorsichtiger und beugte mich so weit vor, dass die Distanz von Flugbegleiter-Ohr zu Gast-Mund sich deutlich verringerte – was mir allerdings spätestens nach dem zwanzigsten Mal ziemliche Verspannungen im Halswirbelbereich bescherte.

Aber das waren nur die Anfangsschwierigkeiten. In relativ kurzer Zeit gelang es mir wie den meisten meiner Kollegen, die Wünsche den Gästen von den Lippen abzulesen. Ich lernte sehr schnell, dass es für die Frage nach dem Getränkewunsch nur einen richtigen Zeitpunkt gab: nämlich den Moment, bevor der Gast herzhaft in sein Brötchen biss. Die meisten Passagiere waren nämlich bemüht, die Frage umgehend zu beantworten, auch bei vollem Mund. Das führte dann wiederum zu Verständigungsschwierigkeiten – oder in ganz eifrigen Fällen zu hässlichen feuchten Bröckchen auf der Uniformbluse.

Schwierig wurde es allerdings, wenn die Aussprache der Passagiere etwas eigenwillig war. Lustige Betonungen von Fremdwörtern trugen oft zur Unterhaltung oder zum Rätselraten bei, wie etwa »Some pen« (nein, kein Kugelschreiber, sondern Champagner, bestellt mit dänischem Akzent), »Rämieh Marteng« (französischer Weinbrand) und Beeeliehs (Whiskey-Sahne-Likör) aus dem Bereich der Getränke oder »Schlö« (Chloé), »Gaul-Tier« (Gaultier) und »J null null P« (JOOP) aus dem Parfumsortiment. Aber auch Dialekte bereicherten ungewollt die Unterhaltung an Bord, so geschehen auf einem meiner ersten Flüge nach München. Ein breitschultriger Gast um die 50 in feschem Janker und Krachlederner saß auf dem Gangplatz.

»Was möchten Sie gerne trinken?«, frage ich ihn.

»An Überkinger, bitt' schön.« Der Herr grinste mich freundlich an.

»Entschuldigung, was möchten Sie gerne?« Ich konnte mir auf die Bestellung keinen Reim machen.

»I mog an Überkinger!«

Nun war mir trotz meiner hanseatischen Wurzeln der bayerische Dialekt durchaus geläufig – doch von einem Überkinger hatte ich bis dato nie etwas gehört.

»Überkinger führen wir leider nicht. Wir haben Cola, Fanta, Sprite, O-Saft, Apfelsaft, Tomatensaft, Kaffee, Tee ...« Während meiner Aufzählung zeigte ich mit dem Finger auf die entsprechenden Getränke, die auf Augenhöhe vor dem Herrn aus Süddeutschland parkten. Er grinste jetzt schon nicht mehr, sondern schaute ein wenig genervt: »Jo, Herrschaftszeiten nomol, ihr hobt all dies Zeugs, aber koan Überkinger?«

Wenn ich doch zum Teufel gewusst hätte, was dieser Mann meinte.

»Wir haben auch noch Red Bull, Tonic, Bitter Lemon ...«, versuchte ich ein weiteres Angebot. »Oder vielleicht Kamillentee?«

Kurz bevor ich vor Verzweiflung in die Trolleykante beißen konnte, zupfte mich links jemand am Ärmel.

»Frollein?«

Ich holte gerade tief Luft, um noch um einen Moment Geduld zu bitten, da sagte die Dame, die offenbar auch bayerische Wurzeln hatte: »Der Mann will ein Wasser. Mit Gas. Ein Überkinger halt, verstehen S'?«

Ach so. Ein simples Sprudelwasser. Und warum sagte er dann nicht einfach Apollinaris? Oder Selter?

Ich bedankte mich artig bei der Dame, schenkte dem Passagier sein Wasser ein und stellte mich dem nächsten Gast. Der bestellte einen »Tschjuhss«.

»Wie bitte?«

»Einen Domadenschjuhss!«

Das war einfach – ohne den flog die Maschine ja nicht. Und der stand auf dem Getränkewagen direkt neben dem Orahschentschjuhss ...

Auch die Fliegersprache Englisch birgt so ihre Tücken.

Auf einem Flug nach Los Angeles, Flugdauer zwölf Stunden, hörte ich zufällig, wie ein Amerikaner eine neue Kollegin fragte: »Excuse me, please, Miss, where are the restrooms?«

Die Kollegin kannte den amerikanischen Terminus von »Toilette« nicht, überlegte kurz und antwortete dem Gast dann mit charmantem Lächeln: »Oh, I am so sorry, Sir. We don't have any restrooms on board. Just sit down and relax!«

Englisch sorgt aber nicht nur bei Besatzungsmitgliedern für unfreiwillige Komik, auch bei den Gästen ist hier und da ein Anekdötchen zu erhaschen: Wie reagiert man zum Beispiel auf die Frage eines Passagiers, der eine Einreisekarte nach Male/Malediven ausfüllen soll und den freundlichen Flugbegleiter allen Ernstes fragt:

»Hallo?«

»Ja, bitte?«

»Ich denke, wir fliegen nach Male?«

»Ja, sicher. Warum?«

»Warum steht dann auf der Einreisekarte ›Male or Female‹?«

Eine ältere Dame auf dem Weg in die USA hatte mit ihrer Einreisekarte auch so ihre Schwierigkeiten.

»Entschuldigen Sie bitte, können Sie mir helfen?«

»Natürlich, sehr gerne. Was möchten Sie denn wissen?«

»Hier steht bei Frage fünf: Sex. Wo kann ich denn ankreuzen: ›Nicht mehr‹?«

Nicht nur die Ohren sind im Flieger besonderen Herausforderungen unterworfen, auch der Geruchssinn wird besonders in Anspruch genommen.

Die Nummer mit dem Duft der weiten Welt kennt jeder, meist handelt es sich hierbei um frisch verbranntes Kerosin, das einem in die Nase sticht. Komisch, wer würde sich in die Hamburger Innenstadt stellen, tief einatmen und dabei an ferne Länder denken? Abgas ist Abgas, oder? Manche Dinge erregen in hochkonzentrierter Form aber einfach mehr Aufmerksamkeit. Vielleicht sind unsere Nasen im Alltag wirklich schon so abgestumpft – oder liegt es daran, dass ein Flugzeug, zumindest in dem Teil, in dem sich die Passagierkabine befindet, nur ein sehr begrenztes Platzangebot hat und sich diverse Düfte daher nicht so leicht verdünnisieren können? Man kann eben nicht entfliehen, weder dem Kerosingestank des Fliegers, der vor uns auf dem Taxiway auf die Starterlaubnis wartet, noch dem Enteisungsmittel, das großzügig bei Frostwetter über die Tragflächen versprüht wird und uns ebenfalls durch die Klimaanlage an der Nase kitzelt.

Eine Flugzeugtoilette ist ebenfalls eine Quelle der verschiedensten Gerüche. Aber selbst die ist noch vergleichsweise harmlos. Schon mal im Zoo im Raubtierhaus gewesen? Das entspricht ziemlich genau der Geruchskulisse an Bord nach einem Langstreckennachtflug kurz nach der Frühstückszeit, also gegen Ende des Flugs. Fast jeder hat die Schuhe aus, die Frequentierung der Toiletten erhöht sich schlagartig auf das Zehnfache, und meterlange Schlangen vor den Häuslichkeiten erlauben aus Höflichkeit nicht mehr als eine Katzenwäsche. Wobei ich auch schon eine Dame an Bord hatte, die sich seelenruhig im Waschbecken die Haare wusch, während ihre Mitpassagiere schon ganz gelbe Augen hatten und verzweifelt von einem Bein aufs andere hüpften.

Auch wenn derartige Gerüche einem wirklich auf den Magen schlagen – ab und zu etwas zu essen, lässt sich an Bord nicht vermeiden. Allerdings gibt es auch bei der Befriedigung des Geschmackssinns einiges zu beachten. Man sollte sich als Flugbegleiter zum Beispiel nie darauf verlassen, an Bord eines Flugzeugs satt zu werden. Oder besser, mit Genuss satt zu werden.

Natürlich gibt es auch spezielles Crewessen an Bord, sodass man theoretisch nicht einkaufen gehen müsste. Auf einem Langstreckenflug zurück nach Düsseldorf könnte in so einer grünen Styroporkiste folgende kulinarische Offenbarung lauern: zwei kleine Laibe Brot, Misch- und Vollkorn, zehn abgepackte Wurst- und Schmierkäseportiönchen à zwölf Gramm, darunter ein (!) Schoko-Aufstrich und ein runder Minikäse, fünf Joghurtprodukte, drei Trinkyoghurt (aktiviert die Abwehrkräfte, hurra!) und zehn Stücke Obst (sieben Äpfel, zwei Bananen und eine Pflaume).

Das ist nicht etwa die Menge pro Crewmitglied, sondern für alle zehn Besatzungsmitglieder insgesamt. Da das für einen 14-Stunden-Dienst etwas wenig ist, gibt es für jeden noch ein Hot Meal, eine heiße Mahlzeit, Einwaage 355 Gramm, wahlweise Nudeln, Hühnchen oder vegetarisch (= Nudeln). Na bitte, nun wissen wir wenigstens, warum Flugbegleiter immer so schlank sind. Sicherlich könnte man mit dem Essensangebot nicht den tatsächlich notwendigen Kalorienverbrauch kompensieren, aber Hand aufs Herz, wer will das schon? Hauptsache, jemand achtet darauf, dass Pilot und Copilot nicht das Gleiche essen. Warum, weiß man ja aus Hollywoodstreifen, in denen Flugzeuge wegen einer gammeligen Fischsemmel oder Ähnlichem auf einmal führerlos durch die Wolken brausen. Auf so eine haarsträubende Aktion kann bestimmt jeder gut verzichten.

Absolut unverzichtbar allerdings ist für uns Flugbegleiter der kleine Finger, womit wir nun beim Tastsinn angelangt wären. Er dient als unfehlbare Temperaturkontrolle bei den heißen Essen. Auch wenn in den Lehrbüchern steht, die Essen seien bei 160 Grad 20 bis 30 Minuten zu erhitzen, in tiefgefrorenem Zustand zehn Minuten länger, kann man davon ausgehen, dass die Öfen nie gleichmäßig heizen. Was bedeutet, dass entweder die Essen oben und unten heiß und in der Mitte noch gefroren sind oder oben schon schwarz und unten noch zum Lutschen. Natürlich hilft es, wenn man eine längere Zeit mit derselben Maschine unterwegs ist, so kann man die betroffenen Bleche rechtzeitig umbauen, um eine gleichmäßige Erwärmung zu gewährleisten. Doch dies ist leider selten der Fall, und bei Hunderten von Öfen die Macken eines jeden einzelnen zu kennen, würde an Hexerei grenzen. Also probieren wir – natürlich diskret hinterm Vorhang und frisch gewaschen – mit dem kleinen Finger, ob denn die Roulade innen auch schon so heiß ist, wie die Soße drum herum verspricht. Natürlich vorsichtig, denn verbrennen wollen wir uns ja auch nicht. Das besorgt sowieso regelmäßig der Umgang mit Trockeneis.

Klingt paradox? Trockeneis ist festes Kohlenstoffdioxid, mit dem an Bord die Getränke gekühlt werden. Es ist etwa minus 75 Grad kalt und sollte tunlichst nicht mit bloßen Händen angefasst werden. Die Eisblöcke sind zwar in handlichen Scheiben eingetütet, doch selbst durch das Papier hindurch erleidet man sofort schwersten »Gefrierbrand«, und dann fühlt man lange Zeit gar nichts mehr.

Aber nicht nur die Hände sind an Bord immensen Temperaturschwankungen ausgeliefert, auch die Füße sind davon betroffen. Bestes Beispiel ist hierfür ein Nachtflug nach Kapstadt: Abends am Airport angelangt, bemüht man sich redlich, einen Parkplatz zu finden, bei dem man nicht in Pumps durch eiskalte Pfützen stiefeln muss. Sieht ja irgendwie unschön aus, an Bord mit nassen Strümpfen und schlammverschmierten Schuhen zu stehen. Hat man es dann geschafft, halbwegs trockenen Fußes den Flieger zu erreichen, werden nach Erreichen der Reiseflughöhe die High Heels gegen normal hohe Arbeitstreter getauscht. Nach dem Abendessen und dem Bordverkauf begeben sich die Gäste zur Nachtruhe, das heißt, im Normalfall ist die nächsten fünf bis sechs Stunden nicht viel zu tun. Während dieser Ruhephase sinkt nicht nur der eigene Blutdruck, sondern auch die Temperatur in der Galley rapide. Gerade im Bereich der Türen, also dort, wo der Flugbegleiter seine Füße hat, wenn er auf seinem Platz sitzt, sind schon Minusgrade gemessen worden. Da Stiefeletten zum Rock doof aussehen und batteriebetriebene Einlegesohlen in Halbschuhe und Ballerinas nicht hineinpassen, versucht man sich mit einer Decke oder einer selbst gebauten Wärmflasche (leere Colaflasche mit heißem Wasser füllen) zu behelfen, um wenigstens die Zehen vor dem Absterben zu retten. Geht es dann zwei Stunden vor der Landung auf den Frühstücksservice zu, braucht man auf einmal wieder die schnellen Schuhe, alles muss zack, zack gehen, und wenn endlich die Anschnallzeichen zur Landung angehen, sind die Füße so breitgelatscht, dass sie in die hochhackigen Schuhe kaum noch hineinpassen. Wohl dem, der Letztere zuvor in der Nähe der Tür geparkt hat, denn so verschafft das eisgekühlte Leder wenigstens für einen Moment Linderung.

Als letzter der fünf Sinne fehlt nur noch das Sehen. Für den Flugbegleiter im Speziellen heißt das, manchmal seinen Augen nicht zu trauen. Zum Beispiel wenn ein männlicher Gast, nur mit Badehose bekleidet, sich hingebungsvoll auf seinem Mittelplatz in einer Viererreihe mit einem Liter After-Sun-Lotion flutschig einsalbt, eine Mutter ihr dreijähriges Kind mitten im Gang auf ein mitgebrachtes Töpfchen zum Pinkeln setzt – bei nicht unerheblichen Turbulenzen, sei dazugesagt – oder ein Yorkshire-Terrier hysterisch kläffend samt seiner Hundetransporttasche durch den Gang hopst. Manchmal will man auch gar nicht sehen, was man gerade sieht, so zum Beispiel das Glas Tomatensaft, welches sich gerade aus Versehen über ein blütenreines, hellblaues Herrenhemd ergießt, oder die Flugbahn eines vorwitzigen Eiswürfels, der einer älteren Dame von der Eiszange direkt in das Dekolleté ihres Pullovers mit V-Ausschnitt springt. Glücklicherweise sind die meisten unserer Gäste mit einer gesunden Portion Humor unterwegs, sonst wäre die Lebenserwartung eines Flugbegleiters sicher wesentlich kürzer ...

Zu den Dingen, die ich auch nicht unbedingt sehen (oder hören) muss, zählen die Betätigungen jener Passagiere, die um eine Aufnahme in den MHC oder auch Mile High Club bemüht sind. Um kaum eine Mitgliedschaft wird so hart gerungen wie um die im MHC, der offiziell gar nicht existiert. Trotzdem hat eine asiatische Airline ihn an Bord ihrer neu bestellten A380 sogar verbieten lassen: Laut einer Reportage der BBC sei dieses Flugzeug zwar mit Doppelbetten ausgestattet, verfüge aber leider nicht über die entsprechende Schallisolierung. Für die Nicht-Eingeweihten sei hier erklärt, dass die Aufnahme in den MHC nur zu erzielen ist, indem man Sex an Bord eines Flugzeugs hat, welches sich mindestens eine nautische Meile über Grund befindet. Ein schnelles Nümmerchen in der Wartungshalle würde also nicht ausreichen.

Nun fragt man sich doch, wo dies an Bord eines Fliegers unbemerkt stattfinden könnte. Als abgetrennte Räumlichkeiten in unseren Modellen fallen mir spontan nur zwei ein, das Cockpit oder eine der Toiletten. Ersteres wäre wohl ausschließlich dem Personal vorbehalten, und die Gefahr, bei unbedachten, stürmischen Bewegungen gegen Hebel oder Knöpfe zu rutschen, die den Flugverlauf schlagartig ändern könnten, wäre nicht unerheblich. Außerdem zeichnet ein Rekorder zuverlässig alle Geräusche auf, und zwar nicht nur, wie im Fernsehen und Kino bei Fliegerfilmen immer proklamiert wird, die letzte halbe Stunde vor der Landung ... Also lassen wir das Cockpit als Ort des Geschehens lieber außen vor.

Was auf Nachtflügen in den Passagierreihen so vor sich geht, kann man in der dunklen Kabine oft nur ahnen. Aufgrund der Enge vor allem in der Economy Class haben Passagiere ganz abenteuerliche Körperhaltungen entwickelt, um auf der langen Reise eine Mütze voll Schlaf zu ergattern. Wer weiß schon so genau, was unter den gebauten Zelten aus Decken, Kissen und Jacken manchmal so passiert? Leise und diskret geht da so einiges, was im Brummen der Triebwerke unbemerkt bleibt. Und solange Arme und Beine der Gäste bei ihren Übungen nicht so ungeschickt in den Mittelgang ragen, dass ein Durchkommen unmöglich ist, schreitet man natürlich taktvoll vorbei. Diskretion ist dabei allerdings nicht jedermanns Sache, wie ich auf einem Flug von Bangkok zwangsmiterleben musste. Einem Pärchen sagte offenbar unser Unterhaltungsprogramm nicht zu, sie beschäftigten sich ausführlich mit sich selbst, wobei die Perle sich um das Wohl ihres Liebsten kümmerte, den Kopf über seine Hüften gebeugt und spärlich verborgen unter einer unserer roten Flauschdecken. Offenbar waren sie ein eingespieltes Team. Die Gäste, die um die zwei herumsaßen, lauschten dem Genießer zuerst amüsiert und gespannt, nach erfolgreichem Abschluss standen einige auf und spendeten spontan Beifall. Wie peinlich!

So freizügig operiert natürlich nicht jeder. Die Toilette hingegen als Ort des Amüsements auszuwählen, kommt öfter vor, als man denkt. In den letzten 20 Jahren bin ich allein drei Mal an Bord nach Kondomen gefragt worden. Zu TriStar-Zeiten, als die Filme noch auf eine bewegliche Leinwand projiziert wurden, die im hinteren Teil der Kabine auf der Wand der sich dort befindlichen Toiletten auflag, mussten wir öfters energisch an eine der WC-Türen klopfen, weil das Filmbild wieder einmal rhythmisch hin und her wackelte und verschwamm.

Mir ist es ein Rätsel, wie man es schaffen kann, in einem derart kleinen Raum ... na ja, Sie wissen schon. Immerhin zeugt es von großer Körperbeherrschung. Was tut man(n) nicht alles für seinen Traum ...

Apropos Flugangst

Manchmal frage ich mich, ob manche Leute sich deshalb so exzentrisch, verschroben oder zuweilen auch arrogant geben, weil sie sich in Wirklichkeit ablenken wollen. Wenn heftige Turbulenzen angesagt sind, werden auch die anspruchsvollsten Passagiere plötzlich handzahm. Dann nämlich wird ihnen bewusst, dass sie in einem Flugzeug und nicht in einer Lounge oder im Kabarett sitzen, und das macht ihnen Angst.

Wie viele Menschen haben eigentlich Flugangst?

Flugmediziner haben sich mit diesem Phänomen intensiv auseinandergesetzt und sprechen von 80 Prozent der Gäste an Bord. Manche haben nur ein ungutes Gefühl im Bauch, andere bekommen feuchte Hände, Schweißperlen auf der Stirn und ein jähes Verlangen, literweise Kaffee zu trinken oder eine Schachtel Zigaretten zu rauchen. Seitdem es nur noch Nichtraucherflüge gibt, musste man diese Taktik überarbeiten: Ein Nikotinpflaster auf der Haut kommt an die verlässliche Wirkung einer echten Zigarette oft nicht heran, Elektrozigaretten sind im Flugzeug ebenfalls verboten, Lollis, Lutschbonbons und Kaugummi werden zwar gern genommen, beruhigen aber doch nicht so sehr, wie vielleicht erwünscht.

Was die Gäste sich an homöopathischen Kügelchen, klassischem Baldrian und vielleicht sogar noch stärkeren Pillen einwerfen, können wir an Bord nicht sehen, sondern nur ahnen.

Was wir hingegen immer wieder live erleben, ist, wie sich

Passagiere Mut antrinken, einige leise und nur um sich zu entspannen, andere maß- und planlos. Viele unterschätzen die benebelnde Wirkung des Alkohols im Flieger, wo aufgrund des geringen Kabinendrucks alles viel schneller vom Körper umgesetzt wird. Ein Bier im Reiseflug verschafft so viel »Entspannung« wie drei bis vier an der Bar im Hotel, vor dem Fernseher oder in der heimischen Eckkneipe.

Manchen Gästen treibt schon ein kurzer Flug von Düsseldorf nach München Panik ins Herz. Anderen ist es ein Gräuel, wenn unter ihnen vier Stunden in jede Flugrichtung der weite Atlantik wabert und in knapp 12 000 Metern Höhe der Wind ordentlich pfeift. Schön, wenn sie die Courage haben, es den Flugbegleitern mitzuteilen. Je nachdem, wie lang die Reise ist, kann man sich entsprechend kümmern, öfter nachfragen, erklären, ablenken und beruhigen.

Natürlich ist ein Flieger auch nicht gerade leise, und besonders im Steigflug und in der Nähe der Tragflächen kann es ganz ordentlich knarzen, brummen oder rumpeln. Unerwartete Geräusche machen den Passagieren deutlich bewusst, dass sie den Piloten und der Technik vollkommen ausgeliefert sind, während sie durch die Luft schweben.

Viele Gäste haben sich einen Trick ausgedacht, um mit dieser unterschwelligen Angst umzugehen, und der lautet: »Ich beobachte immer ganz genau die Flugbegleiter. Solange die noch lachen, kann alles nicht so schlimm sein.«

Super Strategie, ist in den meisten Fällen auch goldrichtig! Aber was, wenn die Turbulenzen so heftig werden, dass aus dem Cockpit, laut hörbar in der Kabine, die Anweisung kommt: »Cabin attendants, take your seats immediately!«

Dann muss ich mich auch anschnallen, eigentlich sofort und auf dem nächstbesten freien Platz, vorzugsweise natürlich auf meinem Flugbegleitersitz. Warum? Damit ich einerseits von den Passagieren gesehen werden kann, andererseits jedoch auch die Kabine im Blick habe. Die meisten

Flugbegleitersitze sind mit Rücken in Flugrichtung, also sitze ich schick auf dem Präsentierteller. Nix mit heimlich Händchenhalten hinterm Vorhang oder mit Zeitunglesen, beten ist auch nicht drin, man sitzt da, ganz lässig, von hundert Argusaugen beobachtet, und wehe ... man hat selber Angst! Es gibt genug Fliegerkollegen, denen das eine oder andere Vorkommnis an Bord durchaus nicht geheuer ist. Und leider kann ich mich selbst da auch nicht ausschließen.

Dazu tragen viele kleine Faktoren bei. Das Wetter wird immer schlimmer. Hobby-Wetterfrösche wie auch Vollzeitmeteorologen mögen dies widerlegen, doch erinnern kann ich mich in meiner Jugend nun mal nicht an Stürme wie Katrina, Kyrill oder Emma. Dementsprechend mehr wackelt so ein Fluggerät natürlich auch, besonders in der »dunklen« Jahreszeit in Europa. Aber eigentlich ist es ganz egal, wohin man fliegt, in Florida gibt es die Hurrikan-Saison, in der Karibik das Gleiche, und in Asien nennt sich das Ganze Monsun-Zeit. Da hilft es denn auch wenig, wenn man erklärt bekommt, dass ein Flugzeug gar keine Probleme mit Turbulenzen hat und auf keinen Fall wie ein Stein vom Himmel plumpsen würde. Nein, ein 200 Tonnen schweres Flugzeug hat sogar hervorragende Segelflugeigenschaften. Angst ist jedoch nicht rational.

Am Anfang meiner Flugbegleiterlaufbahn ging ich ziemlich unbedarft und frei an die ganze Geschichte heran; 20 Jahre später aber, mit der Verantwortung für einen Sack voll Kinder, haben sich die Prioritäten von Abenteuer und Pflichtbewusstsein doch ein bisschen verschoben.

Vielleicht habe ich auch immer gedacht, mir würde schon nichts passieren, sei es ein ausgefallenes Triebwerk, ein nicht ausfahrendes Fahrwerk, eine Bombendrohung, ein Startabbruch, eine Landung auf einem Schaumteppich, ein Feuer an Bord oder gar eine Evakuierung. Im Lauf all der Dienstjahre ergibt es sich dann aber doch, dass man selbst oder die Kollegen bei dem einen oder anderen Ereignis plötzlich live dabei waren.

Bei mir fliegt die Angst seit dem Flug nach Varadero mit, wo wir mit Zwischenlandung in Freeport zwei Stunden mit einem superleichten 330er durch schwerste Turbulenzen ritten. Ich fühlte mich wie das einzelne Samenkorn einer Pusteblume, das im Sommerwind auf Reisen war, nur nicht ganz so romantisch, denn es regnete wie aus Eimern, draußen war stockfinstere Nacht, und der Wind heulte, als würde er dafür bezahlt werden. Auch wenn ich stets alles wunderbar physikalisch erklären kann und selbst ein Weltmeister im Beruhigen meiner Passagiere bin, springt mich seitdem manchmal dieses beklemmende Gefühl an und lässt mich schwitzen. Nachts über dem großen Teich ist es besonders schlimm.

Da ich nun nicht gewillt bin, mir wegen dieser Anwandlungen von Flugangst einen anderen Job zu suchen, und ich die Meinung vertrete, an den eigenen Schwächen könne man nur wachsen, überlegte ich vor einiger Zeit, was ich dagegen tun könnte. Beim Stöbern im Internet fand ich zufällig einen Artikel über Elly Beinhorn.

Elly Beinhorn, 1907 als Tochter eines angesehenen Kaufmanns in Hannover geboren, war bis vor Kurzem eine lebende Legende und die Jahrhundertfrau in der Fliegerei. Sie flog 1931 im Alleinflug über 7000 Kilometer nach Afrika, umrundete ein Jahr später die ganze Welt, stellte kurze Zeit danach noch zwei Rekorde auf, indem sie in 24 Stunden erst zwei und dann drei Kontinente beflog. Sie musste mehrfach notlanden, galt einmal vier Tage in der Wüste als verschollen und schraubte alleine ihren Flieger wieder zusammen. Mit 72 Jahren gab sie ihren Pilotenschein freiwillig zurück. Diese Frau beeindruckte mich schwer, und ich wollte mehr über sie erfahren. Als ich das Stichwort Elly Beinhorn bei eBay eingab, fand ich zwei sehr interessante

Dinge: ein Original-Autogramm von Elly, auf dem sie im offenen Cockpit ihres Klemm-Flugzeugs posiert, und ein Buch von ihr, *Ein Mädchen und fünf Kontinente*. Ich ersteigerte beides und hielt nach einigen Umwegen endlich das Autogramm, handsigniert und mit guten Wünschen versehen, wie auch das Buch in den Händen.

Bei Letzterem handelte es sich um eine Erstausgabe von 1956. Als ich es öffnete, fiel mir ein Zeitungsausschnitt in die Hand, ein Artikel über Ellys 100. Geburtstag aus dem Jahr 2007. Irgendjemand hatte ihn liebevoll ausgeschnitten und – mit Datum versehen – fein säuberlich in den Papiereinband des Buches gesteckt. Der Einband war zerschlissen und das Papier vergilbt, wie es bei literarischen Schätzchen dieser Altersklasse nun mal so ist. Beim Durchblättern der antiken Seiten fand ich nicht weniger als fünf gepresste vierblättrige Kleeblätter im ganzen Buch verteilt.

Ich schrieb der eBay-Verkäuferin eine Mail und fragte, ob sie den Zeitungsausschnitt und die Kleeblätter wiederhaben wolle. Sie wusste weder von dem einen noch dem anderen und war ganz erstaunt. Ich erzählte ihr in einer weiteren Mail, dass ich als Flugbegleiterin mir dieses Buch ersteigert hätte, weil ich damit meine Flugangst »kurieren« wolle und – ein bisschen abergläubisch, wie ich sei – es als positives Omen betrachte, dass ausgerechnet in diesem Buch fünf Glücksklees verborgen wären. Die Dame, die mir das Buch verkauft hatte, war ganz gerührt. Die verrücktesten Geschichten schreibt doch immer das Leben.

Das Autogramm habe ich als Glücksbringer in meinen Crewkoffer gesteckt; wenn eine Frau ganz alleine allen Widrigkeiten zu Luft und zu Land trotzen konnte, dann sollte das Reisen in einer modernen High-Tech-Alubüchse ja wohl ein Keks sein, oder? Wenn unsere Maschine mal wieder wild vom Sturm geschüttelt wird, dann denke ich an Elly Beinhorn – und meistens hilft es.

Es wird turbulent

Knapp ein Jahr war ich nun Flugbegleiterin, als es wieder einmal in die Dominikanische Republik nach Puerto Plata ging. Für viele unserer Gäste war diese Reise ein lang gehegter Traum, der in Erfüllung ging. Niemals hätte ich damit gerechnet, dass ausgerechnet dieser Flug mein Leben komplett auf den Kopf stellen würde.

Ich war gerade in der vorderen Galley unseres TriStars beschäftigt, als die Cockpittür aufging und der Copilot in die Küche kam, groß, dunkelblonde Locken, Schnurrbart, grüne Augen und neon-grüner Textmarker in der Brusttasche seines Pilotenhemds. Er warf mir ein umwerfendes Lächeln zu, bestellte einen »Kaffee lästig« bei mir und verschwand auf die Toilette.

»Wie bitte?« Ich war wie paralysiert.

»Er will einen Kaffee mit Milch und Zucker«, übersetzte die Purserette, die den Vorfall beobachtet hatte und spöttisch den Kopf schüttelte.

Damals ging die Kabinencrew noch vor den Piloten und dem Flugingenieur an Bord, und ein gemeinsames Briefing gab es zu der Zeit auch noch nicht. So kam es, dass wir uns in 12 000 Metern Höhe, irgendwo über dem Nordatlantik, das erste Mal sahen. Und ich war sofort verliebt, schrecklich verliebt.

Irgendwie schaffte ich es noch, ein paar Minuten Small Talk mit ihm in der Küche hinzukriegen, dann verschwand der Lockenfrosch wieder im Cockpit und ward bis zur Landung nicht mehr gesehen.

Im Hotel in Puerto Plata hatten wir zufällig im selben Häuserblock ein Appartement. Es war weit nach Mitternacht, als wir beide als Einzige am Strand saßen – pikante Details über nächtliches Baden mit angeschickertem Kopf im Karibischen Meer möge der Leser sich denken –, und ich war um folgende Informationen reicher: Der Lockenfrosch hieß Jürgen, war acht Jahre älter als ich, auch gerade ein gutes Jahr in unserer Firma und … verheiratet. War ja klar.

Männer in diesem Alter waren alle entweder verheiratet oder hatten irgendeine Macke, im schlimmsten Fall traf beides zu, zumindest war das so meine eigene Erfahrung in Sachen Liebesleben, was die letzten Jahre betraf. Es war zum Auswachsen! Da traf es einen wie ein Blitz aus heiterem Himmel, und der Kerl musste verheiratet sein! Das Leben ist schon manchmal ganz schön ungerecht.

Und doch verbrachten wir eine traumhafte Zeit miteinander.

Zweieinhalb Jahre war ich genau das, was ich niemals werden wollte: die Geliebte eines Piloten. Wir flogen zusammen an die schönsten Plätze dieser Erde, nach San Francisco, New York, auf die Malediven und nach Sri Lanka. Die paar Tage, die wir vor Ort hatten, waren wir ein Paar und genossen jede einzelne Sekunde. Zu Hause holte mich mit dem Abschiedskuss vor der Firma binnen Sekunden die Wirklichkeit ein.

Liebe ist schon etwas Seltsames, vor allem schwer zu begreifen. Ich war verliebt wie nie in meinem Leben, bombardierte Jürgen mit Karten, Zettelchen und Gedichten in seinem Postfach in der Firma und freute mich wie ein Schneekönig, wenn ab und zu mal ein paar hastig hingekritzelte Zeilen den Weg in mein Postfach zurückfanden. Die zähen Tage zwischen den traumhaften Stopps aber wurden immer länger, Weihnachten, Ostern, Geburtstag, immer saß ich allein in meinem Appartement in der Nähe des Flughafens und ärgerte mich.

Kurz gesagt, es wurde ein gefühlstechnischer Albtraum, den ich schließlich beendete. Wenn Jürgen mich nicht wollte, und zwar ganz, dann eben nicht! Ich wünschte mir Kinder, am besten einen ganzen Stall voll, und ich hatte vor allem dieses Versteckspiel und die Lügereien satt.

Sicher gefiel Jürgen meine Entscheidung nicht, aber was blieb ihm übrig? Wir sahen uns an Bord nur noch selten, und wenn, dann boten wir uns einen derart ironisch-giftigen Schlagabtausch, dass zufälligen Mithörern ganz schwindelig wurde.

Bald darauf lernte ich einen anderen Mann kennen, der so gar nichts mit der Fliegerei zu tun hatte. Wir heirateten ein Jahr später und begannen mit der Gründung einer Familie.

Die Kinder waren eine neue Herausforderung für mich. Nach dem ersten flog ich noch an den Wochenenden, nach dem zweiten hörte ich ganz auf zu arbeiten; wir wohnten in einem kleinen Haus am Stadtrand, und alles war schön. Wenn der Wind unseren Garten zur Einflugschneise machte und ich das Fahrwerk der landenden rot-silbernen Flieger von meinem Liegestuhl auf der Terrasse aus erkennen konnte, dachte ich manchmal an meinen Lockenfrosch. Ob er wohl in dieser Maschine saß?

Acht Jahre hatten Jürgen und ich keinerlei Kontakt. 1999 fing ich wieder an zu fliegen, weil mein Exmann Konkurs anmelden musste. Ich absolvierte einen WKMS, einen »Wiederkehrende-Mütter-Kurs«, und hatte einiges umzudenken. Der TriStar war inzwischen komplett ausgeflottet, das neue Fluggerät hieß nun Airbus, und den gab es gleich in drei verschiedenen Varianten, 330, 321 und 320, und die Schwesterfirma hatte noch zwei Boeing-Muster, die 757 und die 767, beizusteuern. In jedem Flugzeug sah es anders aus, die Notausrüstungsgegenstände waren mal hier, mal da gestaut, die Bedienung der Türen war völlig neu, es gab keine Raucherflüge mehr, dafür neue Servicekonzepte und vieles mehr. Insgesamt war ich sechseinhalb Jahre raus aus dem Job, und das ist in der Fliegerei schon eine halbe Ewigkeit.

Als ich meinen ersten Dienstplan aus dem Fach zog, traf mich fast der Schlag: Der Dreilettercode auf meiner ersten Langstrecke kam mir sehr bekannt vor. Auch auf dem Las-Palmas-Flug davor sollte Jürgen mit drauf sein, mittlerweile als Kapitän. Auf einmal war die Erinnerung wieder da, und ich konnte vor lauter Aufregung nicht schlafen. Viel zu früh checkte ich an diesem Morgen für den Kanaren-Flug ein, nur um wie in der Vergangenheit enttäuscht zu werden: Jürgen war nämlich doch nicht in der Crew.

Die Achterbahnfahrt meiner Gefühle kam mir sehr vertraut vor, und in meinem Magen grummelte es. Das konnte in Zukunft ja noch spaßig werden. Aber ich sagte mir, dass ich keine Angst mehr vor einem Treffen haben müsse: Mittlerweile war ich 32, Mutter von zwei Jungs und zwei Mädchen im Alter von sechs Monaten bis fünf Jahren und so schnell nicht mehr aus dem Sattel zu kippen. Dachte ich jedenfalls.

Drei Tage später checkte ich für die Langstrecke ein. Es ging nach Fort Myers/Florida, und ich sah im Check-in-Buch, dass Jürgen dieses Mal mitkommen würde. Plötzlich wurden mir die Knie weich, und ich enterte hastig die Crewlounge, um mir einen Kaffee zu ziehen, heiß, schwarz und so stark, wie es unser alter Kaffeeautomat eben auf die Reihe brachte.

Da hörte ich hinter mir seine sonore Stimme: »Wo ist sie denn?«

Die Frage war an meine Kollegin Andrea gerichtet, die auch mit uns flog und über die ganze Problematik – als meine beste Freundin und Patentante meiner Kinder – bestens im Bilde war. Sie hatte mich all die Jahre meiner Fliegerabstinenz immer mal wieder mit Neuigkeiten über Jürgen versorgt und war wahrscheinlich im Moment der einzige Mensch, der das Gefühl in meinem Magen auch nur ansatzweise nachvollziehen konnte.

Dass Jürgen mich nicht gleich erkannte, lag wohl nicht nur an dem Umstand, dass ich mit dem Rücken zu ihm stand. Ich hatte seit unserem letzten Treffen etliche Kilo abgenommen, mir schon vor Jahren die langen blonden Haare abschneiden lassen und die Kurzhaarfrisur schokoladenbraun getönt. Als ich mich schließlich umdrehte und in diese grünen Augen schaute, war das Kribbeln im Bauch wieder wie bei einer feucht gewordenen Tüte Brausepulver, genauso wie damals in der Küche auf dem TriStar. Schrecklich. Aber schön schrecklich.

Wie verhält man sich, wenn man vor lauter Schmetterlingen im Bauch kaum ein intelligentes Wort rausbringt, sich andererseits aber auch nicht komplett zum Affen machen will? Gar nicht so einfach. Zumal ich annahm, dass Jürgen glücklich mit einer Kollegin zusammen war – so hatte meine Freundin es mir gesteckt – und er von mir wiederum glaubte, dass ich eine supertolle Ehe führen und in meiner doch so angestrebten Mutterrolle voll aufgehen würde.

Es war irgendwo über dem Nordatlantik, als wir im Cockpit erste konkrete Informationen austauschten. So zeigten wir uns Fotos von unseren Kindern, ich hatte vier, Jürgen drei. Da wir dem Copiloten nicht unsere gesamten privaten Details unter die Nase reiben wollten und das Servicekonzept einer Langstrecke in die Vereinigten Staaten es auch nicht vorsah, dass eine Stewardess sich stundenlang im Cockpit aufhielt, verschoben wir unser Gespräch auf das After-Landing in einer Bar nahe unserem Hotel. Andrea kam mit, und zu dritt verbrachten wir einen lustigen Abend. Es war fast wie in alten Zeiten. Zu später Stunde rückten Jürgen und ich mit unseren Barhockern immer weiter zusammen, und meine Freundin verabschiedete sich diskret, wenn auch mit einem ziemlich breiten Grinsen.

Unser Gespräch, welches wir in meinem Hotelzimmer weiterführten, nachdem man uns im Morgengrauen aus der Bar herauskomplimentiert hatte, ging nahtlos bis zum Frühstück weiter. Wir hatten acht Jahre nachzuholen.

Es sollte noch sieben Monate dauern, bis wir räumlich fusionierten. Doch wo zieht man mit so vielen Kindern hin? Natürlich aufs Land! Wir fanden einen netten alten Bauernhof in der Nähe von Münster. Ein Nachbar, der zurück in die Stadt musste, vererbte uns zehn wilde Hühner und fünf streunende Katzen, und so kamen wir nach und nach zu unserem Zoo. Der riesige Stall, den wir für das Federvieh dazupachteten, wurde mit einem halben Dutzend Kamerunschafen gefüllt, im weiteren Verlauf kamen dazu noch ein Ziegenpärchen und drei Mini-Schweine. Schweine vermehren sich sehr schnell; innerhalb eines dreiviertel Jahres hatten wir 20 Nachkommen, da fielen ein paar Enten und ein Esel auch nicht weiter auf. Esel sollte man aber nicht alleine halten, also bekam der graue Hengst Heini noch eine Eseldame, die praktischerweise gleich schwanger war. Aber die vielen Tiere und die Großfamilie sind eine andere Geschichte …

Drei Jahre später heirateten Jürgen und ich, inzwischen hat er meine vier Kinder adoptiert. Da hatte ich ihn nun, meinen eigenen Piloten! In Film und Fernsehen sind diese Herren zumeist attraktive Kerle in schmucker Uniform. Nie werde ich vergessen, wie enttäuscht mich meine Mutter ansah, als ich ihr den neuen Schwiegersohn vorstellte. Wir besuchten sie in Hamburg, natürlich ganz in Zivil. Enttäuscht war sie aber nicht, weil sie die dunkelblaue Uniform mit den goldenen vier »Pommes« am Ärmel vermisste, sondern weil der Herr Chefpilot auf ihre Frage »… und gehen Sie vor dem Start auch immer einmal durch die Maschine und begrüßen die Gäste?« trocken antwortete:

»Nö, so was machen wir nicht.« Aus der Traum. Dean Martin mache das doch so schön in dem Film *Airport*. Anscheinend war mein Mann anders.

In einem Anfall von Leichtsinn bat ich ihn einmal, sich beim Boarden der Gäste zu mir an die Tür zu stellen. Gäste freuen sich immer, wenn sie den Kapitän sehen können und er nicht nur eine unbekannte Stimme aus dem kleinen Lautsprecher bleibt. Dort stand er dann auch, 95 lebende Kilo, verteilt auf 1,86 Meter, Hände tief in den Taschen vergraben, lässig mit der Schulter an den Flugbegleitersitz gelehnt und ein spitzbübisches Grinsen im Gesicht. Den hereinkommenden Gästen zog er die Bordkarte mit Schwung aus der Hand, warf einen professionellen Blick darauf und schickte sie prompt in die falsche Richtung. Ich schob meinen Schatz schnell wieder ins Cockpit, so wurde das nichts mit der Gästebespaßung.

Über eines wurden wir uns bald klar: Eine Fliegerbeziehung zu führen ist möglich, aber das genaue Gegenteil von einfach. Schon die Pflege des persönlichen sozialen Umfelds ist eine Herausforderung: Geburtstag von Oma Else? Bangkok. Hochzeit von Willi und Renate? New York. Einladung zur Vernissage von Axel? Dreitagestour durch Deutschland. Immer, wenn etwa los war, saß ich mit Sicherheit im Flieger oder in einem schicken Hotel irgendwo auf diesem Globus. Natürlich gibt es die Möglichkeit, für solche speziellen Events dienstfrei zu beantragen, allerdings nur einmal pro Monat für vier zusammenhängende freie Tage. Wenn man nun noch seine persönlichen Verpflichtungen aufstockt durch Elternsprechtage, Kuchenbacken für den Schulbasar, Kindergeburtstag Kind 1 bis 7, Fahrtdienst zum

Auswärtsspiel und Ähnliches, kommt man schnell ins Schwimmen. Und diese bunte Mischung verwebt man nun noch mit den Ansprüchen des Partners.

Wir versuchten zunächst, gegeneinander zu fliegen, also einer früh, der andere spät, einer im Dienst, der andere frei. Wir kommunizierten über Klebezettelchen am Kühlschrank, SMS und schnell hingeklapperte E-Mails. Irgendwie musste die Kinderbetreuung ja gesichert werden, und einen Vorteil hatte das Ganze: Wenn man sich nicht sieht, kann man auch nicht streiten. Für eine Beziehung taugt diese Vorgehensweise trotzdem nicht.

Mit der Unterstützung von einem Au-pair flogen wir versuchsweise das umgekehrte Modell: Bis auf wenige Ausnahmen bei Bereitschaften reisten wir gemeinsam überallhin. Auf einmal hatten wir zusammen frei, saßen dann gemeinsam im Auto auf dem Weg zum Flughafen, flogen exakt dieselben Flüge – und das über zwei Jahre. Da habe ich kapituliert, zu viel Gemeinsamkeit tut auch nicht gut!

Heute fliegen wir wieder getrennt, beantragen ab und zu eine Langstrecke zusammen und freuen uns über jeden gemeinsamen Flug, den uns die Einsatzplanung oder auch der Zufall so schenkt.

Ich kann mich noch gut an einen Sommertag in Nürnberg erinnern. Ich stand in aller Herrgottsfrühe mit meinen Kollegen am Flughafen und wartete auf den Bus zum Hotel. Wir hatten einen großen Airbus aus Düsseldorf gebracht, den nun eine andere Crew weiter nach Ägypten fliegen sollte. Für uns war somit schon um sieben Uhr morgens Feierabend. Ich staunte nicht schlecht, als atemlos noch zwei Piloten in unseren Bus sprangen – und mit einem davon war ich verheiratet. Er hatte aus der Bereitschaft den kurzen Zubringer gewonnen, da ein kleiner Airbus dringend in Nürnberg gebraucht wurde. Die Überraschung war groß, und wir hatten unverhofft einen kinder- und dienstfreien Tag in Nürnberg. Nachdem wir ein wenig Schlaf nachgeholt hatten, mieteten wir uns auf dem nahe gelegenen See ein Tretboot, leerten dabei eine flugs organisierte Flasche Sekt und machten bei strahlendem Sonnenschein und 27 Grad auf dem Wasser ein Picknick. Auch so etwas ist in der Fliegerei möglich.

358 Könige an Bord

An manchen Tagen erinnert mich das Flugzeug an eine Theaterbühne, auf der jeder, ob Passagier oder Flugbegleiter, seine kleine Rolle und seinen Auftritt hat. Eine nie versiegende Quelle der Unterhaltung sind die mannigfaltigen Wünsche unserer Gäste. Dabei sind von uns nicht nur Erfindungsreichtum und freundliche Schlagfertigkeit, sondern vor allem besagte Contenance gefragt – besonders bei aufgebracht vorgetragenen Beschwerden über Dinge, die wir beim besten Willen nicht ändern können, wie etwa: Filmangebot langweilig, Marlboros ausverkauft, Sitzabstand zu gering, Verspätung zu groß, Sandwich zu klein, Getränke zu teuer.

Zum Glück aber sind nicht alle Gäste nörgelnder Natur, es gibt auch jede Menge nette und charmante Passagiere. Und dann gibt es noch Prominente oder solche, die sich so aufführen, als wären sie etwas ganz Besonderes. Meine persönlich bisher an Bord erlebten VIPs waren meist sehr höflich und bescheiden. So hatten zum Beispiel Gabi Köster, Hella von Sinnen, Thomas Hermans, Kalle Pohl und Bernd Stelter als Comedians auch an Bord einen gewissen Unterhaltungsfaktor, allerdings ohne dabei groß auf- oder gar aus dem Rahmen zu fallen.

Ganz anders erging es vor vielen Jahren einer meiner Kolleginnen.

Ein berühmter deutscher Schlagersänger schritt die Treppe herauf, stieg ins Flugzeug und sagte ziemlich blasiert zu der Flugbegleiterin, die seine Bordkarte kontrollierte: »Dort unten steht mein Gepäck. Ich sitze in Reihe 20, sorgen Sie dafür, dass es an Bord kommt.«

Die Kollegin wusste nicht so recht, wie sie reagieren sollte. Den Platz an der Tür konnte sie beim Boarden nicht verlassen, auf dem Vorfeld standen zwei offensichtlich schwere Handgepäckstücke, und auf ihre bedauernde Antwort hin wurde der Prominente auch noch laut und unfreundlich.

Der Purser des Flugs hörte den Streit in der vorderen Kabine und eilte zum Ort des Geschehens. Auf seine Frage hin, wie er denn helfen könne, blaffte ihn der Sänger an, er hätte von der Kollegin lediglich erwartet, dass sie sein Gepäck nach oben bringe und verstaue. Ob das denn zu viel verlangt sei? Er hätte gedacht, in dieser Firma sei der Kunde König!

Mittlerweile hatten alle anderen Gäste schon Platz genommen und verfolgten die Diskussion an der offenen Tür mit äußerstem Interesse. Der Purser, gut zwei Köpfe kleiner als der Schlagersänger, warf sich in Positur, wies mit einer ausladenden Armbewegung auf die bis auf den letzten Platz gefüllte Kabine und sagte dann mit einem umwerfenden Lächeln: »Wir würden Ihnen ja wirklich gerne helfen, mein Herr, aber schauen Sie doch mal: Wir haben heute nicht weniger als 358 Könige an Bord! Wir möchten Sie höflichst bitten, Ihr Handgepäck selber nach oben zu tragen.«

Wir fliegen aber nicht nur die eigenwilligsten Menschen in ferne Länder, wir befördern auch Tonnen von Fracht. Zumeist handelt es sich um unspektakuläre Dinge wie Blumen, Obst und Gemüse, aber manchmal ist auch etwas Kurioses und Kostbares dabei. Erst neulich stellte ein im vorderen Frachtraum verzurrter Lamborghini auf dem Flug von Düsseldorf nach Miami das amerikanische Ladeteam vor eine verzwickte Aufgabe – wie zum Teufel hatten die deutschen Kollegen die Luxuskarosse dort hineinbekommen? Das Ausladen in Florida dauerte nicht weniger als drei Stunden.

Über die Jahre haben wir wohl auch schon einen halben Zoo von A nach B befördert. Den außer Rand und Band geratenen Yorkshire-Terrier, der samt Tasche kläffend durch den Gang hopste, habe ich schon erwähnt; er steht stellvertretend für sämtliche kleine Pet-in-Cabin, also alle Tiere bis sechs Kilogramm, die in Tragetaschen mit in die Kabine genommen werden dürfen. Die meisten sind Handtaschen-Hunde und Miezekatzen; Kleintiere wie Kaninchen, Ratten, Mäuse, Hamster und Co. dürfen nicht befördert werden, denn die Gefahr von durchgeknabberten Teilen, die zum Fliegen noch gebraucht werden, wäre zu groß, wenn sie entkommen sollten. Und ausbruchssichere Behältnisse gibt es anscheinend keine: Erst vor Kurzem hat sich eine Katze an Bord eines Interkontinentalflugs während der Reise aus ihrer Transporttasche befreit und wurde trotz Ansage und vielen freiwilligen Helfern fünf Stunden lang im Flieger gesucht!

Neben Hauskatzen fliegen aber auch ganz große mit, dann natürlich unten im Frachtraum, so zum Beispiel die weißen Tiger von Siegfried und Roy. Mein kuriosestes Tier befand sich in einem Pappkarton, den ein kleines Mädchen, das nach Griechenland auswanderte, krampfhaft auf dem Schoß hielt. Auf meine Frage, was für eine Kostbarkeit sie denn da hätte, öffnete die Kleine den Deckel, und zum Vorschein kam ein rundes Glas, gefüllt mit zirka eineinhalb Litern Wasser und einem einzigen dicken Goldfisch. Sein Name war Klaus. Klaus hatte Glück, in der heutigen Zeit mit den Flüssigkeitsbegrenzungen von 100 ml pro Plastikbeutel wäre ihm die Luft bis zum griechischen Festland sicher dünn geworden.

Apropos Flüssigkeiten: Ich bin mir ziemlich sicher, jeder

Flugbegleiter kann zum Thema Getränke seine ganz persönliche Anekdote aus dem Nähkästchen zaubern. Flüssigkeiten haben nun mal die Tendenz, nicht starr an einem Ort zu bleiben, und sorgen daher gerade in einer so instabilen Umgebung wie in einem Flugzeug unverhofft für Aufregung.

Manche Ereignisse verankern sich unauslöschlich im Gedächtnis, vor allem wenn man persönlich daran beteiligt war und einem noch Jahre später bei der Erinnerung die Schamesröte ins Gesicht steigt. So ist mir auf einem meiner ersten Flüge nach Amerika Folgendes passiert:

Ich stand am Getränkewagen und fragte die Gäste nach ihren Wünschen. Die Dame, der die Frage galt, war in einen sommerlichen, blütenweißen Overall gekleidet.

»Ich hätte gerne einen Tomatensaft«, bat sie.

»Sehr gerne, kommt sofort.«

Der begehrte Tomatensaft war zuvor mit viel Eis gekühlt worden, und durch die Wärme in der Kabine hatte sich jede Menge Schwitzwasser auf der Papptüte gebildet. Und dann geschah der Albtraum: Aus zirka 30 Zentimetern Höhe glitschte mir die Saftpackung unverhofft aus der Hand und landete mit Schwung senkrecht auf dem Wagen. Kein Grund, um aufzuatmen: Der Inhalt der Tüte fühlte sich offenbar befreit, er dachte nicht im Traum daran, in seinem Behältnis zu bleiben, sondern hopste, verbunden mit einem leichten Schlenker des Fliegers durch minimale Turbulenzen, zuerst nach oben und dann nach links, auf den schneeweißen Overall. Genauer gesagt, vom Dekolleté der Dame über den Bauch bis zum Schritt.

Entsetzt starrte ich auf das Malheur. Wo war gleich die Klappe in den Weinkeller? Ich hätte auf der Stelle sterben mögen! Sicher war ich im Gesicht genauso rot wie der halbe Liter Tomatensaft, der ein großräumiges Muster auf dem weißen Overall gezeichnet hatte.

»O Gott, wie peinlich! Das tut mir sooo leid! Wie konnte mir denn das nur passieren?! Ich bin wirklich untröstlich …«

Ich entschuldigte mich geschätzte fünf Millionen Mal, bot ihr Servietten, heißes Wasser und feuchte Tücher an, wohl wissend, dass dies bei der Menge färbender Vitamine auf weißem Leinen alles nicht viel nützen würde. Der diensthabende Purser füllte kopfschüttelnd einen Reinigungszettel aus, und die Dame verlor außer einem erschreckten »Huch!« (wahrscheinlich, weil der Saft eiskalt war) keinen Ton darüber. Sie zog es allerdings vor, den Rest des Flugs über Wasser zu trinken.

Einige Getränke entwickeln an Bord in der Tat ein Eigenleben, manchmal mit, manchmal ohne Turbulenzen. Bei schönstem, ruhigem Flugwetter auf einer Kurzstrecke standen Monika, Claudia, Sibylle und ich in der mittleren Bordküche zwischen zwei Servicedurchgängen zu einem kurzen Plausch. Monika hatte sich gerade von ihrem Freund getrennt, wurde aber bereits von einem neuen Verehrer umgarnt. Wer konnte dieser drallen, kleinen Blondine auch schon widerstehen? Während sie uns die Optik und Vorzüge ihres neuen Lovers haarklein berichtete, angelte ich eine Dose Tonic aus dem Kühlschrank. Sie rutschte mir jedoch aus den Fingern, prallte so blöd auf dem Kunststoffboden auf, dass sie ein winziges Loch bekam und sich, durch den frei werdenden Druck, wie ein wild gewordener Sputnik um sich selbst drehte, während sie sich selbst entleerte. Das schäumende Tonic spritzte einen Meter hoch, immer schön im Kreis. Wir vier trugen alle ausnahmslos den Uniformrock, und unser Gekreische amüsierte mit Sicherheit in jede Richtung fünf Reihen Gäste. Wie es sich anfühlt, von unten mit eiskalter, klebriger Soda besprüht zu werden, können sich sicherlich auch Herren vorstellen, die nicht jeden Tag Nylons tragen. Immerhin war das Ganze farblos. Ob die Gäste unseren leicht breitbeinigen Gang bis zur Landung wohl bemerkt haben?

Bei anderer Gelegenheit stand ich mit meinem Kollegen Heinz am Getränkewagen. Er hätte einem Modejournal entsprungen sein können: dunkles, verwegen geföhntes Haar, sportive Sonnenbräune, perfekt manikürte Hände und eine Figur wie Adonis. Wir waren beide in unseren Service vertieft, als wir von Turbulenzen überrascht wurden und die Maschine auf einmal heftig durchsackte. Der komplette Getränkewagen sprang in die Luft, wir schafften es gerade noch instinktiv, uns daran festzuhalten. Zum Glück flog der Wagen nicht hoch genug, um jemanden zu verletzen, aber er jagte sowohl Gästen als auch uns einen gehörigen Schrecken ein! Zum Glück hatte er sich nicht verkantet, sondern landete an exakt derselben Stelle.

Heinz fand die Sprache zuerst wieder. Er wischte sich ein wenig Flüssigkeit von der Wange und meinte trocken: »Donnerwetter, holprige Wegstrecke heute!«

Ich war noch immer wie benommen und stand für einen Moment sprachlos am Wagen. Diesem war von dem kurzfristigen Höhenflug nichts anzumerken – dachte ich. Doch etwas war anders: Leichtere Dinge, wie Getränke, Teile des Essens und alles, was eine ähnlich flüssige oder klebrige Konsistenz hatte, hingen als bizarre Muster an der Kabinendecke. Auf einmal hörten wir schräg hinter uns wildes Fluchen und Gezeter. Durch den Pitch der Maschine, also die leichte Schräglage während des Flugs, sammelten sich die Getränke an der Decke und liefen nach hinten, Richtung Heck, wo sie in dicken Tropfen aus Rotwein, Cola, Tomatensaft und ähnlich farbintensiven Flüssigkeiten herabregneten und die Garderobe der dort sitzenden Passagiere tüpfelten.

Muss ich erwähnen, dass diese Gäste helle Safari-Kleidung trugen?

Und immer wieder: Toiletten

Neben allerlei zwischenmenschlichen Diskrepanzen weisen auch jene Örtlichkeiten und Gegenstände einen hohen Unterhaltungsfaktor auf, die fest mit dem Flugzeug verbunden sind – wie zum Beispiel die Toiletten. Sie sind eine wahre Fundgrube für Kommentare von Gästen, die uns Flugbegleitern immer wieder die Lachtränen in die Augen treiben.

Als das Cockpit noch nicht wie Fort Knox mit einer Panzertür gesichert wurde, sondern durch einen simplen Drehknopf von jedermann zu öffnen war, erlebten wir in der vorderen Küche immer wieder lustige Szenen. Links und rechts befand sich auf dem TriStar je eine Toilette, in der Mitte die Tür zum Cockpit. Obwohl alle Türen mit großen, deutlichen Schildern wie WC/TOILET respektive KEIN ZU-TRITT/NUR FÜR PERSONAL gekennzeichnet waren, verliefen sich immer wieder Gäste in der mittleren Tür. Die Kommentare neben »Huch« und »Oh, Entschuldigung« lauteten ziemlich häufig: »Och, schon besetzt« oder: »Oh, nur für Herren?«

Wenn wir der verdutzten Dame dann schelmisch mitteilten, dass sich die Damentoiletten nur im hinteren Teil des Flugzeugs befänden, ernteten wir meist ein trockenes »Ach so? Kann man ja nicht wissen«.

Auf dem großen Airbus gibt es im hinteren Drittel der Kabine einen Vierer-Toilettenblock mit je zwei Waschräumen links und zwei rechts vom Gang. Eine Passagierin stand im Gang zwischen zwei Toiletten, schaute fragend von der linken zur rechten und grübelte offenbar über den Öffnungsmechanismus der Falttür. Ein Flugbegleiter kam vorbei, balancierte drei schwere Paletten Getränke auf den Armen und wollte damit gerne an der Dame vorbei. Diese konnte sich immer noch nicht für eine der beiden freien Toiletten entscheiden. Der Flugbegleiter, dem die Arme lang und länger wurden, deutete mit der Fußspitze gegen die innere Toilette und sagte mit verschmitztem Grinsen: »Nehmen Sie diese hier, die hat ein schönes Fenster!«

Die Dame hauchte »Oh, danke« und wählte den empfohlenen Entspannungsort. Hoffentlich war sie nicht zu enttäuscht.

Die Öffnungsmechanik von Flugzeugtoiletten scheint in der Tat vielen Menschen Rätsel aufzugeben. Man könnte allerdings auch den Eindruck gewinnen, dass sich die Flugzeugbauer einen besonderen Spaß daraus machen, die Gäste immer wieder neu herauszufordern und zu necken. Wie sonst wäre es zu erklären, dass unser Airbus 321 im hinteren Teil über drei Toiletten verfügt, die sich allesamt anders öffnen lassen? Die eine Toilette hat eine Falttür, die nächste einen Drehknopf und die dritte eine Klinke. Die Technik der Klinke ist relativ schnell durchschaut, diese Toilette wird am liebsten frequentiert. Bei der Tür mit dem Drehknopf wird gerne mal der Aschenbecher herausgerissen bei dem Versuch, hineinzugelangen. Die Falttür hingegen ist etwas für ganz schlaue Füchse, selbst als Flugbegleiter klemmt man sich hier leicht mal den Finger ein. Erstaunlicherweise kommen einige Gäste zwar hinein, aber nicht mehr hinaus, was sich dann in wildem Klopfen und panischen Rufen bemerkbar macht. Zum Glück kann man alle Toilettentüren problemlos von außen öffnen, egal ob verriegelt oder nicht.

Ungeachtet dieser Problemchen sind wir in der Kabine schon dankbar, wenn Toiletten bestimmungsgemäß genutzt werden. Bei Flügen nach China oder Dschidda wurden immer extra Zeichen in Landessprache angebracht: *Bitte hier spülen,* versehen mit einem roten Pfeil auf den Spülknopf.

Vermisst haben wir jedoch zusätzliche Schilder wie zum Beispiel:

Bitte hier hineinpinkeln – mit rotem Pfeil – und *Bitte nichts in die Toilette werfen.* Obwohl das natürlich auf Flügen in Länder, in denen man aufgrund schlechter Anbindung an ein leistungsstarkes Abwassersystem nicht gewohnt ist, das Toilettenpapier nach Gebrauch abzuziehen, unbedingt einen weiteren Aufkleber erfordert:

Müll bitte hier einwerfen – mit rotem Pfeil auf den Mülleimer.

Leider konnten wir von derart praktischen Hinweisen nur träumen, wir bekamen immer bloß den Sticker mit dem Spülknopf-Tipp, und dementsprechend sahen unsere Waschräume im Verlauf des Flugs dann auch aus. Am schlimmsten waren die Toiletten der Flieger, die nach Dschidda unterwegs waren, da sie zu heiligen Waschungen genutzt wurden – aus denen lief das Wasser oft fünf Reihen weit. Aber auch auf Standardflügen können klitzekleine Fehlgriffe schon mal ein ganzes Flugzeug lahmlegen. So warf eine unbedarfte Mutti die Windel ihres Babys ins Klo und spülte. Der Absaugmechanismus der Toilette ist ziemlich laut und hat eine immense Kraft. Kinder kommen oft schreiend aus dem Klo gerast, weil sie fürchten, mit weggesogen zu werden, und sehr korpulente Gäste, die mit ihrer Leibesfülle auch die extra angebrachte Aussparung der Klobrille hermetisch abschließen, sitzen manchmal etwas länger als geplant auf der Örtlichkeit, um sich von dem Sog erst mal zu befreien. Besagte Windel allerdings brachte das gesamte System zum Erliegen. Sie verhedderte sich im Abfluss, und das Masterpanel beim Purser meldete eine Stunde vor der Landung in Adana: Toilette No. 4 defekt.

Innerhalb kürzester Zeit fielen auch noch die übrigen Toiletten aus, eine nach der anderen. Bei der Landung in Adana waren sämtliche Kloschüsseln bis Oberkante Unterlippe gefüllt mit Brauchwasser, ein paar liefen sogar schon über. Ein Traum!

Nun gehört es ja unter anderem zu den Gepflogenheiten eines Flugbegleiters, während des Flugs immer schön viel zu trinken, um der trockenen Kabinenluft zu trotzen und damit vorzeitiger Hautalterung und Nierensteinen vorzubeugen. Auf diesem Flug waren die Copilotin und ich die einzigen weiblichen Crewmitglieder, und während des Anflugs, als wenigstens noch die Hälfte der Toiletten funktionierte, hatten weder sie noch ich Zeit, eine davon aufzusuchen. Nach der Landung mussten wir umso dringender, aber leider waren die Toiletten immer noch unbenutzbar. Es dauerte insgesamt zwei Stunden, bis der Fehler behoben werden konnte, da es sich um einen Nachtflug handelte und der entsprechende Klofachmann erst aus seinem Domizil eingeflogen werden musste.

Während unsere Jungs das Problem relativ entspannt betrachteten, bekamen die Copilotin und ich mittlerweile gelbe Augen und überlegten im Geiste schon einmal, wie man am geschicktesten in eine leere O-Saft-Tüte pinkeln konnte. In der Not kommt man auf die tollsten Ideen.

Auf dem TriStar gab es im hinteren Ende der Kabine fünf Toiletten, von denen eine zu Start und Landung als Stauraum für einen großen, runden Mülleimer genutzt wurde. Ab und zu vergaß der zuständige Flugbegleiter, den Mülleimer nach dem Start aus der Toilette zu entfernen. Das hinderte allerdings niemanden daran, den Waschraum nicht doch zu benutzen. Die meisten Passagiere stellten dann den Mülleimer zur Benutzung der Örtlichkeit heraus und nach dem Händewaschen wieder hinein. Die nicht ganz so pfiffigen pinkelten stattdessen gleich in den Mülleimer.

Nie vergessen werde ich auch das verdutzte Gesicht einer Rentnerin, die nach der Landung erstaunt mit ihrem Gehstock aus der Toilette wankte und rief: »Oh, wir sind schon da?« Die Dame musste mir beim finalen Check irgendwie durchgeschlüpft sein. Oder hatte sie einfach nur nicht abgeschlossen?

Man kann sich an Bord auch durchaus anders bespaßen. Auf einem Rückflug von Rom nach Düsseldorf fiel mir schon beim Boarden die ausgelassene Stimmung der Gäste auf, die fast ausschließlich aus den Niederlanden stammten und zudem noch zu 90 Prozent Herren im besten Alter waren, also zwischen 50 und 70. Ich war neugierig, um was für eine Party es sich handelte, und fragte unverblümt einen sympathischen Herrn in Jeans und weißem Oberhemd, der unweit meines Flugbegleitersitzes Platz nahm.

»Entschuldigen Sie bitte?«

»Ja?«

»Ich finde es fantastisch: So viele Menschen an Bord mit so fröhlicher Laune! Verraten Sie mir den Grund?«

Mit stolzgeschwellter Brust erzählte mir der Mann sogleich Folgendes:

»Wir sind ein holländischer Männerchor, der gerade von einer Audienz beim Papst zurückkehrt. Und nicht nur das, selbstverständlich haben wir für das katholische Kirchenoberhaupt auch gesungen!«

Ich war beeindruckt und beglückwünschte den Herrn zu diesem Erfolg. Niederländer sind meist frohgelaunte und freundliche Passagiere, doch diese Gäste waren extrem gut drauf, war doch die Einladung vom Papst ein Highlight in ihrer Chorgeschichte. Nach der Landung in Düsseldorf rollten wir langsam zu unserer Parkposition am Terminal C, und da sagte ich mit einem Augenzwinkern zum Chorleiter: »Sie glauben doch wohl nicht, dass wir Sie und Ihre Chorfreunde ohne ein Ständchen hier von Bord lassen?«

»Wie soll das gehen, so ohne Absprache?«, fragte er mich. »Schließlich müssen wir doch noch angeschnallt sitzen bleiben?«

»Ach, das ist ganz einfach! Nehmen Sie den Hörer hier, und drücken Sie diese Taste, das ist unser Bordmikrofon.«

Ich hielt dem Herrn Chorleiter das Mikrofon unserer Sprechanlage hin, und er fing einfach an hineinzusingen. Seine Kollegen ließen sich nicht lange bitten, und während unser Flieger weiter zum Terminal rollte, fielen alle Holländer nacheinander ein und sangen ein dreistimmiges Stück, welches mir beim Tippen dieser Zeilen immer noch eine Gänsehaut entlockt. Die Akustik in einem Flugzeug ist mit Sicherheit eine Konservendose im Vergleich zu den heiligen Hallen des Vatikans, aber 160 Männerstimmen haben es mit Leichtigkeit geschafft, es in eine Konzerthalle zu verwandeln. Es fehlte ganz allein der Papst.

Als das Lied zu Ende war, bekam ich postwendend einen Anruf von unserer Purserette, der ich mit dieser Aktion das Mikrofon für die Verabschiedungsansage blockiert hatte. Sie teilte mir säuerlich mit, dass ich dieses Entertainment nun schleunigst den fünf nicht dazugehörigen »normalen« Gästen erklären sollte. Nichts leichter als das!

»Meine Damen und Herren, nicht dass Sie denken, Gesangseinlagen gehörten neuerdings zu unserem Service. Das war eine kostenfreie Darbietung des Herrenchores ›Leider habe ich den Namen von euch vergessen, Jungs‹ aus den Niederlanden, die gerade von einem Gastspiel beim Papst in Rom zurückgekehrt sind. Herzlichen Dank dafür!«

Jubel brach unter den Gästen aus, die gut gelaunt genug waren, um sich selber zu beklatschen, und sie hatten es in der Tat verdient. Dieser Flug mit seiner Spontaneität und Lebensfreude wird mir immer in Erinnerung bleiben.

Und er war eine gute Story für das After-Landing. In früheren Zeiten war es gang und gäbe, dass man am Ende eines arbeitsreichen Tages noch mit der Crew zusammensaß, vor allem in Zielgebieten, wo es weit und breit außer dem Hotel nichts anderes gab. Aber auch nach Flügen in die Heimat, im Anschluss an einen längeren Umlauf oder einfach so, weil die Crew so gut zusammengepasst hatte, traf man sich nach der Landung auf ein Schlückchen, um zu quatschen. Da wurde der Tag dann zum zweiten Mal durchflogen, ungewöhnliche Situationen ließ man noch einmal Revue passieren, und natürlich wurde auch der neueste Klatsch und Tratsch nicht ausgelassen. Wenn ganz neue Kollegen dabei waren, die zumeist mit tellerrunden Augen staunend den Geschichten lauschten, wurde auch schon mal ganz tief in die Geschichtenkiste gegriffen, und es wurden Anekdötchen erzählt, die seit Jahren, wenn nicht Jahrzehnten durch die Firma kasperten. Und das Schöne daran: So unglaublich sie manchmal klingen, sie sind alle wahr!

Marita, eine unserer erfahrenen Copilotinnen, war seit Neuestem mit einem unserer Ramp Agents liiert und wusste daher bei einem After-Landing in Bangkok fröhlich Folgendes zu berichten:

Ein Flug in den Kosovo. Die Passagiere, alles Einheimische, hatten wieder tonnenweise Handgepäck mit. Man schleppte prall gefüllte Discounter-Tüten, Pappkartons mit Videorecordern, Friteusen und sonstigen Elektrogeräten, Taschen, Säcke, Kisten, so viel die Hände tragen konnten. Was noch alles unter den Burkas und Tschadors der Damen verborgen blieb, konnte man früher nur ahnen. Zum Einchecken stand meist nur ein Familienmitglied am Schalter, die Kontrollen waren damals noch nicht so streng wie heute. Aus manchen Kisten piepte und fiepte es, aus anderen ertönte ein Gackern. Die Gäste hatten sowohl hinsichtlich Handgepäck und Menge desselben als auch der

Nutzung der oberen Gepäckfächer offenbar ganz eigene Vorstellungen. So fand eine erstaunte Kollegin auf der Suche nach Kissen dort tatsächlich ein friedlich schlafendes Baby zwischen Tüten und Taschen.

Heutzutage sind die Kontrollen viel schärfer und strenger, und in ganz modernen Zeiten, sprich, denen mit Angst vor Vogelgrippe, ist dies jüngst einem Huhn zum Verhängnis geworden. Ihm entfleuchte ein unbesonnenes Gackern direkt vor dem Check-in-Schalter aus einem Pappkarton. Die Passagemitarbeiterin teilte dem Federvieheigentümer mit, dass lebendes Geflügel nicht mehr an Bord eines Flugzeugs transportiert werden dürfe. Der Mann schaute ungläubig, und zur Sicherheit wiederholte die Mitarbeiterin noch einmal alles auf Englisch:

»No alive chicken on board allowed due to bird flue!«

»No alive chicken?«

»No, Sir.«

Daraufhin nahm der Mann das Huhn, drehte ihm an Ort und Stelle den Hals um und legte das noch zuckende Tier der entsetzten Kollegin auf den Tresen.

»Not alive anymore. Take with me now?«

Eine andere Geschichte, die seit Jahrzehnten durch die Firma wandert und immer noch für Unterhaltung sorgt, fand ebenfalls bei einem After-Landing ihren Weg an mein Ohr:

Zwei Männer, Bodybuilder-Figuren, schwarze Lederkleidung, kurze Stoppelhaare, reisten zusammen mit ihrem Schoßhund. Jeder Passagier, der mit einem Tier in der Kabine reist, unterzeichnet zuvor eine Beförderungserklärung, in der steht, dass die Tasche mit dem Tier zu jeder Zeit geschlossen sein muss. Interessiert recht wenige der Gäste, die meisten lassen ihren Hund herausschauen, geben ihm etwas zu trinken oder streicheln ihn. Meistens drücken wir ein Auge zu, bei der Landung muss die Tasche allerdings geschlossen sein, denn einen Hund oder eine Mieze auf dem Vorfeld oder gar im noch laufenden Triebwerk braucht niemand.

Der Hund jener beiden Herren saß, gänzlich ohne Verpackung, auf dem Sitz zwischen ihnen, und die Bitte des Flugbegleiters, das Tier nun im Korb zu verstauen, wurde komplett ignoriert. Es war kurz vor der Landung, der Purser des Flugs kam auf seinem Final Check beim letzten Rundgang dazu und eruierte das Problem. In seiner ureigenen Art, in leicht nasalem Ton und mit großer Gestik erklärte er den Herrschaften, dass sie den Hund zur Landung in seine Behausung setzen müssten.

Die Passagiere fühlten sich dem Purser sowohl körperlich als auch mental überlegen, und eine Abneigung gegen homosexuelle Flugbegleiter hatten sie zusätzlich.

»Von einer Tunte wie dir lassen wir uns gar nichts sagen«, ätzte einer der Männer und grinste den Purser herablassend an.

Dieser überlegte kurz, holte dann tief Luft, strich sich theatralisch das nicht vorhandene Haar aus der Stirn und antwortete geziert, jedes Wort mit den manikürten Händen unterstreichend: »Tunte hin, Tunte her – der Hund kommt jetzt sofort husch, husch ins Körbchen!«

Und der Hund verschwand tatsächlich im Korb. Perfektes Auftreten ist eben alles!

Ritt auf der Kanonenkugel

Eine Wiese mit Blümchen. Es duftet nach Gras. Die Sonne scheint, ein paar neugierige Käfer krabbeln über meine nackten Beine, eine Grille zirpt in der Nähe, und hoch oben am blauen Himmel ziehen junge Schwalben ihre Kreise. Welch ein Idyll!

Plötzlich erklang ein schauerlicher Ton, ein schrilles Klingeln, das Tote aufwecken könnte.

»Ja?«, brabbelte ich schlaftrunken, nachdem ich auf der Suche nach dem Handy schon Wecker und Armbanduhr vom Nachttisch gefegt hatte.

»Schönen guten Morgen, Crewkontakt, ich wünsche Ihnen ein frohes neues Jahr!«, trompetete es aus der Leitung. Die Wiese war schlagartig verschwunden.

»Wir brauchen Sie für Varadero, zurück über München, Sonntag sind Sie wieder da.«

»Ach, ja?« Ich versuchte, die soeben gehörten Worte mit Sinn zu füllen, und rieb mir die Augen.

»Ja, genau, Sonntag«, trällerte die Stimme weiter, »Check-in ist in zwei Stunden, zwölf Uhr local. Schönen Flug!« Und schon war die Leitung tot.

Mit einem Satz sprang ich aus dem Bett. Noch zwei Stunden bis Dienstbeginn! Bei einer Stunde Fahrtzeit plus 15 Minuten Puffer für die unvorhersehbaren Dinge im Leben – Tank leer, Autobahn gesperrt, Reifenplatzer, Laufmasche etc. – blieben mir noch 45 Minuten netto, um aus mir eine adrette Flugbegleiterin mit gepacktem Langstreckenkoffer zu machen. Jetzt aber flott!

Eigentlich hätte es am nächsten Tag nach Dubai gehen sollen, und so richtig hatte ich nicht daran geglaubt, vorher noch aus der Bereitschaft gerufen zu werden, doch das half alles nichts. Also trabte ich in die Küche, um bei einem schnellen Milchkaffee meine Gedanken zu sammeln. Mein Mann saß vorm Laptop und war überrascht, mich vor zehn Uhr zu sehen.

»Ich muss nach Kuba, nach Dubai kannst du morgen alleine fliegen.«

Traumjob.

Ich trennte mich von meinem Kaffeebecher, um den Koffer zu packen. Klamotten, Handtuch, Buch, Geld, Ausweis, Kulturtasche, Handy … Oder doch erst ins Bad? Was hatte der Crewkontakt gesagt, zurück ging es über München? *On duty* oder *dead head?* Was so viel bedeutet wie: Im Dienst oder nur als Mitreisende? Lieber eine Dienstbluse mehr einpacken. Und in München würde es sicherlich eiskalt sein, also lange Hose, Pullover, Bikini für Kuba … Wo war die verdammte Uniform? Natürlich frisch gewaschen im Schrank, schließlich hatte ich den Luxus von zehn freien Tagen über Weihnachten und Neujahr genossen. Rock oder Hose? Auf Kuba war es warm, also Rock. Mist, Beine nicht rasiert, also zurück ins Bad, Turborasur einlegen. Schon mal mit frisch rasierten und eingekremten Beinen in eine Nylonstrumpfhose gesprungen? Besser nicht.

Ab in die Uniform. Der Rock saß wie eine Wurstpelle auf den Hüften, Atmen kaum möglich! War ich über Weihnachten so aus dem Leim gegangen? Kurz bevor ich hysterisch an eine Nulldiät in einem All-inclusive-Hotel in der Karibik denken konnte, fiel mir auf, dass ich den falschen Rock anhatte, Größe 36, während Größe 38 inklusive Gürtel unter der Strickjacke versteckt noch im Schrank baumelte. Ganz ruhig, sagte ich mir, ohne dich fliegen sie nicht. Schnell den Kindern ein Küsschen gegeben, dem Au-pair

Tschüss gesagt, den Mann gedrückt, und ab auf die Autobahn: 100 Kilometer trennten mich vom Flughafen, das Wetter war kalt, aber die Sonne schien, fast so wie in meinem Traum.

Pünktlich checkte ich am Flughafen ein und sah, dass die Firma sich kurzfristig entschlossen hatte, einen A330-300 auf die Reise in die Karibik zu schicken, die einen Flugbegleiter mehr benötigt. Daher rührte also der Einsatz!

Problematisch sind bei diesem Airbus die geringere Reichweite und das zu hohe Gewicht der Maschine im Vergleich zur Langstreckenversion. Daher verlängerte sich die geplante Flugzeit von knapp neun Stunden auf neun Stunden vierzig, eine Zwischenlandung in Santa Maria zum Tanken wäre möglich, das Cockpit arbeitete noch dran. Hurra, das hatte ja gerade noch gefehlt. Zwischenlandungen zum Tanken sind bei den Gästen alles andere als begehrt: Damit die Bodenzeit so kurz wie möglich bleibt, wird mit den Passagieren an Bord getankt, das heißt frische Luft schnappen oder eine rauchen – Fehlanzeige. Bei ganz hartnäckigen Nikotinfans kann das durchaus zum Problem werden. Aber wir hofften das Beste, noch war ja nichts raus.

Definitiv raus war allerdings der Container mit der Rückflugbeladung mit Cola, Wasser, Zeitungen, Crewmeals und ähnlichem Zubehör. Es wurde nämlich bald klar, dass unser Schiff damit definitiv zu schwer für den langen Flug wäre. Zahlende Gäste wollten wir natürlich ungern stehen lassen, und die Crew betrug auch nur das gesetzlich vorgeschriebene Minimum, also blieben hier keine Möglichkeiten, um abzuspecken. Daher ging es der Rückflugbeladung an den Kragen. Der Ramp Agent versprach uns hoch und heilig, die benötigten Getränke und Steckmaterialien für den Heimflug auf Kuba vor Ort für uns zu ordern; nur auf deutsche Zeitungen würden die Gäste verzichten müssen.

Endlich ging es los. Habe ich schon die schweren Turbulenzen erwähnt, die unser Kapitän uns drei Stunden nach dem Start angekündigt hatte? Wir beeilten uns mit dem Service, damit zu Beginn der Rappelei alles wieder verstaut wäre. Besagter Service bestand aus mindestens drei respektive fünf Durchgängen, und im Anschluss daran folgte noch der Bordverkauf. Wir flitzten wie die Hasen durch die ausgebuchte Maschine und … es rappelte natürlich nicht. Ich arbeitete vorne im Flieger. In Reihe fünf saß ein kleiner Junge, um die vier Jahre alt, den ich am liebsten in einen leeren Trolley eingesperrt hätte, so nervte er uns alle. Ständig sprang er im Gang vor dem Wagen herum, spielte dort mit seinen Matchboxautos, kam von hinten angerannt und fasste uns an die Beine, versuchte, sich am Trolley vorbeizuquetschen, und trompetete in einer ohrenbetäubenden Lautstärke durch die halbe Kabine. Der Vater bemühte sich redlich, aber leider erfolglos, ihn zu beschäftigen, die Mutter war völlig überfordert. Der Großteil der Gäste vertrieb sich den langen Flug mit Bier und Mixgetränken. Nach dem Essen waren sie dann endlich bis auf einige Ausnahmen mit dem Filmprogramm beschäftigt.

Während die Kollegen mit dem Bordverkauf durch die Kabine fuhren, ging ich in die mittlere, unbesetzte Küche, um dort für die Passagiere Getränke auszugeben, Currywürste und Saté-Spieße warm zu machen, Schokolade zu verkaufen und Kaffee zu kochen. Dazu gab es gratis jede Menge Small Talk in mindestens sechs verschiedenen Sprachen. Unsere Gäste kamen an diesem Tag nicht nur aus Deutschland, Österreich und Holland, sondern auch aus Italien, Rumänien, Polen, Russland und natürlich Kuba.

Nun war die Küche unseres Airbus ungefähr 1,20 Meter breit und 2,50 Meter lang, vollgepackt mit Trolleys, Containern, vier Kaffeemaschinen und einer Müllpresse. Die Getränke, die ich am dringendsten brauchte, waren immer in dem Container, der hinter einem anderen geparkt war, die Zigarettentrolleys standen griffbereit für den Zollverkauf mittig in der Galley, und natürlich mussten alle paar Minuten Gäste von der linken Seite auf die rechte, um dort die einzige Toilette im vorderen Kabinenteil aufzusuchen. Aber eng ist ja bekanntlich gemütlich, und wenn man viel zu tun hat, vergeht die Zeit wie im Flug.

Innerhalb von knapp zwei Stunden hatte ich so viel an kleinen Hochprozentigen, Cola, Bier, O-Saft, Wein und Sekt ausgegeben, dass der Bestand langsam gefährdet war. Der Flieger wurde unterdessen immer langsamer, aus dem Augenwinkel beobachtete ich sorgenvoll den Monitor, der knapp 650 Stundenkilometer über Grund anzeigte. Normale Reisegeschwindigkeit waren 800 bis 900 Stundenkilometer. Warum flog die Kiste bloß so langsam? Das war ungewöhnlich.

Drei Stunden vor der geplanten Landung begannen wir mit dem kalten Essen, weil die Passagiere längst wieder hungrig waren und der Getränkebestand wenigstens noch für diesen Servicedurchgang reichen sollte. Der Durst unserer Gäste war wirklich unglaublich. Auch in der hinteren Küche gab es kaum noch Vorräte, die Getränke der Businessclass waren schon auf die anderen Stationen verteilt worden. Und wir waren erst sieben Stunden unterwegs! Kurze Zeit später kam die Purserette aus dem Cockpit und sagte: »Es gibt schlechte Nachrichten.«

»Was ist los?«

»Sag ich euch gleich, ich muss eben noch schnell zwei Kaffee und ein Sandwich nach vorne bringen.« Danach verschwand sie erst einmal auf die Toilette.

Wir rätselten, was los war: schlechtes Wetter voraus, Sprit alle, Flieger kaputt, Pilot fühlt sich unwohl, kein Champagner im Hotel? Waren die Nachrichten doch nicht so schlecht, sodass sie in Ruhe erst mal das Cockpit kulinarisch versorgen und zur Toilette gehen konnte? Oder waren die schlechten Nachrichten so schlecht, dass sie all dies erst mal tun musste, um sich zu sammeln?

Wie sich kurz darauf herausstellte, waren die Nachrichten in der Tat ziemlich unbefriedigend: »Also, Mädels, wir haben unterwegs eine Tonne Sprit verloren …«

»Wie kann das denn passieren?«, fragte meine Kollegin dazwischen.

»Aufgrund des hohen Startgewichts haben wir nicht die gewünschte Flughöhe bekommen, und durch den enormen Gegenwind über dem Atlantik ist zusätzlich noch mehr Sprit als geplant verbraucht worden«, erklärte sie uns.

»Das heißt, wir müssen nun definitiv zwischenlanden«, schlussfolgerte ich.

»Richtig«, bestätigte die Purserette. »Die Jungs wissen noch nicht genau, wo, sie rechnen noch, wo es am günstigsten ist, aber wir gehen auf jeden Fall zum Tanken runter. Baut schon mal alles ab!«

Wie ärgerlich! Die Gäste wurden per Ansage über die Zwischenlandung informiert und bekamen aus dem Stand heraus schlechte Laune. Als alles so weit verstaut war, kam die Chefin erneut aus dem Cockpit.

»Es gibt noch eine schlechte Nachricht.«

»Welche?«

»Die Maschine hat ein technisches Problem, eine der Anzeigen funktioniert nicht richtig. Das Flugzeug ist damit vielleicht nach der Landung ein a. o. g., also ein *aircraft on ground*.«

Was bedeutete, dass es nach der Reparatur von einem Cheftechniker geprüft und abgenommen werde musste, bevor es wieder fliegen durfte. Problematisch konnte es werden, wenn wir zum Tanken gelandet waren und sich die fehlerhaften Anzeigen weder resetten noch sofort reparieren ließen. Das würde bedeuten, dass wir eine Übernachtung, wo auch immer, einlegen müssten, und da war wirklich keiner scharf drauf.

Wir flogen nun sehr langsam und merklich unruhiger, was allerdings auf die lang versprochenen Turbulenzen zu schieben war, die nun in voller Herrlichkeit über uns kamen. Ich hasse diese holperigen Wegstrecken am Himmel!

Der einzige Vorteil des unruhigen Wetters war, dass die Passagiere, die gerade noch laut geschimpft hatten, ziemlich schnell ruhig wurden. Auf einmal waren sie sich wieder der Tatsache bewusst, in einer 60 Meter langen Aluminiumdose zu sitzen, in mehreren Tausend Metern Höhe, mit nichts als Wasser unter dem Rumpf.

Die Turbulenzen wurden so heftig, dass wir Flugbegleiter uns auch anschnallen mussten, Hilfeleistung in der Kabine war nicht mehr möglich. Der eine oder andere Gast musste dennoch zur Toilette, weil sein Magen mit der Wackelei überfordert war, dies geschah jedoch auf eigene Gefahr. Wir konnten nur hoffen, dass sich niemand etwas brach. Allerdings waren wir auch mit uns selbst beschäftigt, schließlich saßen wir auf dem Präsentierteller, direkt vor den Augen der Passagiere, und hatten gefälligst Ruhe und Zuversicht auszustrahlen – wie es in unserem Innern aussah, ging niemanden etwas an.

Meine Gedanken kreisten wie ein Hamster im Rad. Was, wenn das schlechte Wetter keine Landung auf dem ausgesuchten Flugplatz erlaubte? Würde das Kerosin für einen weiteren Landeanflug reichen? Gab es eine Alternative in der Nähe? Wir waren über den Bahamas, wie viele der dort liegenden Inseln hatten wohl eine Landebahn für einen dicken A330?

Meine Handflächen fingen an zu schwitzen, mir wurde warm, und das lag nicht an der Kabinentemperatur. All das

Grübeln, sagte ich mir, machte wenig Sinn. Ich hatte keinen Zweifel, dass den Jungs eine sichere Landung gelingen würde. Allerdings hatte ich meine Bedenken, ob wir innerhalb der vorgesehenen Dienstzeit auch wieder starten konnten.

Die Turbulenzen wurden immer schlimmer, die Maschine wackelte wild hin und her, und ich sehnte das Geräusch des ausfahrenden Fahrwerks herbei. Die Innenbeleuchtung war abgedunkelt, um zur Landung in Freeport dem Außenlicht angepasst zu sein, und von den Passagieren hörten wir gar nichts mehr außer leisem Stöhnen.

Der Flieger schlingerte, sackte ab, fing sich wieder, ächzte im Kabineninneren wie eine alte Frau und schien sich gegen den Wind zu wehren. Als das Fahrwerk nach einer gefühlten Unendlichkeit ausfuhr und laut rumpelnd unter uns arretierte, war ich dabei zu beten. Und ich war sicher nicht die Einzige an Bord.

Endlich in Freeport am Boden, sprangen alle Gäste aus den Sitzen. Sie wollten eine rauchen nach zehn Stunden in der engen Röhre oder wenigstens mal frische Bahamasluft schnappen und sich die Beine vertreten. Leider Fehlanzeige, niemand durfte die Maschine verlassen, und Rauchen war auch nicht erlaubt, nicht mal an der geöffneten Tür und schon gar nicht auf dem Klo, schließlich sollte in wenigen Minuten der Tankvorgang beginnen.

Einige Gäste witzelten, man solle Feuerzeugbenzin für die Maschine sammeln oder Urlaub auf den Bahamas anstatt auf Kuba machen. Von mir aus …

Die Feuerwehr bezog Position neben dem Flieger, wie es die Sicherheitsbestimmungen vorschreiben, und unsere nicht ausgelasteten Gäste mussten sich wieder auf ihre Plätze quetschen. Die Passagiere auf der linken Seite konnten beobachten, wie unser Airbus mit der diesseitigen Tragfläche fast an der Wartehalle des kleinen Flughafens kratzte und Bodenpersonal jeglicher Couleur unseren Riesenvogel mit Kulleraugen bestaunte.

Eine knappe halbe Stunde dauerte der Zauber, dann war genug Jet A-1 in den Tragflächen, um Kuba erreichen zu können. Doch was war mit der Fehlanzeige im Cockpit? Über eine Stunde hatten wir keine Ahnung, ob uns der neue Sprit nun tatsächlich nach Varadero bringen oder ob die Reise hier zu Ende sein würde. Die Gäste waren über unser Problem informiert und reagierten je nach Angstpotenzial. Schnell kristallisierten sich zwei Gruppen heraus, die eine wurde merkwürdig still, die andere immer lauter und aufgedrehter. Am schlimmsten war sicher die Gewissheit, noch einmal durch den Sturm zu müssen.

Der Junge aus Reihe fünf rannte allen Anweisungen zum Trotz mit einem Spielzeug-Handy durch die gesamte Maschine, welches schrill arabische Lieder quäkte, und ich wünschte mir heimlich eine Zwangsjacke für ihn herbei. Endlich kam Nachricht aus dem Cockpit: »Wir starten in zehn Minuten.«

Ein Aufatmen ging durch den Flieger. Doch wer jetzt glaubte, alles wäre wieder ganz normal, hatte keine Ahnung von dem, was da kommen würde – ich am allerwenigsten. Statt eines regulären Startgewichts von 217 Tonnen wog unsere Maschine nur noch 160 Tonnen, inklusive zugetanktem Kerosin für die Reise nach Kuba. Den Großteil unserer Reise hatten wir ja schon hinter uns, die Piloten hatten natürlich nur den erforderlichen Reisesprit zugetankt. Im Verhältnis zu einem vollgetankten Flieger waren wir nun also leicht wie eine Feder. Draußen wütete der Sturm, Wind pfiff mit über 60 Stundenkilometern aus 90 Grad auf den Flieger, und als die Abhebegeschwindigkeit nach beängstigend kurzem Anlauf erreicht war, schoss unser Vogel in den schwarzen Nachthimmel wie eine Erbse, die Kinder durch ein Blasrohr gepustet hatten. Der Copilot nannte es später treffend den Ritt auf einer Kanonenkugel. Ich aber kam mir vor, als hätte ich einen Freiflugschein direkt zum lieben Gott gewonnen. Abermals musste ich mit ihm telefonieren, und zwar inbrünstig.

Der Airbus sackte genauso schnell durch, wie er hochgerissen worden war, und ich erwartete eigentlich einen Aufprall oder wenigstens das Knirschen von abgemähten Palmenwipfeln. Offenbar waren wir aber doch schon hoch genug. Die Maschine schlug weiter in alle Richtungen aus, in der Kabine war es bis auf die Notbeleuchtung stockdunkel und auch totenstill, vom tobenden Sturm und dem Ächzen der Kabinenverkleidung einmal abgesehen. Genau 52 Minuten dauerte die Odyssee. Wer schon mal beim Zahnarzt auf eine Wurzelbehandlung gewartet hat, kann sich ungefähr vorstellen, wie sich diese Minuten hingezogen haben …

Wir erreichten das kubanische Varadero, das Flugzeug landete energisch hart, aber sicher, und die Passagiere konnten endlich aussteigen. Bei der Verabschiedungsansage klatschten sie sogar, wahrscheinlich aus reiner Dankbarkeit, die Maschine endlich verlassen zu dürfen.

Wir Crewmitglieder hatten mittlerweile über 15 Stunden Dienstzeit hinter uns und freuten uns auf ein Glas kühlen Sekt an der Hotelbar.

Beim Aussteigen erlebten wir dann die nächste Überraschung: In Varadero war es stürmisch und sechs Grad kalt. Der Crewbus schaukelte auf seinem Weg zum Hotel fast genauso wie unser Flieger. Offenbar hatte unser Busfahrer noch etwas vor an diesem späten Abend und raste entsprechend, oder aber die ausgemergelten Stoßdämpfer des Busses waren eine schlechte Kombination mit den Schlaglöchern der kubanischen Landstraße.

Endlich erreichten wir das Hotel, schälten uns aus den Sitzen, schnappten uns müde unser Gepäck und enterten die Hotellobby. Dort wurden wir von brüllendem Lärm empfangen, eine heimische Folkloregruppe mit diversen Sängern, Trommlern und Tänzern führte gerade eine Schlange von ziemlich angeschickerten Hotelgästen im kubanischen Ententanz quer durch die Halle. Klar, was sollte man bei solch einem Wetter auch draußen tun? Ein bisschen Entertainment konnte da wohl nicht schaden.

Ich stellte mir kurz die Laune der Rückfluggäste vor, die hier mit 30 Grad und Sonnenschein gerechnet hatten. Aber egal, der Rückflug war erst in zwei Tagen, also ab unter die heiße Dusche und zack an die Bar, endlich bei einem Drink den Flug verdauen.

Alles wird gut

Statt in Dubai über den Gewürzbasar zu schlendern, war ich nun also in der Karibik gelandet. Mein Zimmer lag im vierten Stock zur Seeseite. Als ich die Tür öffnete, jaulte mir der Wind entgegen. Schon wieder Wind! Die Fenster waren alle verriegelt, trotzdem bewegten sich die geschlossenen Vorhänge wie durch Zauberhand. Und kalt war es hier!

Aus einem ziemlich verkalkten Duschkopf kamen ein paar lauwarme Tropfen, also wusch ich mich dürftig und sprang in die Klamotten, die ich eigentlich für den Aufenthalt im winterlichen München vorgesehen hatte. Zwiebel-Look nennt man das wohl, wenn man fünf Schichten übereinander anzieht. An der Bar stellte ich zu meinem persönlichen Bedauern fest, dass der Sekt alle war, und versuchte, diesen denkwürdigen Tag in zu warmem spanischem Rotwein zu ertränken. Wir unterhielten uns noch eine Weile, bis der innere Wecker meldete, dass es nach fast 24 Stunden des Wachseins nun endlich Zeit sei, ins Bett zu gehen.

In meinem Zimmer tobte immer noch der Orkan, also fummelte ich über meinen Schlafanzug eine Strickjacke, schlüpfte in das einzige Paar Socken, das ich dabeihatte, zog mir die dünne Decke über die Ohren und drapierte noch meinen Uniform-Wintermantel drüber. Trotz Ohrstöpsel und Rotwein war an Schlaf nicht zu denken, der Wind heulte, und ich war kurz vorm Heulen. Gegen fünf Uhr morgens sprang ich aus dem Bett, zog schlotternd an, was der Koffer noch hergab, und trabte hinunter zur Rezeption in der Hoffnung auf ein anderes Zimmer.

Der nette Nachtportier hatte ein Einsehen und gab mir eines zur Straße im zweiten Stock. Hier hielten zwar alle 20 Minuten LKW oder Busse direkt unter meinem Fenster, so laut und dröhnend, dass das Bett wackelte, aber es war wenigstens warm. Im Kleiderschrank gab es sogar noch zwei zusätzliche Wolldecken, von Wanzen und anderem Getier keine Spur. Welch ein Luxus, der Stopp auf Kuba schien gerettet!

Es galt nun, die nächsten zwei Tage vor Ort sinnvoll zu füllen. Was konnte man bei sechs Grad Außentemperatur schon großartig anstellen? Ich vertrieb mir die Zeit mit Schreiben, Dösen und … Essen. Schließlich befanden wir uns in einem All-inclusive-Hotel mit drei Buffetmahlzeiten am Tag, plus Dauerminikarte an der Bar und Midnight-Snack. Ist das nicht herrlich? Man kommt an den gedeckten Tisch, nimmt sich zu essen, was immer man möchte, und braucht hinterher weder zu spülen noch die Küche aufzuräumen. Nichtsdestotrotz freuten wir uns alle auf zu Hause, auch wenn wir noch den Umweg über München nehmen mussten. Dort würde es erwartungsgemäß und der Jahreszeit entsprechend kalt sein, vielleicht gab es sogar Schnee. Doch wir kannten genügend nette Lokalitäten für einen leckeren Samstagabendschmaus in unserer Station in Landshut, und Sonntagmorgen würde es endlich wieder nach Hause gehen.

An unserem letzten Morgen auf Kuba riss der Himmel langsam auf, und gegen zwölf Uhr kam sogar die Sonne heraus. Da ich zu faul war, spazieren zu gehen, schob ich zwei Stühle auf dem Balkon zusammen, um dort ein bisschen zu lesen. Innerhalb kürzester Zeit sengte die Sonne so vom Himmel, dass die Temperaturen in Windeseile auf drei Viertel der Quecksilbersäule kletterten. Als wir um

17 Uhr 30 Check-in hatten, war die Temperatur in der blauen Uniform nur zu ertragen, weil die Sonne bereits wieder kurz vorm Untergehen war. So schnell konnte sich alles ändern!

Am Airport angekommen, stellte sich heraus, dass die Maschine überbucht war. An unserem Schalter standen 20 Passagiere, die nun nicht mit uns nach Hause fliegen konnten, sondern mit dem Bus nach Havanna fahren mussten, um von dort aus nach Madrid zu gelangen, mit Anschlussflug nach noch unbekanntem Endziel in Deutschland. Wenn Blicke töten könnten, wäre dies hier nur ein Stück weißes Papier ...

Da die Crew sowieso immer an allem schuld ist, verkrümelten wir uns möglichst zügig zum Ausreiseschalter, damit wir außer Reichweite der verschmähten Gäste kamen. Der Flieger stand bereits an der Fluggastbrücke, und wir trafen gerade noch die ankommende Crew, eine komplette Besatzung aus München, die trotz des Durchschnittsalters von geschätzten 25 Lenzen – zumindest im Kabinenbereich – ziemlich kaputt aussah. Wir erfuhren, dass sie eine Flugzeit von elf Stunden hinter sich hatten, was für diese Strecke sehr lang und ungewöhnlich war. Die Maschine war ähnlich leer gefressen wie unser Vogel vor drei Tagen – war es wirklich erst drei Tage her? –, und wir konnten uns lebhaft den Wind ausmalen, den der Flieger um die Nase gehabt haben mochte. Die Cockpitkollegen sahen im Vergleich zur Kabinencrew noch ziemlich lustig und frisch aus, erzählten vage etwas von hartem Gegenwind, aber der Flieger, diesmal ein A330-200, war ohne Probleme gelandet, also stand einem Heimflug nichts im Wege. Die Maschine musste lediglich gereinigt, betankt und neu becatert werden. Und das konnte dauern.

Man stelle sich dazu Folgendes vor: Durch die Maschine, die insgesamt gut 60 Meter lang ist und über zwei Gänge à

60 Zentimeter Breite verfügt, rennen elf Crewmitglieder, etwa 20 Männer und Frauen vom Cleaning plus acht bis zehn Caterer, die mehr oder weniger planlos Trolleys aus dem Frachtraum nach oben in die verschiedenen Küchen laden sowie Frischverpflegung aus Kuba verstauen. Dazu kommen noch mindestens vier bis fünf Bodenangestellte (Tankwart, Handling Agent, Security-Mitarbeiter), und alle versuchen, gleichzeitig ihre Aufgaben zu erledigen. Um dem größten Chaos zu entgehen, entschloss sich unser Kapitän, im vorderen Teil der Maschine ein kurzes Briefing abzuhalten: »Die Incoming Crew hatte sehr schlechtes Wetter, darum sind sie auch über elf Stunden geflogen. Wir werden bis München nur acht Stunden vierzig fliegen, weil wir den Wind nun von hinten haben. Kurz vorm Festland erwarten wir dann allerdings schwerste Turbulenzen, irgendwo vor Paris. Umfliegen ist nicht möglich, das würde uns über eine Stunde Flugzeit kosten. Fangt halt rechtzeitig mit dem Frühstück an.«

Oh, Turbulenzen, toll ... Hatten wir die nicht schon zur Genüge auf dem Hinflug gehabt?

Egal, was blieb uns übrig? Die Gäste waren trotz des schlechten Wetters auf Kuba bester Laune, ich hatte den Eindruck, alle freuten sich auf daheim. Nach dem Service machte ich mit einer Kollegin noch den zollfreien Verkauf mit, so ging wenigstens die Zeit schneller rum. Wir verkauften alles, was nicht niet- und nagelfest war, und als wir unsere Seite bedient hatten, kamen wir den Kollegen auf der anderen Seite entgegen, die sich auf Höhe Reihe 35 festgefressen hatten. Auf einmal gingen die Anschnallzeichen an, und der Flieger schlingerte hin und her.

Wir eierten mit unserem Verkaufswagen, der auch im halbleeren Zustand wesentlich mehr als ein gut genährter Flugbegleiter wog, zurück in die hintere Küche und warteten weitere Instruktionen bezüglich unseres Service ab.

Laut Ansicht unseres Kapitäns war das derzeitige Geschüttel über dem Atlantik normal, und wir konnten den Bordverkauf fortsetzen. Die schweren Turbulenzen hatte er ja erst bei Erreichen des europäischen Festlandes prognostiziert. Gut zu wissen, dass besagter Kapitän eine Armeeausbildung genossen hatte und in Bezug auf Turbulenzen eher schmerzfrei war.

Gegen 4 Uhr 30 deutscher Ortszeit waren wir endlich mit dem Zollverkauf fertig, das heißt, wenn wir zeitig mit dem Frühstück anfangen wollten, blieben den Gästen gerade mal zweieinhalb Stunden zum Schlafen. Die Anschnallzeichen blieben die ganze Zeit an, es wackelte nicht wirklich heftig, aber immerhin so konstant, dass man sich bei jedem heftigeren Absacker fragte: Geht's jetzt los? Fängt es jetzt an?

Steter Tropfen höhlt den Stein, und diese Nacht war mächtig anstrengend. Wieder ein Dutzend graue Haare mehr – und das wegen nichts! Wir harrten angespannt der Dinge, die da kommen sollten. Doch das Einzige, was kam, war der Sonnenaufgang, traumhaft schön auf der Backbordseite. Es wurde neun und dann halb zehn, wir erreichten das europäische Festland, und unser Flieger schwebte ganz ruhig dahin.

Kurz nach zehn Uhr ertönte das vertraute Rumpeln direkt unter meinen Füßen, das Fahrwerk fuhr aus und verriegelte. Wir glitten im schönsten Sonnenschein über eine frostweiße Landschaft, und um auch noch den letzten Zweifler zu verhöhnen, setzte unser tonnenschwerer Vogel leicht wie eine Feder um 10 Uhr 15 auf dem Münchner Flughafen auf, bremste sachte ab und rollte dann gemächlich zum Terminal.

Wir verließen das Flugzeug nach den Gästen über die Hühnerleiter, eine Stahlleiter, deren Benutzung eigentlich nur Technikern und Ramp Agents gestattet war, da dieselbe extrem steil und rutschig war, vor allem, wenn man noch mit einem Koffer und einer Handtasche jonglierte. Aber in München schlugen die Uhren anders. Wir liefen unter unserer Maschine hindurch, um die großen Gepäckstücke direkt an der Frachtklappe in Empfang zu nehmen, und stiegen in den Crewbus. Im Flughafengebäude warteten wir erst mal auf den Bus zum Hotel, und zwar 40 Minuten. Unter normalen Umständen war das vielleicht nicht viel, nach einer durchgearbeiteten Nacht, bei gleißendem Sonnenschein, im Rock bei minus drei Grad war es eine Ewigkeit.

Endlich kam der Bus. Während die vereiste bayerische Landschaft bei Tempo 90 an mir vorüberzog, unterhielt mich meine Sitznachbarin mit Anekdoten aus ihrem Fliegerleben. Ich hörte mit einem Ohr zu, das andere schlief schon, genauso wie der Rest meiner Kollegen und Kolleginnen. Im Hotel angelangt, verschwand jeder von uns ziemlich schnell in seinem zugewiesenen Reich.

Im Zimmer wusch ich mir als Erstes den Dreck der großen weiten Welt von den Händen, schälte mich aus der Uniform, öffnete den Koffer und machte den Fernseher an. Nach so einer langen, lauten Nacht ist Stille nur schwer zu ertragen. Ich holte einen Piccolo aus meinem Crewkoffer, den klassischen After-Landing-Schluck, und schenkte mir ein halbes Glas ein. So lag ich dann gegen zwölf Uhr mittags auf meinem fluffigen Hotelbett, mit drei Kissen im Nacken, einer zusammengerollten Decke unter den müden Knien, im Nachthemd, mit einem Glas Sekt in der Hand und schaute eine Kochsendung. Konnte das Leben schöner sein?

Die Kirchturmuhr fing an zu schlagen, ich zählte mit: eins, zwei, drei … Danach muss ich eingeschlafen sein. Als ich aufwachte, läuteten die Glocken wie wild, es war 17 Uhr, vermutlich Zeit für die Nachmittagsmesse, keine

Ahnung. Ich schleppte mich mit quietschenden Knochen ins Bad, schaute in den Spiegel und machte Bekanntschaft mit einem Zombie: Hatte doch glatt vergessen, mich abzuschminken. Was für ein Flug!

Höher hinaus

Eigentlich hatte ich immer schon Chefstewardess werden wollen. Ich liebe Herausforderungen, und auch wenn mein Familienleben voll davon war, wünschte ich mir einen beruflichen Aufstieg. Im Fliegerjargon heißt der Chefsteward Purser, was sich von dem englischen Wort *purse* ableitet – der Geldbeutel. Der Purser an Bord eines Flugzeugs hat aber nicht nur die Verantwortung für die Abrechnung, sondern mit seinem persönlichen Einsatz steht und fällt der gesamte Flug. Er hat mehr Verantwortung, mehr Entscheidungsfreiheit, leistet weniger körperliche Arbeit, weil er in den Service nicht mehr so aktiv eingebunden ist, und braucht noch mehr Flexibilität. Der Purser ist außerdem das Bindeglied zwischen Cockpit und Kabine, zwischen Bodenpersonal und Crew sowie zwischen den Gästen und der Besatzung. Verfügt man über gute Führungsqualitäten, Einsatzwillen und Motivation, so hat man großen Einfluss auf die Stimmung an Bord.

Gerade die Stimmung wollte ich aktiv beeinflussen können, und ich war überzeugt davon, dies leisten zu können. Außerdem hatte ich keine Lust mehr, mich alten Kollegen mit eingefahrenen Gewohnheiten und merkwürdigen Spleens unterzuordnen.

Mit 27 Jahren – dem Alter, mit dem ich die Voraussetzungen zur Ausbildung als Kabinenchefin erfüllte – war ich kräftig dabei, mein eigenes Familienunternehmen auf die Beine zu stellen, und daher mehrere Jahre nicht im aktiven Dienst. Mit dem Großziehen der vier kleinen Wundertüten war ich gut ausgelastet, und eigentlich brauchte ich keinen weiteren Stress, sagte ich mir ... Doch dann erwischte mich der Ehrgeiz der Midlife-Crisis, und mit 40 bewarb ich mich auf die Stelle.

Der erste Teil der Prüfung umfasste einen schriftlichen Test, dreigeteilt in Fachwissen, Englisch und Emergency. Da die Sicherheit bekanntlich die beste Dienstleistung einer Airline ist, wurde darauf der größte Wert gelegt, und man tat gut daran, das Flight Safety Manual, kurz FSM, – unsere Bibel – vorher auswendig gelernt zu haben. Sicher, man sollte sowieso alles wissen, was in diesem 300 Seiten dicken Ringbuchordner stand, schließlich war es unser tägliches Brot, uns mit Arten der Türöffnung, Notausrüstungsgegenständen sowie Notfallverfahren auseinanderzusetzen, keine Frage. Aber bei einem Purser-Test sollte sich die Spreu vom Weizen trennen, und von daher hatten die Prüfer keine Mühen gescheut, möglichst fiese Fragen auszuknobeln. So stellte man uns etwa Multiple-Choice-Fragen mit fünf verschiedenen Lösungsmöglichkeiten, bei denen jede Antwort aus nicht weniger als zehn verschiedenen Punkten bestand. Je länger ich über die möglichen Antworten nachdachte, desto mehr schwirrte mir der Kopf. Sollte ich direkt aus dem Bauch heraus die richtige Antwort ankreuzen oder lieber doch analytisch-logisch vorgehen? Wie bekämpfte ich denn einen Brand an Bord: analytisch-logisch oder mit Bauchgefühl? Ich würde sagen: im Schlaf!

Und das ist nicht übertrieben: Bei den jährlichen Schulungen und den täglichen flugbezogenen Briefings werden wir so gedrillt, dass wir im Notfall gar nicht mehr viel denken müssen, sondern das einstudierte Muster sich quasi wie von selbst abspult. Viele Kollegen, die tatsächlich schon mal einen Notfall an Bord hatten und dementsprechend handeln mussten, berichteten anschließend, dass sie sich genauso wie in der Schulung verhalten hätten.

Ich bestand den ersten Teil der Prüfung mit rauchender Rübe, aber immerhin genug Prozentpunkten, um im Rennen zu bleiben. Teil zwei war der Fachwissen-Test. Dafür war das Lernen im Vorfeld schon schwieriger. Was würden sie wissen wollen? Die Regeln der Uniform-Ordnung, erlaubte Dienstzeiten, Details über Vielfliegerkarten, das Abrechnungsverfahren, Inhalte der Servicekonzepte oder vielleicht bestimmte Ansagen? Die dazu entsprechenden Ordner mit sämtlichen Dienstvorschriften sind ähnlich dick wie das bereits erwähnte FSM, dafür diesmal im Doppelpack. Der Englischtest war im Vergleich dazu »ein Keks«, wenn ich auch zugeben muss, dass ich mich seit meiner Schulzeit nicht mehr mit Präpositionen, Adverbialergänzungen und den verschiedenen Zeiten der englischen Sprache beschäftigt habe. Ich benutze sie einfach, so wie mir der Schnabel gewachsen ist. Und das kommt glücklicherweise meistens gut hin.

Beim zweiten Teil des Auswahlverfahrens handelte es sich um einen Test am Computer, der bis zu fünf Stunden dauern sollte. Ich saß alleine mit einem Laptop und einer Flasche Wasser in einem schmucklosen Büro und versuchte mich auf die Fragen zu konzentrieren, die mir der elektronische Kollege stellte.

Zuerst ging es um Psychologie: Mehrere Gesichter wurden Sekundenbruchteile lang gezeigt, und ich sollte die Emotionen benennen, die das jeweilige Gesicht zeigte. Das war noch relativ leicht. Später gab es die gleiche Übung noch einmal, diesmal sollte ich allerdings sagen, ob die Emotion ehrlich oder gespielt war. Im Universum »Flugzeug« ist es ungeheuer wichtig, sein Gegenüber möglichst schnell richtig einschätzen zu können. Ein sich beschwerender Gast ist sicher eine Standardherausforderung, aber es kommt doch immer wieder einmal zu durchaus brenzligen Auseinandersetzungen, die mit Aggressionen und sogar Gewalt verbunden sind. Diese gilt es unbedingt schon im Vorfeld zu erkennen, damit eine Eskalation möglichst vermieden werden kann.

In der nächsten Aufgabe sollte ich in die Rolle eines Rasenmäherverkäufers schlüpfen, der dem Händler letztes Jahr schlechte Ware verkauft hatte, dieses Jahr aber wieder Rasenmäher anbot, noch dazu mehr als im Vorjahr und viel teurere Produkte.

Das Gespräch war nervig, zäh und mühsam, musste doch der verärgerte Händler mit Engelszungen von einer erneuten Investition überzeugt werden. Zum Schluss kaufte er mir tatsächlich 20 neue Rasenmäher ab. Hurra!

Aber entlassen war ich nach dieser nervenaufreibenden Diskussion immer noch nicht, im Gegenteil, nun ging es erst richtig zur Sache. Ich durfte diesmal mit drei verschiedenen Personen über die Privatisierung eines Krankenhauses diskutieren, einem Chefarzt, einer Pflegedienstleiterin und einem jungen Direktor. Ein trockenes Thema und dazu Gesprächspartner mit sehr verschiedenen Charakteren, die alle versuchten, mich aus der Reserve zu locken. Hier ging es klar darum, die Contenance zu wahren, sachlich und freundlich zu bleiben und mich trotzdem durchzusetzen.

Im Vergleich zum Rasenmähergespräch war diese Diskussion ein absoluter Albtraum. Ich war kurz davor, in die Tastatur zu beißen und dem Bild des Chefarztes den Rest aus der Wasserflasche überzukippen, als die Aufgabe überraschend zu Ende war. Ich hatte die Pflegeleiterin und den Direktor tatsächlich überzeugt.

Der Computertest war geschafft, sofort im Anschluss folgte der letzte Teil des Auswahlverfahrens: ein persönliches Gespräch beim Chef.

Ich hatte in Uniform zu erscheinen und mich eine Stunde lang diversen Fragen zu stellen. Dann kamen die Rollenspiele. Bei einem mimte der Chef einen Flugbegleiter beim Briefing, der sich nicht die Bohne in Emergency auskannte, woraufhin meine Reaktion beobachtet wurde. Ich schickte den betreffenden Kollegen nach der zweiten und dritten verschossenen Chance nach Hause und aktivierte einen Standby. Die Sicherheit kam zuerst!

Beim zweiten Rollenspiel ging es um die Beurteilung eines neuen Kollegen, der beim De-Briefing nicht mit dem einverstanden war, was ich in seiner Beurteilung über ihn notiert hatte. Hier wieder der Test: Wie sehr sollte man auf seiner Meinung beharren? Mit welchen intelligenten Argumenten konnte man sie durchsetzen?

Nach wochenlanger Wartezeit erhielt ich endlich die heiß ersehnte Antwort:

»Herzlichen Glückwunsch, Sie haben das Auswahlverfahren erfolgreich absolviert, aber wir haben leider momentan keine Stelle für Sie. Bei der Nachvergabe von Purser-Stellen werden wir Sie berücksichtigen. Sie sind auf Platz 6 der Warteliste ...«

20 Kollegen warteten mit mir auf frei werdende Stellen. 18 Monate beträgt das »Verfallsdatum« einer Qualifizierung, danach war der erfolgreich absolvierte Test sozusagen für die Katz. Und wirklich: Am 31. Oktober lief die Frist ab, ohne dass ich eine Stelle bekommen hätte. 30 Tage später schrieb die Firma neue Purser-Stellen für Düsseldorf aus. Ich hätte schreien können!

Der einzige Vorteil der Neubewerbung lag darin, dass der Computertest nicht noch einmal gemacht werden musste, er behielt seine Gültigkeit für immerhin 36 Monate. Ich war heilfroh, mich nicht wieder mit dem Rasenmäher-mann und dem nörgelnden Chefarzt herumschlagen zu müssen, sind mir doch beide Herren noch heute beim Schreiben dieser Zeilen mehr als gegenwärtig.

Fünf Wochen später erhielt ich das mit Spannung erwartete Ergebnis meines erneuten Tests:

»Herzlichen Glückwunsch, Sie haben das Auswahlverfahren zum Purser erfolgreich absolviert. Leider können wir Ihnen keine entsprechende Stelle anbieten. Bei der Nachvergabe werden wir Sie berücksichtigen, Sie stehen auf Platz 2 der Warteliste.«

Gut, dann eben nicht. Ich war wild entschlossen, meinem Leben einen anderen Sinn zu geben. Also beantragte ich wieder Teilzeit und strich innerhalb von zwei Monaten das gesamte Haus neu, in Mandarin, neudeutsch für Hellorange – eine leuchtende, schmutzresistente Farbe, die einem Haushalt mit vier Kindern und zwei Neufundländern sehr entgegenkommt. Parallel dazu verbrachte ich viel Zeit am Laptop, um Anekdoten aus meinem täglichen Leben aufzuschreiben. Kurz: Mir ging es prima, ich hatte auf einmal Freizeit ohne Ende, Haushalt, Familie, Hobby und Garten im Griff. Da erblickte ich eines Morgens einen Zettel im Schaukasten der Firma: *Purser(etten) zum 1.4. in Düsseldorf gesucht.*

Ich traute meinen Augen kaum. Gerade hatte ich mich mit allem arrangiert, mit meiner neuen Teilzeit, meinen Zukunftsplänen und neuen Zielen. Und nun?

Vielleicht sollte ich einfach alles so lassen, wie es war, sagte ich mir. Auf meiner Schulter aber saß ein kleines Teufelchen und redete pausenlos auf mich ein. Also bewarb ich mich aufs Neue, zum dritten Mal, auch wenn das hieß, wieder auf die Teilzeit zu verzichten. Die Kinder würden enttäuscht sein, und ich brauchte einen neuen Au-pair-Mann, dem ich die ersten drei Monate in Deutschland erst mal das bloße Atmen würde beibringen müssen. Wie war das noch, in der Fliegerei muss man flexibel sein? Manchmal war das ganz schön schwierig.

Vier Wochen wartete ich. Statt eines netten Schreibens kam dann lediglich ein Anruf von einer piepsigen Stimme: »Hallo, Frau Leineweber, ich wollte Ihnen nur mitteilen, dass Sie beim nächsten Purser-Kurs dabei sind.«

Die Ausbildung in Psychologie/Führung, Emergency und vielem mehr dauerte insgesamt sieben Werktage. Einen Tag verbrachten wir in den Maschinen, um uns die unterschiedlichen Videoanlagen anzusehen, mit denen wir uns in Zukunft würden rumärgern müssen, und hörten uns anschließend vom Chef »Das Wort zum Sonntag« an, in dem er uns darlegte, was es hieß, eine Führungsposition innerhalb der Firma zu bekleiden.

An einem sturmgepeitschten Dienstagabend waren wir mit unserem Kurs durch. Mir brummte der Schädel, und ich war um mindestens drei Kilo Papier reicher. Dringend hätte ich einen freien Tag vertragen können, um alles zu verdauen. Lange zum Denken kam ich aber gar nicht, denn noch während ich auf der Autobahn nach Hause fuhr, bereitete ich im Geiste schon mal mein morgendliches Briefing vor: Mein erster Einweisungsflug als Purser ging direkt am nächsten Tag nach New York.

Die ersten Abenteuer mit Hasenzähnchen

Die Nacht vor meinem Einweisungsflug war kurz und unruhig, ich hatte nur Quatsch geträumt. Morgens um acht saß ich schon in Uniform zu Hause am Schreibtisch und bastelte mir zusammen, was ich für den Flug nach Amerika alles brauchen würde: Fluginformationen, die Passagierzahlen, notwendige Formulare, die Ansagenliste, ein detailliertes Servicekonzept, die Zoll- und Einfuhrbestimmungen und Verschiedenes mehr. Um zehn Uhr hielt ich es vor Aufregung nicht mehr aus und fuhr los. So richtig begriffen hatte ich das Ganze immer noch nicht und kam mir mit meinen goldenen Hasenzähnchen am Jackenärmel, die mich als Chefstewardess auswiesen, einfach nur albern vor.

Es ist schwierig, wenn man einen Hang zum Perfektionismus hat und dann *learning by doing* einen neuen Job machen soll, in dem man sich keinen Fehler leisten kann. Aber andere haben das auch geschafft, und immerhin hatte ich an diesem Tag Jubiläum: Genau 19 Jahre zuvor absolvierte ich meinen ersten eigenverantwortlichen Flug als Flugbegleiter, von Düsseldorf nach Monastir.

Auch dieses Mal hatte ich Glück: Mit der Purserette, die mich einwies, hatte ich mich all die Jahre über gut verstanden. Mein größter Feind war die Videoanlage, doch in über sieben Stunden Flugzeit würde ich hoffentlich genug Gelegenheit haben, ihr die Geheimnisse der richtigen Bedienung zu entreißen.

Dann war es so weit, die ersten Gäste kamen an Bord.

Die Aussicht auf die DIN-A4-Seiten-lange Begrüßungsansage trieb mir die ersten Schweißperlen auf die Stirn, und ich beglückwünschte mich insgeheim zu meinem wasserfesten Make-up.

Der A330er in der 300er-Version ist gnädig: Wenn man vorne steht und seine Ansage macht, sieht man lediglich die 30 Sitze der Businessclass; die übrigen 295 Economy-Gäste sind hinter der mittleren Trennwand nur zu erahnen. Nervös machten mich in erster Linie auch nicht die Passagiere, sondern die Kollegen, von denen ich genau wusste, dass sie jedes Wort belauschen und jeden Versprecher kommentieren würden.

Wider Erwarten klappte die erste Ansage recht gut. Wegen Pudding in den Knien hielt ich mich am vorderen Garderobenschrank fest und brabbelte meinen Text auswendig daher. Ich suchte mir pro Absatz einen Gast aus, dem ich ganz allein alles erzählte, und bei besonders öden Passagen, wie zum Beispiel dem Vielfliegerprogramm, wandte ich mich an einen extrem gelangweilt schauenden Passagier, der sich dann persönlich adressiert fühlen durfte. Dieser Trick klappt bis heute hervorragend.

Es gibt Dinge im Arbeitsbereich eines Pursers, über die man sich als Flugbegleiter wenig Gedanken macht. Etwa ob man vor dem Take-off noch den Rundgang durch die Kabine schafft, auf dem A330 immerhin 60 Meter in jede Richtung. Wenn man dabei nur seriös lächelnd durch die Gänge schreiten muss, mag man mit der knappen Rollzeit hinkommen, wehe aber, man findet noch einen Koffer, der nicht richtig verstaut ist, ein falsch angeschnalltes Baby oder gar einen nicht geeigneten Gast am Notausgang, dann wird es eng. Einziger Trost: Der Kapitän darf nicht starten, ehe der Kabinenchef den Cabin-Ready-Knopf gedrückt hat. Piloten, die es besonders eilig haben, klingeln dann schon mal mit einem speziellen dreifachen Bimmelton nach dem Purser, ob dieser denn wohl zu dämlich sei, den besagten Knopf in der vorderen Küche zu finden ...

Unser Flieger musste an diesem Morgen noch enteist werden, und so hatte ich alle Zeit der Welt. Das Schicksal meinte es sowieso gut mit mir: In unserer Businessclass saßen nur 19 von möglichen 30 Gästen, und in der Economy gab es auch reichlich Platz, sodass die Kabinenkollegen einen entspannten Flug erwarteten. Die Flugzeit mit 7 Stunden 22 war übersichtlich kurz, und es gab keine angekündigten Turbulenzen. Als ich zur Vorstellungsansage meiner Kollegen auf Englisch kam, wendete sich das Blatt, und ich versemmelte den Text.

Mein Adrenalin stieg, und bevor mich die Nervosität vollends packen konnte, beschloss ich, bei meinen Businessgästen mit offenen Karten zu spielen. Ich stellte mich als »die Neue« vor und warnte sie, dass sie heute wahrscheinlich die schrecklichsten Ansagen über sich ergehen lassen müssten, seit Leonardo da Vinci je über das Fliegen nachgedacht hatte. Die Gäste lachten, und alle Sympathien waren auf meiner Seite: Ehrlich ist oft am einfachsten. Der Rest des Flugs verlief relativ unspektakulär.

Allerdings hatte ich vor lauter Aufregung die ganze Zeit über nichts gegessen und nur einen Kaffee getrunken, weil mir ständig etwas Neues einfiel, was ich wissen, kucken oder machen musste. Kurz vor der Landung beging ich dann einen folgenschweren Fehler. Um den Flüssigkeitshaushalt wenigstens ein bisschen aufzustocken, trank ich – ganz gesund – auf die Schnelle drei Gläser Cola. Was ich nicht bedacht hatte, war, dass noch die relativ lange Verabschiedungsansage auf meinem Programm stand. Und nun hatte ich den Bauch voller blubbernder Kohlensäure mit einem geradezu unheimlichen Drang nach draußen. Schon mal eine Ansage über Mikrofon gemacht mit dem Gefühl, jeden Moment zwanghaft entlüften zu müssen?

Nach der Landung in New York fing der Ärger an. Als Purser hatte ich mich auch darum zu kümmern, dass die Crew gut untergebracht war. An diesem Tag fehlte das Zimmer für einen ohnehin grippig angeschlagenen Kabinenkollegen, dessen Laune trotz eines leichten Fiebers nun auf den Gefrierpunkt sank. Der Kapitän war auch nicht glücklich, sein Zimmer sollte erst in 15 Minuten fertig sein, und eine Kollegin hatte ein Zimmer erwischt, das bestialisch nach kaltem Rauch stank und ebenfalls noch nicht fertig war. Das fing ja gut an … Es dauerte über eine halbe Stunde, bis alle Probleme gelöst waren und ich auf mein eigenes Zimmer gehen konnte.

Es lag direkt neben den Fahrstühlen, doch schlimmer war die Tatsache, dass im Zimmer gegenüber renoviert wurde, leicht zu erkennen an dem Schild: *Lavatory in No 121 out of order, please use room No 123.*

Ich schaute zur Sicherheit noch einmal auf meine Zimmernummer: No 124, Glück gehabt! Insgeheim nahm ich mir vor, die Tür immer gut zu schließen, damit auch ja kein Fremder bei mir auf Toilettensuche ging.

Zwei Gläser Rotwein später und mit immer noch leerem Magen konnte ich endlich die Gedanken abstellen und bettete mein Haupt wenigstens temporär in die Kissen. Nach vier Stunden Schlaf war ich hellwach. Warum auch immer, die versemmelte Ansage spukte mir wie wild im Kopf rum. Schrecklich! Ich zog mir das Kissen über den Kopf und stöpselte mir die Ohren zu, aber die Stimme kam ja von innen und hörte einfach nicht auf, über mich herzuziehen.

In irgendeinem Klatschblatt hatte ich gelesen, man solle bei Einschlafstörungen an eine langweilige Zahl denken und diese immer wiederholen, zum Beispiel 66, 66, 66, 66 … Morgens um fünf Uhr war ich bei mehreren Trilliarden 66 angekommen und hatte die Faxen dick.

Ich holte mir in der Lobby den ersten Kaffee, und dann

ging es los: Ansagen lernen. Noch so eine dusselige Blamage wollte ich meinem erfolgsverwöhnten Ego nicht zumuten.

Mein Zimmer hatte einen ehemals karamellbraunen Fußboden, in beigefarbene Kästchen unterteilt, und in jedes dieser Kästchen passte genau ein Fuß der Größe 42. So lief ich dann auf und ab, immer einen Fuß vor den anderen gesetzt, bis ich alle Ansagen auswendig konnte, die auf dem Rückflug notwendig waren, in Deutsch und Englisch, vorwärts und rückwärts.

Um ein bisschen frische Luft zu schnappen, begab ich mich nach dem Frühstück auf den Weg zur Shopping Mall, besorgte für die Kinder ein paar besondere Kaugummis, die es daheim in Deutschland nicht gab, und war dann gegen Mittag schon wieder auf meinem tollen Zimmer. Gegenüber wütete mittlerweile der Presslufthammer, an Schlafen vorm Flug war nicht zu denken.

Der Rückflug war ein Traum, sechs Stunden und 30 Minuten, und alles klappte wie am Schnürchen. In Düsseldorf angekommen, hätte ich tanzen können, ich war zwar müde, aber längst nicht so kaputt wie sonst, und so langsam begann mir der neue Job Spaß zu machen.

Mein nächster Einweisungsflug ging mit dem 320er nach Istanbul. Morgens früh um fünf Uhr war Check-in, absolut nicht meine Zeit. Doch auch dieses Mal lief alles reibungslos. So hatte ich mir das vorgestellt!

Nun fehlte noch Flug Nummer drei. Die Reise sollte nach Pristina gehen, und laut Internetauskunft hatten wir sage und schreibe 19 Gäste hinfliegend und 50 Gäste retour zu erwarten. Das würde ja einem Familienausflug gleichkommen, und ich machte mir diesbezüglich keine Sorgen mehr.

Wie üblich fuhr ich zwei Stunden vor dem Check-in los. Die ersten 20 Minuten überraschten mit schlagartig auftretendem Schneetreiben, danach stand ich gepflegt eine Stunde im Stau. Die Uhr tickerte immer weiter; genau neun Minuten vor dem Check-in erreichte ich unseren Matschparkplatz in strömendem Regen. Bis zur Halle waren es dann noch ungefähr 500 Meter. Meine hautfarbenen Strümpfe sahen binnen Kürze aus, als hätte ich zum Schlammringkampf eingeladen.

Unser Briefing an diesem Morgen war eine Sparausführung zu dritt, weil ein Kollege sich immer noch durch den Verkehr quälte. Wenig später kam dann das Cockpit, berichtete die Flugzeit und das Reisewetter, und wir fuhren zusammen zum Flieger.

An Bord beschäftigte ich mich nach den üblichen Checks mit der Videoanlage, als der Kapitän die Ansage machte: »Übrigens, Mädels, *full house* hin und das Gleiche zurück ...«

Wir dachten an einen vorgezogenen Aprilscherz, denn im Internet standen ja ganz deutlich unsere Gästezahlen, identisch mit den Zahlen auf unseren Papieren: 19 hin und 50 zurück. Es war aber mitnichten ein Scherz. Der Ramp Agent zuckte nur hilflos mit den Schultern, bei Charterflügen in den Kosovo wüsste man nie so genau, wie viele Gäste an Bord kämen, und unsere heutige Küchenfee, die Galley-Mouse Wolfgang, bestätigte dann auch über Bordmikrofon:

»Wir sind voll becatert, 174 hin und genauso viele zurück.« So viel zum Thema Familienausflug!

Bald war das Boarding voll im Gange. Als der Ramp Agent die Papiere für den Flug brachte, erklärte er uns, dass wir auf die restlichen Gäste noch warten müssten, weil es zurzeit nicht genügend Busse gäbe. Zeitgleich offenbarte mir eine Kollegin das nächste Problem: In Reihe zwei hatte sich aus unerklärlichen Gründen die Klappe für die Sauerstoffmasken geöffnet. Sie stand im Mittelgang und hielt mit spitzem Zeigefinger die Klappe geschlossen, da sonst die drei darin befindlichen Sauerstoffmasken herausgefallen wären. Hätte einer der Gäste daran gezogen, wäre die betreffende Einheit aktiviert worden, mit erheblichen technischen Folgen für unseren heutigen Flug. Also riefen wir die Technik zurück an Bord. Man ließ uns wissen, dass an dieser Maschine gerade alle Klappen der Sauerstoffmasken geprüft worden seien, an dieser einen wäre wohl der Verschlussmechanismus abgebrochen. Was tun? Der Kapitän wollte die Klappe ausgetauscht haben, die Technik meinte, es würde zu lange dauern, und man traf sich zum heiligen Palaver zu fünft im ohnehin engen Cockpit.

Wir verbrachten die Zwischenzeit damit, die Gäste aus der defekten Reihe zwei umzusetzen. Am Gang auf Platz 2C saß theoretisch ein junger Mann, der seinen Sitzplatz wegen der Techniker gar nicht erst einnehmen konnte. Stattdessen stand er fröhlich in der vorderen Bordküche und verkaufte seinen mitreisenden Gästen keck die eigentlich kostenlosen Zeitungen. Ich bin sicher: Hätte ich nicht interveniert, so hätte der Gast in Windeseile seinen Ticketpreis wieder herausgehabt. Auf 2B saß ein älterer Herr, der sich bereitwillig zwei Reihen weiter umsetzen ließ. Problematisch war Gast 2A, ebenfalls ein älterer Herr um die 75 ohne jedwede Deutschkenntnisse. Er nickte freundlich und grinste mich an, verstand aber von meinem Umsetzungsanliegen nicht ein einziges Wort. In Reihe 3A, also direkt dahinter, saß ein junger albanischer Familienvater, der freundlicherweise für mich übersetzte. Der Herr auf 2A meinte daraufhin, es wäre schon in Ordnung, er brauche während des Flugs keinen Sauerstoff, er könne da ruhig sitzen bleiben. Ich erklärte meinem Übersetzer in Reihe drei, dass es nicht um eine Sauerstoffberieselungsanlage, sondern ein Notfallverfahren gehe, und dass der Platz zwecks Reparatur nun geräumt werden müsse. Reihe drei übersetzte an Reihe zwei, worauf der Gast mich mürrisch anschaute, sich dann mühsam hochrappelte und sich geräuschvoll auf Platz 2C sinken ließ.

157

So ging es aber leider auch nicht, zumal die Zeit drängte und mir die beiden Techniker schon im Nacken saßen. Also ergriff ich den alten Herrn beim Arm, bedeutete ihm mit Gesten, mir zu folgen, und begleitete ihn zum nächsten freien Sitzplatz in Reihe zehn. Gast 3A übersetzte derweil fleißig weiter über die Reihen hinweg, und nach ein paar Minuten schien der Gast von 2A die Sachlage zu verstehen, schenkte mir ein breites, zahnloses Lächeln und schnallte sich an. Die Techniker mühten sich eine Weile mit der störrischen Klappe ab, mittlerweile hatte der Flughafen irgendwo noch einen Bus gefunden, und unsere übrigen Gäste trudelten mit Massen von Handgepäck ein. Der Ramp Agent sah zunehmend erschöpft aus, und meine Frage, ob wir auf dem Rückflug denn wirklich auch voll seien, beantwortete er nur mit einem Schulterzucken: Pristina, da kann man nie wissen.

Unserem Kapitän wurde es nach einer Weile zu bunt, er ließ die defekte Klappe von der Technik kurzerhand abkleben, wir hatten ohnehin schon eine Stunde Verspätung durch dieses Malheur. Technik und Ramp Agent verließen den Flieger, ich schloss die Tür und begann mit meiner Begrüßungsansage. Währenddessen schlich sich der Gast von 2A zurück auf seinen alten Platz. Da wir schon zur Startposition rollten und ich noch das Emergency-Video zeigen musste, übernahm meine Kollegin den Herrn auf 2A und verfrachtete ihn wieder in Reihe zehn. Damit sich niemand während des Flugs in die unbrauchbare Reihe zwei setzte, nahmen wir kurzerhand die Sitzkissen heraus und drehten sie herum. Das war geschafft!

Beim Rundgang stellte ich fest, dass in einer Dreierreihe eine Mutter mit zwei Babys, einem Kind und noch einem Erwachsenen saß. Macht laut Adam Riese fünf Nasen, aber nur vier Sauerstoffmasken für den Notfall. Diese dämlichen Masken hatten es heute wirklich in sich!

Da keine Zeit zum Diskutieren und Umsetzen war, nahm ich das eine Baby und setzte es auf dem C-Platz derselben Reihe einem Herrn auf den Schoss. Das Baby brüllte, die Mutter schaute fragend, aber den C-Platz-Gast schien die Situation zu amüsieren. Nicht aufregen, nur wundern. Wo war noch gleich der Cabin-Ready-Knopf?

Wir konnten unsere Verspätung nicht mehr aufholen, kamen aber wohlbehalten in Pristina an und bereiteten die Kabine auf den Rückflug vor. Stutzig wurde ich, als der Ramp Agent mir mitteilte, dass wir voll ausgebucht waren.

»So?«, fragte ich. »174?«

»Ja, genau, 174 und 11 Babys.«

Das konnte nicht sein, denn eine Sitzreihe war ja defekt, also bitte nur 171 Gäste. Das hat die Firma doch sicherlich vor drei Stunden dem Check-in mitgeteilt. Oder etwa nicht?

»171? Ach so, ja, stimmt! Haben wir auch so eingecheckt! Alles klar!«

Der Ramp Agent grinste mich gewinnend an. Dennoch waren die Fragezeichen in seinen braunen Augen nicht zu übersehen, und ich glaubte ihm kein Wort.

Beim Boarden kamen dann nicht nur die Leute für die gesperrte Reihe 2ABC, sondern auch gleich zwei Gäste für den Platz 2D. Und so ging in der vorderen Küche wieder das fröhliche Rätselraten los, wer wo wie und warum sitzen sollte. Nach gestenreichen Diskussionen in drei Sprachen waren dann endlich alle Probleme geklärt.

Der Rückflug war für einen Pristina-Flug eher unauffällig, alles klappte, wie es sollte. Der einzige Wermutstropfen an diesem Tag war der Spruch von meinem Check-Purser: »Da war ich ja angenehm überrascht von dir heute.«

Was sollte denn das heißen? Manchmal half wirklich nur wundern. Egal, ich hatte meine drei Einweisungsflüge bestanden, und von mir aus konnte es jetzt richtig losgehen.

It's showtime!

Genau zwei Wochen waren seit meinem letzten Einweisungsflug vergangen. Ich hatte Urlaub gehabt und versucht, die geballte Ladung Firma der letzten Wochen ein wenig in meinem Kopf beiseitezuschieben und die Tage daheim zu genießen – auch wenn es die meiste Zeit wie aus Eimern schüttete.

Viel zu schnell war die freie Zeit vorbei, und mein erster eigenverantwortlicher Flug als Kabinenchefin stand auf dem Plan. Er las sich gleich wie ein Kurzroman:

DUS-CGN/CGN-TXL/TXL-CGN/CGN-TXL/TXL-CGN,
Night-stop CGN,
CGN-PMI/PMI-VLC/VLC-PMI/PMI-DUS

Das hieß, ich würde am Samstag erst mit dem Bus von Düsseldorf (DUS) nach Köln (CGN) reisen, um dort eine Maschine zu übernehmen, die nach Berlin-Tegel (TXL) flog. Und weil das Ganze so eine schöne Übung für das innerdeutsche Servicekonzept war, gleich viermal hin und her. Über die Praxis meiner Ansagen würde ich mir also keine Sorgen zu machen brauchen. Damit war der Dienst aber noch nicht beendet, es folgte eine Übernachtung in Köln, und am nächsten Morgen ging es weiter nach Palma de Mallorca, kurz PMI. Von dort aus war ein spanischer Drehkreuzflug nach Valencia (VLC) eingeplant, anschließend ging es zurück nach Palma und dann nach Hause. *Learning by doing* wurde in unserer Firma offenbar sehr ernst genommen.

Die Minuten des letzten freien Tages verrannen wie in einer Sanduhr, und als die Kinder schließlich im Bett waren und ich die Flut von Papieren ordnete, die ich aus dem Intranet gezogen hatte, stand der Zeiger der Uhr auf 22 Uhr 30. Im Prinzip eine gesunde Zu-Bett-geh-Zeit, würde der Wecker nicht mit 3 Uhr 30 drohend zu mir hinüberschielen. Als sein nerviges Piepen mich aus meinen Träumen riss, war ich gerade in der ersten Tiefschlafphase.

Wir flogen einen A320er Ex Köln, das hieß, außer mir würden noch drei Flugbegleiter mit uns reisen. Es erschienen alle rechtzeitig, und wir machten schon mal ein Briefing, bei dem ich feststellte, dass niemand aus der Crew fließend Spanisch sprach. Dies war jedoch die neueste Voraussetzung für Drehkreuzflüge in Spanien, und als Jürgen, der Kapitän auf dieser Reise, uns dann noch mitteilte, dass das Pre-Announcement-System leider defekt war, hatten wir ein Problem. Dieses enthält die fünf wichtigsten sicherheitsrelevanten Ansagen in zwölf verschiedenen Sprachen, sodass wir Gäste, deren Muttersprache wir nicht mächtig sind, entsprechend informieren können. Dies war für die Reise nach Spanien und vor allem innerspanisch aber Voraussetzung, und so ging mein Mann erst mal telefonieren. Die neuen Bestimmungen schienen noch nicht in jeder Abteilung angekommen zu sein, man versprach aber, sich darum zu kümmern. Außerdem hätte es ja noch bis morgen früh Zeit, bis wir nach Spanien aufbrechen würden.

Um 6 Uhr 30 ging es los in Richtung Köln. Der Flieger hatte über Nacht am Gate gestanden, war jungfräulich sauber, voll becatert und wartete nur auf uns. Da wir frühzeitig an Bord waren, konnte ich in Ruhe alles vorbereiten, noch einmal intensiv die Videoanlage beäugen und den Jungs im Cockpit einen Kaffee kochen. Wir erwarteten 140 Gäste bei einer Sitzkonfiguration von 174, das hieß

34 freie Plätze zum eventuellen Umsetzen, Gepäckverstauen oder Ähnlichem, alles ganz entspannt.

Bei der ersten Begrüßungsansage an diesem Morgen hatte ich dann doch, allem Üben zum Trotz, wieder feuchte Hände und ärgerte mich über mich selbst. Die Routine ließ offenbar länger auf sich warten, als mir lieb war. Dennoch ging der Flug glatt, wir waren in 50 schnellen Minuten in Berlin, und die Passagiere verließen kurz darauf unseren Flieger.

Wenig später kam das Pre-Boarding für Köln, eine Dame im Rollstuhl, die querschnittsgelähmt war. Das Problem war ihre Sitzplatzkarte, sie sollte nämlich auf 2A am Fenster sitzen. Sie war darüber wenig entzückt und wollte lieber einen Gangplatz, was ich gut verstehen konnte. Und wie sollte man jemanden, der sich nicht bewegen kann, über eine Dreierreihe heben? Die Sitze im Flieger ließen sich nicht umklappen, nur die Armlehnen konnte man hochstellen. Also beschloss ich, die Dame kurzerhand auf 2C zu setzen und ihre Begleitperson daneben.

Ich fragte den Ramp Agent, wie man einer Querschnittsgelähmten einen Fensterplatz zumuten könne, und er argumentierte mit einer etwaigen Evakuierung, bei der sie den Gästen auf den Plätzen A und B den Weg versperren würde. Ich holte tief Luft.

»Heißt das, ein bewegungsunfähiger Mensch soll im Fall einer Evakuierung dann lieber auf seinem Fensterplatz sitzen bleiben, während sich die anderen Gäste in Sicherheit bringen?«

Er zuckte nur mit den Schultern und suchte das Weite.

Minuten später kam ein älteres Ehepaar um die 70. Die Dame, kurzatmig und mit Gehhilfen, plumpste ungelenk in die erste Sitzreihe. Da hatte ich das nächste Problem, in unmittelbarer Nähe zum Notausgang dürfen nur Leute sitzen, die im Notfall auch tatkräftig assistieren könnten, aber nicht körperlich behinderte Gäste. Also musste ich der Dame feinfühlig erklären, dass sie aufgrund der Gehbehinderung hier vorne leider nicht sitzen dürfe. Ich bemühte den Ramp Agent um einen anderen freien Sitzplatz. Dieser fragte mit hochgezogener Augenbraue nach dem Grund. Ich erklärte es ihm und erntete wieder nur einen verständnislosen Blick. Ich kam mir ein bisschen ausgetestet vor, da ich mich aber mit unseren Sicherheitsbestimmungen gut auskannte, ließ ich nicht mit mir diskutieren. Mein Adrenalin stieg jedoch merklich.

Ich war froh, als wir die Tür endlich zuhatten. Als wir Köln erreichten, war der strahlende Sonnenschein vom Morgen dicken Gewitterwolken gewichen. Es wackelte ganz ordentlich beim Landeanflug, und zu wissen, dass man da noch zweimal durchdüsen musste, war nicht gerade motivierend. Andererseits waren die Flüge kurz, und wir waren gegen halb vier in unserem Hotel in Köln. Beinahe hätte sich das angefühlt wie ein richtiger Feierabend, wäre es nicht ein Samstag gewesen und würde der Wecker nicht mitten in der Nacht schon wieder schellen. Ich schlief bald wie ein Stein, schließlich hatte ich mit diesen kurzen innerdeutschen Hopsern zehn Stunden Dienstzeit beisammen, gefühlte Schuhgröße 44 und den Eindruck, mindestens einmal über den großen Teich geflogen zu sein.

Am nächsten Morgen rief die Firma im Hotel an und teilte uns mit, dass das Pre-Announcement-System leider nicht rechtzeitig hatte repariert werden können, in Palma aber auch kein Dolmetscher mehr zu organisieren war. Also müssten wir eine Kollegin aus der Crew austauschen – aber welche? Über diese ganze Diskussion hinweg war unser Pick-up-Termin verstrichen, und wir fragten bei dem Busunternehmen nach, wo denn unser Fahrer bliebe. Es stellte sich heraus, dass dieser verschlafen hatte. Mit 20 Minuten Verspätung kam unsere Crew dann endlich, auf zwei Taxis verteilt, am Kölner Flughafen an.

Das Boarden verlief ohne Probleme, die Türen waren zu, und ich begann mit meiner Begrüßungsansage. Das lief wie am Schnürchen. Zack, die englische gleich hinterher, dachte ich – und stand nach drei Sätzen im Regen. 160 Gäste starrten mich erwartungsfroh an, doch ich hatte einen Totalausfall und meinen Text komplett vergessen.

Ich schaute zu meiner Kollegin und fing an zu lachen. Was hätte ich auch sonst tun sollen? Glücklicherweise konnte sie mir das passende Stichwort geben, woraufhin mir der Rest wieder einfiel. Gut, dass mein Make-up eine hohe Deckkraft hat. Vor 20 Jahren wäre ich wahrscheinlich nicht nur knallrot geworden, sondern auch vor Scham im Boden versunken.

Der Flug nach Palma war für mich arbeitsreicher als ein innerdeutscher, und das nicht nur wegen der kleinen Katastrophen, die da meiner harrten. Während wir die vorbestellten Essen aufwärmten, fiel der linke Ofen aus. Na prima, also alle Essen umräumen, möglichst ohne sich die Finger zu verbrennen, der intakte rechte Ofen heizte nämlich tadellos. Innerhalb kürzester Zeit verwandelte sich die vordere Galley in eine nach Scampis und Hühnchen riechende Sauna, und ich flüchtete in die Kabine. Ein Babybett für Reihe eins musste aufgebaut werden, drei Kissen und zwei Decken wurden verlangt sowie zwei Bestellungen für Reihe vier und zwei für Reihe 26 aufgenommen. Meine Kollegin war dabei, alles für den Service vorzubereiten, doch bevor ich ihr helfen konnte, musste ich noch das heutige Videomagazin einlegen und im Cockpit nachfragen, ob die Jungs den Start überlebt hatten und etwas trinken oder essen wollten.

Beim folgenden Getränkedurchgang entschlüpfte mir dann in Reihe zwei das Stück Zitrone, welches ich eigentlich für den Becher Tee in meiner Hand gedacht hatte, aus der Eiszange und fiel zielgenau in die Ausgussöffnung meiner vollen Kaffeekanne. Ich versuchte es mir nicht anmerken zu lassen, doch dem Tee-Gast entging nichts.

»Ja, ja, solche Tage gibt es«, meinte er und grinste mich schelmisch an. Ich musste lachen und erwiderte: »Zweifellos, aber warum immer gleich so viele?«, worauf er schallend anfing zu lachen und mir mitteilte, dass er meinen Hänger in der englischen Begrüßungsansage sehr charmant und lustig gefunden hatte …

»Endlich mal was anderes als die üblichen runtergeleierten Ansagen, die man sonst so zu hören bekommt!«

Danke, Tee-Gast auf 2D, Sie haben meinen Tag gerettet!

Mein Adrenalinspiegel sank ein wenig, aber nicht weit, genauer gesagt nur bis Reihe fünf, wo ich hörte, wie eine Dame mit meiner Kollegin wild diskutierte. Mich zickte sie auch gleich an, als ich dazustieß: »Haben Sie etwa keinen Prosecco in Ihrem Ding da drin?«

Sie meinte meinen Trolley, der ausnahmslos Wurst- und Käse-Sandwiches in seinem Innern verbarg, weshalb ich die Frage also verneinen musste. Nach etlichen Belehrungen über unser angeblich so schlechtes Servicekonzept, mehreren Seitenhieben unfeiner Natur und anderen Freundlichkeiten trank sie dann statt Prickelwasser mit Geschmack ein kostenfreies Blubberwasser, ließ uns aber während des gesamten Flugs nicht mehr aus den Augen.

Inzwischen rief die Kollegin von hinten an, ob mit dem Ton des Videomagazins etwas nicht stimme. Ich schaute auf meine Anzeigentafel und stellte fest, dass ich den entsprechenden Knopf nicht gedrückt hatte. *Oops*, wie mein Aupair jetzt sagen würde. Ich hatte Gott sei Dank nur drei Kopfhörer verkauft, also konnten etwaige Regressansprüche wegen verpatzter Musikgenüsse nicht astronomisch hoch werden. Blöd war's natürlich trotzdem.

Nach dem Service verstaute ich vorne die Wagen und die angebrochenen Getränke, damit meine Kollegin hinten schon mal beim Kontrollieren der Zollwagen für den Duty-free-Verkauf helfen konnte. Wir hatten seit dem 1. April eine neue Beladung, und das betraf auch den Bordverkauf. Es war sehr mühsam, sich pro Wagen durch zehn unterschiedliche Schubladen zu kämpfen mit allerlei Kleinigkeiten an Kosmetika, Spielzeug, Accessoires, Parfums und Reiseutensilien, zumal die Produktnamen nicht immer identisch waren mit der Bezeichnung auf der Ladeorder. Man brauchte Fantasie, einen guten Spürsinn, wo sich welcher Karton verstecken könnte, und viel Geduld. Was auf einem Flug nach Palma mit zwei Stunden und fünf Minuten Flugzeit eigentlich an sich schon ein Widerspruch war.

Während meine Kolleginnen hinten die Wagen für den Verkauf vorbereiteten, fütterte ich vorne meinen Bordcomputer mit den heutigen Daten, um dann festzustellen, dass von drei vorhandenen Geräten nur eines funktionstüchtig war, nämlich mein Master-Computer. Immerhin einer, sonst hätten wir die komplette Abrechnung manuell machen müssen. Zwischendurch musste ich noch den defekten Ofen in das sogenannte CML, das Cabin Maintenance Log, eintragen. Leider verwechselte ich das CML mit dem AML, welches nur für Cockpit-relevante Dinge ist; beide sehen bis auf die Beschriftung identisch aus und werden auch gemeinsam im Cockpit aufbewahrt. Und schwupp, hatte ich einen Anschiss vom Chef weg, weil ich in sein heiliges Buch geschrieben hatte. Ist schon doof, wenn man mit dem Chef verheiratet ist, das würde in Zukunft sicherlich für die eine oder andere Spannung sorgen ...

Um Contenance bemüht, saß ich vor der Tür auf meinem Jumpseat, als gerade ein Herr aus der Toilette direkt neben mir kam, mit einem herrlichen Schwanz aus weißem Klopapier, der ihm hinten aus der Hose hing. Ich schenkte ihm mein schönstes Lächeln, bemüht, nicht laut loszuprusten.

Als Nächstes kamen zwei Damen in die Küche, die zur Toilette wollten. Eine davon verwickelte mich in ein Gespräch über unseren Tee, welcher so köstlich sei, das wäre ja kaum auszuhalten.

Wie schön, das waren doch mal nette Nachrichten. Zufälligerweise stand die Packung mit den Teebeuteln noch gut sichtbar auf der Anrichte. Sie schwärmte auffallend enthusiastisch weiter, was ich als Aufforderung deutete, ihr noch schnell einen dieser Zaubertränke zuzubereiten. Kein Problem, ich hatte zwar gerade sämtliche Gerätschaften verstaut, aber für unsere Gäste tun wir natürlich alles. Als die Freundin der Dame von der Toilette kam, drängte sie ihr auch einen Tee auf, und ich kramte zum zweiten Mal alles raus. Erlösenderweise gingen kurz darauf die Anschnallzeichen an, und der Flieger sackte merklich ab. Klappe die erste.

Wir hatten eindreiviertel Stunden Bodenzeit in Palma, bis es weitergehen würde nach Valencia. Im Normalfall betrug die Bodenzeit 60 Minuten, also mehr als genug, um die neue Beladung für Valencia und zurück zu überprüfen, nach dem Security-Check einen Kaffee zu trinken und in der Zeitung zu blättern.

Die Zeit verging dann doch schneller als gedacht, und auf einmal standen 140 zumeist spanische Gäste vor der Tür. Etwa zeitgleich kam ein spanisch sprechender Kollege an Bord gesprintet, da unser Pre-Announcement-System ja immer noch defekt war, während unsere Austauschkollegin wie in einem Staffellauf zu ihrem Flieger hetzte. Er stellte sich hastig vor und verschwand in der hinteren Küche.

Als alle Gäste an Bord waren, meldete ein spanischer Gast, dass er seinen Pass in der Wartehalle hatte liegen lassen. So fuhr ein Handling Agent mit dem Auto zurück zum Terminal, um das verschwundene Reisedokument zu suchen. Nach einer gefühlten Ewigkeit stellte sich heraus, dass der Pass nirgends zu finden war. Wir flogen dann mit Gast, aber ohne das begehrte Objekt los.

Der Flug nach Valencia war kurz, genau 37 Minuten, und wir verteilten nur Tüten mit Keksen und einer Flasche Wasser. In Valencia hatten wir fast zwei Stunden Aufenthalt und fanden dabei durch Zufall einen spanischen Reisepass an Bord. Ob es wohl derjenige war, den der Herr vermisst hatte?

Während ein paar von uns im Flughafengebäude in den Duty-free-Shop gingen und ihrer Kauflust frönten, dösten wir anderen auf der Maschine. Am schläfrigsten Punkt kam der Ramp Agent und avisierte unsere Gäste. In knapp 40 Minuten waren wir schwuppdiwupp wieder auf Palma, und meine Kollegin und ich klatschten uns fünf in die Hand. So schlimm war der Tag anscheinend doch nicht!

Wir bereiteten unseren Flieger schon einmal vor, stelzten zum vierten Mal an diesem Tag über Putzpersonal, räumten Zeitungen hin und her und zählten das Catering. Diesmal erwarteten wir *full house*, 174 Gäste, sozusagen als Krönung des Tages.

Mit dem Ramp Agent vereinbarten wir das Boarding für 18 Uhr 25. Wir hatten wieder Zeit für ein Tässchen Bohnenkaffee und sehnten insgeheim schon den Feierabend herbei. Und das zu Recht, denn nun sollte der Ärger erst richtig losgehen.

Das dicke Ende

Um 18 Uhr kam der Ramp Agent an Bord gehüpft und trällerte uns zu, dass das Pre-Boarding schon vor der Tür stünde. Was für ein Pre-Boarding? Hatte er nicht zuvor gesagt, es gäbe auf diesem Flug keine Besonderheiten? Vor der erwähnten Tür standen unsere Zeitungswagen, die wir erst mal wieder wegräumen mussten. Ich weiß nicht, wie viel Kilo Zeitungen wir an diesem Tag hin und her gewuchtet hatten. Und überhaupt, warum kam das Pre-Boarding fast eine halbe Stunde früher als der Rest der Gäste? Der Ramp Agent war schon wieder über alle Berge, der Kapitän moserte rum, und der Ambulift-Fahrer bollerte an die immer noch geschlossene Flugzeugtür. Es handelte sich beim Pre-Boarding um einen querschnittsgelähmten Mann in den Dreißigern nebst Begleitung. Ich bot den beiden erst mal etwas zu trinken an, schließlich würden sie noch eine Weile auf die anderen Gäste warten müssen. Bei Kaffee und Cola plauschten wir, bis der Ramp Agent wieder erschien und die anderen Gäste vorzeitig ankündigte. Da sich unsere avisierte Startzeit ein wenig zu unseren Gunsten verbessert hatte, willigten wir ein, und wie durch Zauberhand standen die Busse dann auch schon vor der Tür. Ich beschloss insgeheim, mir in Bezug auf das Abfertigungspersonal ein dickeres Fell zuzulegen.

Der dritte Gast, der einstieg, fragte angesäuert lautstark nach dem Grund der Verspätung. Da ich diese Frage aus dem Stand nicht beantworten konnte, maulte er lautstark weiter. Obwohl ich ihm zusicherte, mich so bald wie möglich beim Cockpit zu erkundigen, grunzte er etwas davon, dass hier anscheinend keiner eine Ahnung davon hätte, was er täte. Zwischendurch erschien die Nervensäge von Ramp Agent wieder, gab mir meine Papiere, flötete »Keine Besonderheiten heute« und verschwand.

Ich steckte die Zettel ungelesen in die Tasche, was sich schon kurze Zeit später als fataler Fehler erweisen sollte.

Während einer kurzen Pause beim Boarden sprang ich ins Cockpit, um den Grund der Verspätung zu erfahren. Bei den langen Bodenzeiten war mir gar nicht bewusst geworden, dass wir überhaupt Verspätung hatten. Es handelte sich auch nur um 20 Minuten, die zustande kamen, weil der Flughafen Düsseldorf wegen Gewitter zwischendurch für den Flugverkehr gesperrt worden war. Mit dieser konkreten Nachricht sprach ich in Reihe zwei bei dem Gast vor, der sich soeben beschwert hatte. Mit großen, runden Augen lauschte er meinen Worten von dem Gewitter, und als ich als Alternativlandeplatz Köln oder Dortmund vorschlug, war er auf einmal ganz verständnisvoll, die Sicherheit ginge ja schließlich vor.

Ich war kaum zurück auf meiner Boardingposition, da warf mir eine Dame um die 50 ihren 20-Kilo-Koffer vor die Füße und meinte:

»Ich bin als VIP angemeldet, verstauen Sie den für mich.«

Ich hatte keinen VIP avisiert – man erinnere sich an die nicht gelesenen Papiere – und erklärte der Dame, dass wir den Koffer wohl ausladen lassen müssten, wenn sich in den Gepäckablagen kein Platz dafür finden ließe.

»Dann verstauen Sie ihn auf der Toilette, das machen Ihre Kollegen auch alle so!« Gnädige Frau drehte sich um, ließ den Koffer in meiner Küche stehen und nahm in Reihe zwei Platz.

Das Cockpit forderte mittlerweile, das Boarden zu beschleunigen, da wir schon eine Starterlaubnis bekommen hatten. Gleich darauf stieg ein wohlbetuchtes Ehepaar ein und nahm Platz in Reihe eins mit einem frisch geschlüpften Baby – drei Monate alt – und nagelneuem Maxi-Cosi. Auch diesen wollte ich gerne ausladen lassen, denn wir hatten ja keinen freien Platz verfügbar.

»Das können Sie gerne tun, aber dann müssen Sie den in irgendetwas einpacken, damit er nicht schmutzig wird.«

Klar, kein Problem, für so etwas bin ich ja auch ausgerüstet! Ich könnte ihn mit einer Rolle Klopapier umwickeln oder vielleicht in die *Bild am Sonntag.* Was stellten sich diese Leute bloß vor? Dass ich einen Schutzbeutel für auszuladendes Gepäck an Bord hätte? Bei uns waren sogar die Mülltüten an Bord abgezählt, und ich bezweifelte stark, dass dort ein Kindersitz hineinpasste. Mitten in meine säuerlichen Gedanken platzte wieder der Ramp Agent, klatschte ein Ladedokument in meine Küche und rannte die Treppe runter. In Reihe zehn entdeckte ich eine Lücke im Gepäckfach und stopfte dort den Koffer von Mrs. VIP rein. Meine Kollegin bemühte sich gerade um insgesamt drei Maxi-Cosis, als ich aus dem Augenwinkel die vordere Treppe wegfahren sah! Mein Mann beobachtete aus seinem Cockpitfenster dasselbe, schoss wie ein Kastenteufel aus seinem Sitz und brüllte, gut hörbar bis Reihe 20, den Fahrer an, wie er dazu käme, einfach die Treppe abzuziehen. Es standen noch mindestens drei Gäste in der vorderen Küche. Nicht auszudenken, wenn einer von ihnen einen Schritt rückwärts gemacht hätte!

Der Kapitän schloss die Flugzeugtür höchstpersönlich und entschwand wutschnaubend im Cockpit. Der Flieger setzte sich sofort in Bewegung und rollte mit Höchstgeschwindigkeit zur Startbahn. Nun musste alles verdammt schnell gehen. Ich ratterte so nett es ging meine Ansagen runter und warf den Emergency-Film ein. Kaum war die letzte Sequenz gezeigt, waren wir auch schon startklar, und es ging los.

Während wir darauf warteten, dass die Anschnallzeichen erloschen, hatte ich endlich Zeit, einen Blick auf die bis dahin ungelesenen Papiere zu werfen. Au Backe, da stand tatsächlich »2A Karl-Heinz Stritzki – VIP«. Die Dame sah zwar nicht aus wie ein Karl-Heinz, saß aber auf 2B, und damit war alles klar: Sie war die Gattin des VIPs. VIPs sind bei uns wie heilige Kühe zu behandeln, der Purser stellt sich schon vor dem Start namentlich vor, serviert eisgekühlten Schampus frei Haus, bietet Kopfhörer umsonst an, fragt nach Essenswünschen und vieles mehr. Leider hatte ich für den ganzen Zauber vor dem Take-off gar keine Zeit gehabt, und nun, nachdem die Anschnallzeichen aus waren, musste ich erst mal meine Vorstellungsansage machen, damit meine Kollegen mit ihrer Arbeit anfangen konnten.

Ich ging direkt danach zu Reihe zwei und entschuldigte mich wortreich für die ungewohnte Hektik und die verpasste persönliche Vorstellung, doch schließlich wären wir bemüht, die durch die Gewittersperrung entstandene Verspätung wieder aufzuholen. Frau Stritzki bekam genauso große Augen wie kurz zuvor der Gast gegenüber und hatte vollstes Verständnis für meine Prioritäten. Herr Stritzki, gut ein viertel Jahrhundert älter als seine Frau, nickte die ganze Zeit nur wohlwollend, und als schließlich zwei Champagner, stilles Wasser und ein Becher mit Eiswürfeln vor ihnen standen, war die Welt auch für die VIPs in Ordnung.

Und mir war wieder warm. Apropos warm, ich rief die Kollegen hinten an, ob sie den Ofen schon angestellt hatten. Gut, dass ich sie daran erinnert hatte ...

Als Nächstes kam meine Kopfhöreransage, leider hatte keiner der Gäste Interesse. In der Zwischenzeit bereitete meine Kollegin alles für unseren Service vor, und ich schaute noch einmal im Cockpit nach dem Rechten.

Danach folgte meine Serviceansage mit Hinblick auf die heißen Essen – wie hieß doch gleich Hähnchen-Geschnetzeltes auf Englisch? –, und ich rannte wie ein Nummerngirl mit der Menükarte durch die Kabine, um die Bestellungen für die Spezialessen aufzunehmen. Auf dem Rückflug nach Deutschland gab es Saté-Spieße, Geschnetzeltes, Currywurst und Riesen-Garnelen. Ich konnte diesmal acht Essen an den Mann bringen und erklärte den Kollegen in der Aft Cabin, welche davon in ihrer Sektion saßen.

In Reihe eins war eine Currywurst vorbestellt, das stand auch in den Papieren. Wohl dem, der lesen kann …

Leider war die Catering-Order, die mir die Anzahl der heißen Essen mitteilte, so klein gedruckt, dass ich zwischen 25 und 26 nicht richtig unterscheiden konnte und dem Herrn auf 26D schon mal alternativ Saté-Spieße anbot, sollte die Wurst vergriffen sein. Ihm war völlig egal, was ich servieren würde, solange es kein kostenfreies Sandwich war. Welch ein praktischer Gast!

Endlich konnten wir mit dem Service beginnen. Die ersten Reihen schafften wir relativ zügig, dann blieben wir stecken. Mehrere Reisebüros schienen ihre Damen auf Erfahrungsreisen in ein Massentourismuszielgebiet geschickt zu haben, alle aus dem Raum Mönchengladbach, Neuss und Düsseldorf, und alle schienen unseren Copiloten zu kennen.

» Bestellen Sie mal schöne Grüße von Reisebüro Sowieso, ach ja, und von Reisebüro Dingenskirchen … «

Da man ja nicht unhöflich sein will, wechselt man gern ein paar Worte. Eine Reihe hinter den Reisebürobekanntschaften unseres Copiloten saß Frau Meier, die sich bei mir als die Dame vorstellte, die ihm früher die Schulbücher verkauft hatte. Musste ja ein Tausendsassa sein, unser Copilot, wenn der halbe Flieger ihn kannte – und alles nur Damen …

Siedend heiß fiel mir ein, dass ich vergessen hatte, das Videomagazin einzulegen. Gott sei Dank war die Flugzeit noch lang genug. Wir waren gerade fertig mit dem Sandwichdurchgang, und ich schickte meine Kollegin nach hinten, um mit dem Bordverkauf anzufangen, da riefen Gäste aus Reihe 20: »Schnell, kommen Sie, da hat jemand eine Panikattacke!«

Ich ließ meine Kaffeekannen stehen und sprintete durch den Gang. In Reihe 20 saß eine junge Frau völlig verheult und war kurz vorm Hyperventilieren. Nachdem ich eruiert hatte, welche Sprache die adäquate sein würde – diesmal war es Italienisch –, holte ich sie samt Begleitung mit nach vorne in die Küche, um erst mal aus dem Schussfeld zu kommen und hoffentlich etwas Ruhe einkehren zu lassen.

Ich tippte auf Flugangst, aber die begleitende Lehrerin meinte, es wäre psychische Überforderung. Es handelte sich um eine Gruppe von italienischen Oberstufenschülern, die zehn Tage in Spanien auf Entdeckungsreise gewesen waren und nun über Düsseldorf ihre Heimreise angetreten hatten. Aha. Gab es denn keine andere Flugverbindung von Spanien nach Italien als ausgerechnet über Düsseldorf?

Wortreich, eben italienisch, redeten drei Frauen auf das Mädel ein, das immer hektischer wurde und kreisrunde rote Flecken im Gesicht bekam. Ich erklärte der Lehrerin, dass die Atmung sich unbedingt beruhigen müsse, wolle man keinen Kollaps riskieren, und machte einen Beutel mit Eiswürfeln zurecht. Die Patientin jedoch zog es vor, die Eiswürfel zu lutschen, heulte dabei weiter und brabbelte Unverständliches. Leider musste ich zwei der neu hinzugekommenen Damen aus der Küche komplimentieren, der Platz war für sechs Personen einfach zu eng. Ich rief den Kapitän an, um ihn ins Bild zu setzen, war mir aber eigentlich sicher, den Fall in den Griff zu bekommen. Als die Italienerinnen nach zehn Minuten immer noch laut palavernd in der Küche standen, wollte er in Düsseldorf eine Ambulanz bestellen. Das war das Zauberwort, denn als ich die Aussicht auf einen Notarztwagen übersetzte, war man dann doch bemüht, die Galley zu räumen. Bei dem hyperventilierenden Mädchen setzte eine Spontanheilung ein, und mit einem Schlag wurde es ruhig in der Küche. Es waren noch fünf Minuten bis zum Landeanflug.

Um mit der Abrechnung nicht ganz ins Schwimmen zu geraten, bat ich meine Kollegin schon mal um ihre Einnahmen. Sie nannte mir, was sie verkauft hatte, konnte dann aber leider nicht passend einzahlen. Erwartete sie jetzt von mir etwa Wechselgeld? Auf meine Frage, ob sie in Reihe fünf das Bier kassiert hätte – es hätte den Betrag praktisch nach oben abgerundet –, antwortete sie nur:

»Daran kann ich mich nicht erinnern.« Na ja. Wir flogen ja noch mindestens 15 Minuten, vielleicht fiel es ihr noch rechtzeitig ein? Als ich meine andere Kollegin nun endlich um ihr Geld bat – wir waren mittlerweile im Endanflug –, teilte sie mir lapidar mit, dass sie es längst der Kollegin gegeben hatte, die bereits eingezahlt hatte. Danke für die Info. Bei der Abrechnung fehlte auf einmal der zweite Computer, der steckte noch jungfräulich und unbenutzt in seiner Stauposition. Wie man zu dritt Bordverkauf mit einem Computer machen konnte, war mir zwar nicht einleuchtend, aber es war auch keine Zeit mehr, darüber nachzudenken, denn es ging steil abwärts. Als das Fahrwerk ausfuhr, machte ich denn auch nur die deutsche und die englische Ansage, die programmierte spanische ging in den letzten Handgriffen der Landevorbereitungen unter. Ich stornierte sie nach der Landung und gab nur die Verabschiedungsansage auf Spanisch wieder ein.

Nachdem ich mich dann auf Deutsch und Englisch von unseren Gästen verabschiedet hatte, drückte ich den Knopf des inzwischen reparierten Pre-Announcement-Systems, und die synthetische spanische Erna erzählte den Gästen freundlich, aber bestimmt, dass wir nun bald landen würden … Ich hätte schreien können! Zum Glück folgte die Verabschiedungsansage gleich danach. Licht wieder an, Bordmusik an, 172 Mal »Auf Wiedersehen« – und mein erster Einsatz als Purser war geschafft. Ein Gast drückte mir noch 2,50 Euro für besagtes Bier aus Reihe fünf in die Hand. Irgendwann ist der Punkt gekommen, an dem man am liebsten vor Verzweiflung in die Verkleidung beißen würde – oder einfach nur noch müde mit den Schultern zuckt, und genau da war auch ich jetzt angelangt.

Wir warteten noch kurz auf den Handling Agent, der ein unbegleitetes Kind in Empfang nahm, und auf den Ambulift für den Rollifahrer, danach übernahm die Technik unseren Flieger. Alle standen schon draußen, Jürgen sah mich fragend an, aber ich musste noch mein Videomagazin zurückspulen, es lief anscheinend doch länger als erwartet …

Zu Ende ist solch ein Flug dann, wenn man die Geldtüten mit den Einnahmen unter Zeugen in den Tresor in der Halle geworfen hat.

Oder dann, wenn man ihn seelisch und emotional verarbeitet hat.

100 Kilometer weiter erwarteten uns tief in der Nacht zwei freundlich sabbernde Neufundländer an der Haustür. Die weit gereiste blaue Uniform musste ein Hochgenuss für eine Hundenase sein. Allerdings freuten die zwei sich immer, uns zu sehen, egal ob wir nur kurz zum Mülleimer waren oder eine Weltreise hinter uns hatten. Dass wir diesmal nur knapp 48 Stunden von zu Hause weg gewesen waren, konnte ich mir kaum vorstellen. Aber als ich endlich im Bett lag, mit fünf Kissen und heißer Heizdecke im Kreuz, Füße hoch und einem kühlen Schluck Sekt im Glas, war das auch egal. Nach dem Flug war schließlich vor dem Flug. Prosit!

Prost Neujahr

Wenn man schon das Glück hatte, Heiligabend im Kreise der Familie zu verbringen, ohne Urlaub zu haben, dann konnte man mit ziemlicher Sicherheit davon ausgehen, dass man/frau Silvester ranmusste. Bei mir stand Langstreckenbereitschaft von drei bis 20 Uhr für den 31.12. im Plan und für Neujahr ein Flug nach Moskau um sieben Uhr, sofern ich nicht aus der Bereitschaft gerufen werden würde. Silvester war so oder so gelaufen.

Am Morgen des 31.12. waren die Würfel gefallen: Die Firma hatte sich einen netten Drei-Tages-Trip für mich ausgedacht und orderte mich kurzerhand am Silvesternachmittag nach Berlin. Ich packte den Koffer für drei Tage und schickte den Rest der Familie alleine auf die verabredete Party bei Freunden. Da ich mit schlechten Straßenverhältnissen rechnete, fuhr ich zeitig los, kam unerwartet schnell durch und war dementsprechend viel zu früh in Düsseldorf. Auf dem Parkplatz des Flughafens wehte ein eisiger Wind, die ersten Schneeflocken tanzten vom Himmel und erledigten zusammen mit meinen vor Kälte tränenden Augen den sorgfältig aufgepinselten Lidstrich nebst Wimperntusche. Der rote Lippenstift verteilte sich großzügig in den Schal, den ich aufgrund des Wetters über Mund und Nase gezogen hatte, und über meinen gesamten Mundbereich, was mir das Aussehen eines Vampirs nach einer ausgiebigen Mahlzeit verlieh.

Im Flughafengebäude angekommen, musste ich mich erst mal im nächstgelegenen Waschraum restaurieren. Meine

Wangen leuchteten ganz ohne Rouge so rot wie mein Hut, und mit klammen Fingern war ein Neuschminken kaum möglich. Ich hasste dieses Schmuddelwetter!

Auf dem Weg zum Check-in-Schalter sah ich auf die Abflugtafel und entdeckte, dass mein Flieger eine Stunde 20 Minuten Verspätung hatte.

Das war zwar nicht spektakulär bei dem Wetter, dennoch nicht unerheblich, da man mich nur mit der Minimum-Ruhezeit geplant hatte, nämlich zehn Stunden von der Landung in Berlin plus zehn Minuten Karenz bis zum Dienstbeginn am nächsten Tag. Eine Unterschreitung war nicht möglich, und wenn dieser Flieger nicht bald an Land käme, würde sich der Rest meines Umlaufs auch erledigen. Dienst- und Ruhezeiten unterliegen in der Fliegerei einer strengen, unbedingt einzuhaltenden Regelung. Ihre Verletzungen sind ähnlich zu betrachten wie Verstöße gegen die Geschwindigkeitsbegrenzungen beim Autofahren oder die Lenk- und Ruhezeiten eines LKW-Fahrers. Ein Verstoß gegen die gesetzlichen Bestimmungen kann mit Bußgeld geahndet werden.

Im Wartebereich meines Abflug-Gates traf ich zwei Kollegen, die mit mir nach Berlin reisen würden. Der eine sollte am Neujahrsmorgen nach La Palma auf die Kanaren fliegen, der andere ins kubanische Varadero. Wir schlugen uns die Zeit mit dem neuesten Klatsch und Tratsch über die Firma tot, natürlich nur in diskreter Lautstärke, damit die Gäste, die nach und nach eintrudelten, keine Rhabarberblattohren bekamen.

Der Flieger landete dann wider Erwarten doch etwas früher und flog uns mit Rückenwind in einem Affenzahn in die Hauptstadt, sodass wir trotz der langen Warterei fast pünktlich waren und die Ruhezeitprobleme sich erledigt hatten.

Der Blick aus dem Fenster eines Flugzeugs ist etwas, das mich immer wieder mit allen Widrigkeiten meines Jobs versöhnt. Der Himmel war sternenklar, und im Anflug auf Berlin konnte man neben den Lichtern der Stadt und der weißen, friedlichen Schmusedecke aus Schnee auch schon unzählige bunte Raketen bewundern, obwohl es erst früher Abend war.

Am Airport verließen wir die 737 über Treppen, und ich sah quer über dem Vorfeld »meinen« 330er, der mich am nächsten Morgen nach Nürnberg bringen sollte, unter einer dicken Schneemütze stehen. In Berlin lagen gute 20 Zentimeter des fluffigen, weißen Zeugs. Das würde morgen in aller Frühe sicher für Probleme sorgen.

Zuerst mussten wir aber mal unseren Bus zum Hotel finden. Gut, dass ich keine Pumps anhatte. Obwohl die Spike-Wirkung spitzer Absätze bei Glatteis ja nicht zu verachten ist.

Berlin kämpfte gegen den Winter, die Autobahnen waren streckenweise gesperrt, am Flughafen zankten sich die Menschen um die wenigen Taxen, die letzten Stunden des Jahres waren weit entfernt von entspannter Besinnlichkeit. Nach zehnminütigem Marsch durch den Matsch hatten wir unseren Hotelbus gefunden. Es war nicht derjenige mit dem Schriftzug des Hotels, sondern ein lackschwarzer Kleinbus ohne jede Aufschrift, was mir wieder klarmachte, wie gründlich man doch den Flugvorbereitungsordner lesen sollte. Und selbst dann war man vor Abenteuern nicht gefeit.

Wir waren gegen 19 Uhr 30 im Hotel und checkten ein. Ein Teil meiner morgigen Crew war schon vor Ort, die Herren aus dem Cockpit und zwei Kolleginnen aus der Kabine; wo der Rest war, konnte mir die Empfangsdame leider auch nicht sagen. Nun denn. Die Adresse des Hotels war kein Geheimnis; vielleicht handelte es sich ja auch um Kollegen aus Berlin, die morgen direkt zum Flughafen kommen würden.

Im Hotel stieg eine große Party für eine geschlossene Gesellschaft, aber immerhin gab es einen winzigen abgetrennten Bereich vom Restaurant, wo man von der kleinen Barkarte noch einen Imbiss bestellen konnte. Dort verabredete ich mich mit meinen beiden Kollegen. Wir saßen ein Weilchen beisammen, doch der Wecker sollte um 3 Uhr 30 klingeln, La Palma hatte 3 Uhr 40 Wecken, Varadero war am besten dran mit acht Uhr local. Also verzog ich mich um 21 Uhr auf mein Zimmer und versuchte zu schlafen. Da unter uns bereits das dumpfe Wummern der Party eingesetzt hatte und die Frequenz der explodierenden Böller langsam zunahm, stöpselte ich mir die Ohren zu, knuffte die Kissen zurecht und hoffte, trotz allem irgendwann einschlafen zu können. Das muss mir auch gelungen sein, bis nette Zimmernachbarn kurz vor Mitternacht ihre warmen Jacken für das Feuerwerk holten und dabei nicht vergaßen, laut brüllend und gackernd auf dem Flur alle an ihrer überspringenden Laune teilhaben zu lassen. Die Knallerei hatte zwischen 0 Uhr 10 und 1 Uhr 30 Uhr ihren Höhepunkt, um 2 Uhr 30 Uhr wurde die Musik unter mir endlich um zehn Dezibel leiser, und um 3 Uhr war ich so genervt, dass ich aufstand.

Ich knipste den Fernseher an und stieß auf einen Zusammenschnitt von Hits der Siebzigerjahre, die meisten aus »Disco-Zeiten« mit Ilja Richter. Ich konnte jedes Lied mitsummen und kannte von den meisten auch den Text. Der Blick in den Spiegel ergab ein Übriges: Ich war mir selten so alt vorgekommen wie an diesem Neujahrsmorgen. Doch ich dankte dem lieben Gott dafür, dass ich eine Frau war und es mir somit arbeitsvertraglich gestattet war, die Falten und Augenringe der wenig erquicklichen Nacht unter einer dicken Schicht Make-up verschwinden zu lassen. Den Stewards ist lediglich eine getönte Tagescreme erlaubt, die bei einer solchen Herausforderung jämmerlich versagt hätte!

Um Viertel nach vier war ich in der Lobby und zog mir einen Kaffee. Kurze Zeit später trudelte mein La-Palma-Kollege ein, er hatte nicht nur den Genuss des nächtlichen Feuerwerkspektakels gehabt, sondern auch noch den eines kläffenden Hundes im Nachbarzimmer. Leider war das Hotelpersonal nicht in der Lage, dessen Eigentümer ausfindig zu machen oder ihn anderweitig zum Schweigen zu bringen. Mein Kollege sah aus, als wäre er über Nacht von einem LKW überfahren worden, denn er hatte überhaupt kein Auge zugekriegt. Tolle Voraussetzungen für einen zu erwartenden 14-Stunden-Dienst!

Mittlerweile trudelten die Flugbegleiter ein, die zu meiner Crew gehörten. Hurra, ich war nicht mehr alleine! Drei Kolleginnen und ein Kollege waren am Tag zuvor aus München angereist, nur um mit mir diesen Tagesumlauf nach Nürnberg zu gestalten. Zwei weitere Flugbegleiterinnen nebst Kapitän und Copilot erschienen, sie waren aus Düsseldorf und schon gestern zusammen unterwegs gewesen, irgendetwas Spanisches. Fehlten noch zwei Kolleginnen. Eine dieser beiden war spontan am Abend zuvor von der Varadero-Crew abgeworben worden, da ihnen jemand kurzfristig ausgefallen war. Sie flog, nur mit zwei Schlüpfern und Wintergarderobe bewaffnet, für vier Tage ins 30 Grad heiße Kuba. Na denn, jugendlicher Idealismus ist ja was Herzerfrischendes!

Die letzte Flugbegleiterin wurde von der Firma offenbar vergessen zu planen. Anders konnte ich mir es nicht erklären, denn eine weitere Krankmeldung gab es nicht, und die Vorschrift sah 8 + 1 auf dem A330-300 vor, will heißen: ein Purser und acht Flugbegleiter. Man konnte dies verkürzen auf 7 + 1, das nannte sich dann Minimumbesatzung. Uns fehlte darüber hinaus aber noch ein weiterer Flugbegleiter, eigentlich hätten wir so gar nicht fliegen dürfen.

Wir hatten allerdings nur avisierte 160 Gäste auf dem

großen Schiff, und der Kapitän hatte eine Ausnahmegenehmigung in der Tasche. Wo er diese in der Silvesternacht hergezaubert hatte, war mir zwar schleierhaft, aber da wir durch längeres Warten auch nicht mehr werden würden, machten wir uns auf den Weg zum Flughafen. Für den ausgebuchten Rückflug am Abend wurde mir dann ein Flugbegleiter aus dem Standby versprochen.

An der Security wurden wir genauestens untersucht. Ich musste mein großes Gepäck öffnen, da ich einen sternförmigen, sechs Zentimeter großen Kettenanhänger in meiner Kulturtasche hatte, der natürlich auch ein böser Wurfstern hätte sein können. Auweia. Da war aber jemand ganz ausgeschlafen.

Am Ausgang zum Vorfeld stand ein großer Schneemann mit Kaffeebecher als Mütze, zwei Kirschtomaten als Augen, einem Minigeschenkkarton als Nase und einem stattlichen Besen im Arm. Irrte ich mich, oder grinste er mich erwartungsfroh an? War er vielleicht der Bote des Chaos, das uns die nächsten Tage begleiten sollte?

Ein geheizter Bus brachte uns zum Flieger. Man wurde mit den Jahren demütig und freute sich über Kleinigkeiten, besonders die Kolleginnen mit Kleidchen. Das Fluggerät stand dunkel, kalt und mit bereits erwähnter Schneemütze im Flutlicht. Und es schneite fröhlich weiter. Bei der geringen Passagierzahl durften wir unsere Koffer mit in die Kabine nehmen, das war auch ganz gut so, denn um den Flieger herum stapelte sich der Schnee. Da wäre das eigenhändige Beladen einer olympischen Winterdisziplin gleichgekommen. Wir erklommen die rutschige Treppe, brachen das Siegel an der Maschine auf und verstauten unser Gepäck. Bevor das Cockpit nicht die Heizung anschmiss, war kaum an eine Flugvorbereitung zu denken. Eigentlich hätten in der Kabine Eiszapfen an der Decke hängen müssen, so fühlte es sich wenigstens an.

Aber eine Flieger-Aircondition hat Kraft, wenn man sie denn mal lässt, und in der vorderen Küche beeilten wir uns, jedes Mal die Tür schnell wieder zu schließen, wenn jemand vom Bodenpersonal den Flieger betrat. Es kamen nun so viele Flocken vom Himmel, dass wir ansonsten Gefahr gelaufen wären, in der Küche einzuschneien.

Wie wir später erfuhren, stand unser Flugzeug zwei volle Tage in Berlin und hatte sich so dieses opulente Schneekleidchen aneignen können. Wir waren mit unseren Vorbereitungen mittlerweile fertig, und die Gäste hätten denn auch einsteigen können, sie standen bereits erwartungsfroh in Bussen vor dem Flieger. Leider war das Vorfeld noch nicht entsprechend geräumt, und man musste sich in Geduld üben – wir oben an der kalten Tür und die Passagiere im überfüllten und überheizten Bus. Mir war das Ganze nicht verständlich, Schnee hatte es in den letzten Tagen nach Weihnachten schon gegeben, und so viel Vorausblick sollte man von einem Flughafen doch erwarten können? Aber es kam noch besser.

Als endlich alle Gäste an Bord waren, der Kapitän und ich unsere guten Wünsche zum neuen Jahr ans Volk gebracht hatten und auch der Papierkram in trockenen Tüchern war, mussten wir die Passagiere noch darüber informieren, dass eine Enteisung des Flugzeugs vor dem Start unbedingt notwendig sei. Das würde etwa eine halbe Stunde in Anspruch nehmen. Bye, bye, pünktliche Abflugzeit. Wenn man nun in Betracht zog, dass Nürnberg für uns der neue Nabel der Welt, nämlich das Drehkreuz für all unsere Anschlussflüge war, dann konnte man sich jetzt schon ausrechnen, wie viele Flieger auf die Kanaren, nach Ägypten und Tunesien an diesem Tag Verspätung haben würden. Sie mussten nämlich auf uns respektive unsere Gäste warten.

Immerhin konnten wir die Türen schließen und die Triebwerke anlassen, bevor wir zur Enteisungsanlage nahe der Startbahn rollten. Nach dem Enteisen hatte man ein Zeitfenster von rund 20 Minuten bis zum Take-off, ansonsten konnte man sich der gesamten Prozedur noch einmal stellen.

Wir rollten also los, und von den ersten großen Problemen dieses Morgens ahnten weder ich noch die restliche Kabine etwas; solche Details erfuhr man erst später, ganz viel später bei einem Glas Shiraz an der Bar im Feierabendmodus.

Unser Flugzeug war derartig eingefroren, dass man mit großen Schrubbern an ihm herumfuhrwerken musste, um die Eisschollen zu lösen. In der vorderen Küche hörte sich das so an, als würde gleich einer der Kratzer durch die Außenhaut kommen. Aufgrund der Eisdicke dauerte das ganze Prozedere mehr als eine Stunde, und als wir endlich fertig waren, im wahrsten Sinne des Wortes, denn Rumstehen und Nichtstun machten mehr als mürbe, gab der Kapitän bekannt, dass er nun planmäßig die Triebwerke kontrollieren müsste. Dies wäre ein normales Verfahren nach Verwendung von Enteisungsflüssigkeit, hieße auf Englisch Engine Run-up, und wir sollten uns nicht wundern, wenn die Triebwerke nun wegen des Tests zweimal aufjaulen würden.

Die Kabine war gecheckt, alle Flugbegleiter saßen auf ihrem Platz, und tatsächlich jaulten die Triebwerke auf. Ich hatte am Rande mitbekommen, dass es Probleme mit einem Triebwerk geben könnte, weil ein Lämpchen, welches eigentlich zu schweigen hatte, trotzig blinkte, doch ich drückte uns die Daumen und vertraute unserem fliegenden Büro.

Wer so einen Probelauf noch nicht mitgemacht hat, dem sei erzählt, dass die Triebwerke dabei brüllten, als ginge es los, während die Bremsen des Fliegers aber genau das verhinderten. Das ganze Flugzeug zitterte, und man betete eigentlich nur, dass niemand aus Versehen gegen die Parkbremse hustete, weil es einen sonst senkrecht in den Orbit pusten würde.

Unser Run-up war in Ordnung; keine Minute später fauchten die Triebwerke erneut, die Bremsen wurden gelöst, und der Flieger schoss mit knapp 200 Tonnen Startgewicht nach vorne. Durch mein Hirn zogen wie bei jedem Start die Evakuierungskommandos: »Gurte los – Alles liegen lassen – Raus!« und »Springen – Rutschen – Weg vom Flugzeug!« Genau so würden wir im Fall eines Startabbruchs und eventuell anschließender Evakuierung reagieren. Ich war gedanklich noch nicht bei »Raus!« angekommen, da wurde unser Start schon abgebrochen, und der Flieger bremste forsch. Aus dem Cockpit kam sehr zügig das Kommando »normal operation«, was uns Flugbegleitern mitteilte, dass dies keine brenzlige Situation mit zu erwartender Evakuierung war.

Ich beruhigte unsere Gäste mit der Ansage, dass der Kapitän den Start zwar abgebrochen hätte, dies aber kein Grund zur Besorgnis sei und wir in Kürze weitere Informationen aus dem Cockpit erhalten würden. Ob es an der Uhrzeit, dem Datum oder der Gelassenheit der Gäste lag, es regte sich kaum jemand auf, und wir konnten ruhig weiterrollen.

Wie sich herausstellte, hatte das zickige Lämpchen beim Testlauf geschwiegen, blinkte aber dann beim eigentlichen Start, obwohl es eigentlich still sein sollte. Die Piloten nahmen die Warnung ernst und verhielten sich entsprechend den Sicherheitsvorschriften. Der Fehler wurde abgearbeitet, mit der Firma telefoniert, Listen gecheckt, mit dem Flughafen über eine neue Abflugzeit verhandelt und endlich jemand organisiert, der uns zurücklotste. Flieger haben ja bekanntlich keinen Rückwärtsgang.

Mittlerweile waren wir gut zwei Stunden zugange. Die

Triebwerke rumorten, der Flieger rollte los, beschleunigte und … hob endlich ab. Hurra. Nun fehlten nur noch das planmäßige Verlöschen der Notbeleuchtung und das Einfahren des Fahrwerks. Aber weder das eine noch das andere trat ein. Als Purser saß ich direkt über dem vorderen Fahrwerksschacht, und die Kollegen auf der 3er-Position in der mittleren Kabine hockten quasi über dem Hauptfahrwerk. Normalerweise fuhr das Fahrwerk keine zehn Sekunden nach Take-off ein. Wir flogen bestimmt schon fünf Minuten, als meine besorgten Kollegen mich anriefen: »Sag mal, Kathrin, ist das Fahrwerk noch draußen?«

Bin ich Pilot? Nö.

»Hört sich so an.«

»Haben die im Cockpit das vergessen, oder was?«

Ich hatte keine Ahnung, davon aber ganz viel. Da ich mir als Kabinenchefin keine Blöße geben wollte, zitierte ich in groben Zügen meinen alten Freund James Dean: »… sie wissen schon, was sie tun …«

»Dann ist es ja gut.«

Es war auch alles gut, unser Cockpit hatte lediglich das Fahrwerk zum Kühlen der Bremsen länger draußen gelassen, da sie beim Startabbruch zu heiß geworden waren. Eine Nachricht an die Crew, die stets höchst sensibel für alle ungewöhnlichen Geräusche ist, wäre fein gewesen. Es rauscht ungemein im Schiff, wenn das Fahrwerk noch nicht eingefahren und man dem Himmel unterm Bauch so nahe ist. Angesichts des gesamten Arbeitsaufkommens dieses vertrackten Morgens haben wir den Jungs verziehen, für sie war es die normalste Sache der Welt – mich aber kostete es wieder fünf graue Haare mehr. Insgesamt hatten wir nun eine Blockzeit von zwei Stunden und 45 Minuten von Tegel nach Nürnberg. Zum Vergleich: Der Standardflug betrug eine knappe Stunde.

Die Tücken des Enteisens

Unser Flieger wurde von einer Crew übernommen, die genauso bunt zusammengewürfelt war wie unser Cockpit aus München, und sie waren auch genauso müde. Vor ihnen lag ein langer Arbeitstag, ein fünfstündiger Flug ins ägyptische Hurghada und dann das Ganze nach einer Stunde am Boden wieder retour. Einen Großteil der Zeit würden wir nun als sogenannten Tagesstopp im Hotel verbringen, da wir genau diesen Flieger am Abend zurück nach Berlin bringen sollten.

Gegen zehn Uhr morgens kamen wir endlich im Hotel an. Keiner hatte noch Lust, frühstücken zu gehen, und jeder freute sich stattdessen auf sein Bett. Ich schlief bis mittags um zwei, überlegte beim Aufwachen, wo ich war, und schaute dann aus dem Fenster des dritten Stocks. Nürnberg lag noch ohne jeden Niederschlag, dafür aber mit viel Sylvestermüll eisig kalt vor mir, und ich entschloss mich, zurück ins Bett zu flüchten. Der Weckruf würde erst um 18 Uhr kommen, noch satte vier Stunden zum Faulenzen. Im Fernsehen lief eine Kamelle mit Eddie Murphy, dazu selbst gebackene Plätzchen aus der Tupperdose und Karamelltee, den der hoteleigene Wasserkocher ermöglichte. Ein Traum!

Wieder in die Uniform zu springen, fiel schwer, zumal mein Magen mittlerweile heftig knurrte. Aber eine originale Currywurst mit Pommes an der Hotelbar abends in Berlin würde zumindest den Kalorienhaushalt des Tages wieder ausgleichen, und die Aussicht darauf diente mir als

Motivationshilfe. Also flogen Plätzchen, Nachtgewand und Kulturtasche zurück in den Koffer, und ich machte mich reisefertig.

Die zusätzliche Flugbegleiterin für den Heimflug saß mittlerweile auch in der Lobby, machte aber keine Anstalten, sich bei der Crew vorzustellen. Nun, dann eben nicht. Als meine Besatzung sich im Bus auf dem Weg zum Airport Nürnberg Gedanken machte, ob sie ihre Arbeitspositionen im Flieger denn würden behalten können, weil die hinzugekommene Kollegin ja eine höhere Seniorität haben könnte, meinte ich: »Wer noch nicht mal grüßen kann, muss halt nehmen, was übrig bleibt.«

Innerhalb von zehn Sekunden nannte sie mir Namen und Dienstgrad und erzählte dann, dass sie extra für uns aus Stuttgart mit dem Bus angereist sei. Aha, ging doch. Nur leider zu spät. Ich teilte ihr mit, dass eine Position in der vorderen Küche noch frei sei, was ja auf dieser kurzen Strecke sicher kein Problem darstellen würde. Wer arrogant auftrat, hatte eben das Nachsehen – ganz einfach.

Auf dem Rückflug waren 370 Gäste avisiert, also fast *full house*. Wir übernahmen den Flieger von der Hurghada-Crew. Wenn sie am Morgen schon nicht taufrisch ausgesehen hatten, die Armen, so waren sie jetzt so richtig fertig. Die Purserette erzählte, dass sie während des gesamten Flugs so viele Turbulenzen hatten, dass sie nicht einen einzigen Servicedurchgang zu Ende bringen konnten. Dementsprechend mies gelaunt waren auch die Gäste. Das brauchte in der Tat niemand, am Neujahrsmorgen schon gar nicht. Ich fragte mich im Stillen, wer solche Reisen plante? Ich würde freiwillig nicht mit einer Crew fliegen, die vor der Reise ganz gewiss nicht genug Schlaf bekommen hatte, selbst wenn sie bemüht und guter Absicht war.

Der Flieger wurde gereinigt, neu betankt, mit Frischwasser befüllt, und das Brauchwasser der Waschräume und

Küchen wurde abgepumpt. Das alte Catering wurde ent- und das neue beladen. Dies dauerte für einen Flug nach Tegel nicht besonders lang, da die Gäste nur einen abge- packten O-Saft nebst Müsliriegel erhielten. Für die gesamte Crew von elf Personen waren zwei Flaschen Stilles und eine Flasche Blubberwasser sowie zwei Flaschen Cola vor- gesehen, Crewessen gab es gar keines. Immerhin konnte ich ein angebrochenes Glas Kaffee, eine Tüte Frischmilch und ein paar Pappbecher von der Hurghada-Crew retten, sodass wir wenigstens Kaffee kochen konnten. In der vor- deren Galley betrug die gefühlte Temperatur weit unter null, da war es schon toll, einen heißen Becher in der Hand zu halten. Am liebsten hätte ich meine Füße in den Kaffee gesteckt, sie waren trotz Stiefel, dicker Socken und Lamm- fellsohle längst zu Eisklumpen mutiert.

Innerhalb kurzer Zeit waren wir ready for boarding. Auf- grund der niedrigen Außentemperaturen kamen wir trotz der Tatsache, dass der Flieger gerade aus Ägypten angereist war, um ein Enteisen nicht herum. In Nürnberg sorgte dafür ein mobiles Rollkommando; links und rechts vom Flieger erschien ein Enteisungswägelchen und spritzte los. Das hieß, die Geduld, die wir für diesen Vorgang aufbrin- gen mussten, wurde uns noch nicht mal vergütet, genauso wie am Morgen in Berlin, als der Flieger an seiner Park- position stand und sich noch keinen Meter aus eigener Kraft bewegt hatte. Die sogenannte Blockzeit – also die für uns bezahlte Zeit – bezieht sich auf die Spanne zwischen dem Moment, an dem die Bremsklötze vom Fahrwerk ent- fernt werden, bis zu dem Zeitpunkt, da sie nach beendetem Flug wieder davorgelegt werden. Was im Umkehrschluss bedeutet, dass alle Wartezeiten auf dem Flieger, auf die Anschlussmaschine, auf Lader, Caterer, Technik, auf den Hotelbus, die Koffer, die Gäste, den Ramp Agent, Tauwet- ter, bessere Zeiten oder was auch immer grundsätzlich mit dem Grundgehalt abgegolten waren. Aber ich will nicht abschweifen.

Da der Flieger seine Schneepudelmütze bereits am Morgen in Berlin gelassen hatte und während des kurzen Parkens in Nürnberg kein Neuschnee hinzugekommen war, konnte es ja eigentlich nicht so lang dauern, der Kapitän rechnete mit etwa einer halben Stunde. Mittlerweile waren die Türen geschlossen und sämtliche Treppen abgefahren, sonst hätte man das Flugzeug nicht an allen Stellen erreichen können. Im Inneren der Kabine herrschten inzwischen tropische Temperaturen; nachdem ich Schal und Uniformmantel weggeräumt hatte, entledigte ich mich auch noch meiner Strickjacke, es war wirklich unglaublich heiß. Die Kollegen der Aft Cabin riefen vorne an und beschwerten sich, die ersten Gäste fragten bereits nach Wasser für Tabletten, wegen der Hitze und für den Kreislauf. Ich bat das Cockpit um Regelung der Temperatur, was leider nicht möglich war, denn die Aircondition blieb beim Enteisen aus. Es kam auch so schon genug Gestank von der Enteisungsflüssigkeit in das Kabineninnere. Die Dämpfe waren der Gesundheit alles andere als förderlich, und sie würden durch die Aircondition direkt ins Innere gesaugt werden. Die Flüssigkeit an sich würde die Zugänge verkleben und die gesamte Anlage unbrauchbar machen. Das klang wunderbar logisch, proportional zur Kabinentemperatur stieg jedoch die schlechte Laune der Passagiere. Der Ruf nach Getränken wurde immer lauter, den ich jedoch nur mit einem Schulterzucken beantworten konnte. Erstens war die avisierte halbe Stunde schon lange verstrichen, zweitens hatten wir lediglich fünf Flaschen à 0,7 Liter insgesamt an Bord – und die waren eigentlich für die Crew gedacht. Wie immer gaben wir unser letztes Hemd, doch die eiserne Reserve war bald verbraucht, und unsere Gäste wurden immer aufmüpfiger. Mit einem Mal kam ein weißhaariger Mann mit Albert-Einstein-Frisur energischen Schrittes durch den Gang auf mich zugestürmt und wetterte: »Was ist das hier für ein Amateurverein, können Sie nicht mal die Heizung runterdrehen?« Er versuchte sich an mir vorbeizudrängen und rief: »Jetzt werde ich mal mit dem Kapitän reden! Sie machen hier ja sowieso nichts! Lassen Sie mich durch!«

Nichts da, einen wild gewordenen Gast brauchten die Jungs bestimmt nicht im Cockpit, die hatten mit Sicherheit schon genug andere Sorgen, also stellte ich mich Herrn »Weißhaupt« in den Weg und teilte ihm mit, dass dies so nicht ginge.

»Wieso geht das nicht? Das soll ja wohl ein Witz sein! Ich will sofort mit dem Verantwortlichen hier sprechen! Machen Sie wenigstens mal die Türen auf, das ist hier ja nicht zum Aushalten!«

Insgeheim musste ich dem Herrn sogar recht geben, ich wünschte meine 100-Prozent-Polyester-Langarmbluse schon etwas länger zum Mond, dennoch konnte sich hier nicht jeder aufführen, wie er wollte, und ich bat ihn energisch, wieder Platz zu nehmen. Ein Ehepaar in Reihe sechs, das die Szene neugierig verfolgt hatte, rief mir zu: »Das ist Herr Sowieso, mit dem brauchen Sie gar nicht zu diskutieren, der weiß sowieso alles besser.«

»Aha, Sie kennen sich näher?«

»Nö, der war nur mit in unserem Hotel und hat dort auch ständig und drei Tage an allem herumgenörgelt. Gell, Schatzi?«

Der Gatte stieß seine Frau an. Diese nickte eifrig: »Ganz genau. Dem können Sie es eh nicht recht machen, ein echter Miesepeter.«

Gut zu wissen. Ich bedankte mich mit einem etwas verschwitzen Lächeln. Nun, vielleicht konnten wir es dem weißhaarigen Herrn sowieso nicht recht machen, wir hatten aber noch 369 andere Gäste an Bord, das Reservewasser war alle, das Zeitfenster mehr als verstrichen, und an einem weiteren Gespräch mit dem Cockpit führte nichts dran vorbei.

Als der Copilot mich einließ, telefonierte der Kapitän mit schon rot glühendem Handy und stieß einen leisen Fluch nach dem anderen aus. Als er endlich das Gespräch beendet hatte, sagte er nur: »Ich habe schlechte Nachrichten.«

»Inwiefern?«

»Die Enteiser haben den Enteisungsvorgang eigenmächtig abgebrochen. Keiner kann mir erklären, wieso. Eine gescheite Kommunikation mit dem Flughafen kommt auch nicht zustande, jeder schiebt dem anderen die Schuld in die Schuhe.« Er raufte sich die blonden Haare und sah ziemlich gequält aus.

»Was heißt das jetzt konkret?«, wollte ich wissen.

»Dass wir mit dem Enteisen komplett von vorne anfangen müssen.«

»Au klasse.«

»Du sagst es. Ich könnte k…«

»Wie lange?«

»Wieder mindestens eine halbe Stunde, vorausgesetzt, die Enteiser kommen endlich wieder hier an den Laden …«

»Wie bitte?«

»So ein Flieger hat leider keine Rückspiegel. Dass die weggefahren sind, haben wir eben erst bemerkt. Und frag mich jetzt bloß nicht, wieso die das gemacht haben.«

»Okay, tu ich nicht. Wer kommuniziert das an die Gäste?«

»Kannst du das vielleicht machen? Ich muss noch mal telefonieren …«

Großes Seufzen auf beiden Seiten. Ich informierte die Crew über die erneute Wartezeit und beschloss, den Passagieren wenigstens schon einmal den knappen Service, den wir bieten konnten, angedeihen zu lassen. Ob dies über den Wassermangel hinweghalf? In meiner Ansage bedauerte ich die herrschenden Umstände, versuchte ohne viele technische Schnörkel zu erklären, warum es eben nicht möglich sei, mal eben ein Fenster oder eine Tür zu öffnen, und bat um weitere Geduld. Immerhin konnte das Cockpit während der Wartezeit auf den Beginn der erneuten Enteisung kurzfristig die Klimaanlage aufdrehen, und sofort wurde es merklich kühler.

Nach einer gefühlten Ewigkeit ging es dann endlich los. Die Kollegen der Aft Cabin waren mehr als erleichtert, denn im hinteren Teil der Kabine waren die Gäste wie so oft am aufmüpfigsten. Mit Sicherheit hatte das damit zu tun, dass man sich hier am meisten bewusst war, in was für einer langen Blechröhre man sich eigentlich befand. Normalerweise schalteten Meckerköpfe einen Gang herunter, wenn man Getränke oder einen Snack reichte. An diesem Abend konnten die Flugbegleiter sich schon glücklich schätzen, nicht mit den Trinkpäckchen beworfen zu werden.

Schnell ging dann der Flug nach Berlin im wahrsten Sinne des Wortes. In sage und schreibe 35 Minuten bretterten die zwei den Flieger in die Hauptstadt. Der Landeanflug war so schnell und steil, dass die Maschine laut ächzte und vibrierte; besonders in der Nähe der Tragfläche hatte man das Gefühl, sie würde gleich beginnen, mit den Flügeln zu schlagen. Es ging so rasant abwärts, dass die Geschwindigkeit die Falten aus dem Gesicht wischte und die Flugbegleiter sich nur noch in Klammeraffenmanier durch die Gänge hangeln konnten. War das jetzt nötig, bei insgesamt zweieinhalb Stunden Verspätung? Ob die positive Materialbelastung und die negative Belastung meines Gehaltskontos so einen Sturzflug rechtfertigten? Die angesagte Flugzeit betrug eigentlich 60 Minuten! Wir geben eben alles für unsere Gäste.

Man glaubte es kaum, aber endlich in Berlin angekommen – es schneite übrigens noch immer reichlich –, verabschiedeten sich die meisten Passagiere sogar mit einem Dankeschön.

Oft ist die Stimmung an Bord wie eine Parabel, sie beginnt beim Einsteigen im neutralen Bereich, hat ihren Höhepunkt bei unvorhergesehenen Vorkommnissen auf dem Gipfel der untätigen Wartezeit an Bord und ist bei der Beendigung des Flugs wieder in der Talsohle. Flugreisen sind eben auch heute noch mit mehr Abenteuergeist zu betrachten als andere Arten des Reisens.

Wir betrachteten etwas verwundert, wie einige Gäste mit Flipflops, Shorts und kurzen Ärmeln auf dem verschneiten Vorfeld in die Busse stiegen, aber ließen sie mit freundlichem Nicken ziehen.

Für uns ging ein langer Tag zu Ende, mittlerweile war es nach 23 Uhr. Der Kapitän hatte schon von Nürnberg aus im Hotel angerufen, dass noch einige hungrige Mäuler spät eintreffen würden und entzückt über eine Berliner Currywurst wären. Inzwischen war es bei unserer Ankunft im Hotel aber so spät, dass uns nur noch die Wahl zwischen Gulaschsuppe oder Pizza blieb. Von der ganzen Crew schafften es lediglich vier von uns an die Bar, um den Tag Revue passieren zu lassen. Hier lieferte man uns denn auch die Erklärung für die doppelte Enteisungsaktion in Nürnberg: Nachdem 90 Prozent enteist worden waren, knipste die Maschine neben uns die Beacons an: zwei blitzende rote Lampen jeweils auf und unter dem Rumpf des Flugzeugs, sogenannte Antikollisionslichter. Sie dienen der Sicherheit, denn nahes Bodenpersonal weiß beim Anblick der blinkenden Beacons, dass die Maschine die Triebwerke anzulassen gedenkt.

Offenbar hatte es der Enteiser mit der Angst zu tun bekommen und eigenmächtig den Enteisungsvorgang abgebrochen. Weder Flughafen noch Cockpit waren in der Lage, Kontakt zu dem flüchtigen Helfer aufzunehmen, was die ganze Aktion dermaßen verzögerte. Wir konnten nur noch den Kopf schütteln. Dies sollte auf einem Planeten, auf dem die Menschheit zum Mond flog, möglich sein? Manche Dinge waren einfach unfassbar …

Paris – eine Reise wert?

Am nächsten Tag sollte es für mich mit einer neuen Crew nach Paris gehen und im Anschluss daran nach Düsseldorf. Die übrigen Kollegen flogen zuerst nach Düsseldorf und von dort aus nach Palma. Mir blieb nur die eine Kollegin aus Stuttgart treu, den Rest der Crew würden wir dann morgen irgendwo finden. Allerdings würden sie mich nicht nach Düsseldorf begleiten, sondern weiter nach Alicante fliegen. Die Ideen und Wege der Einsatzplanung waren unergründlich.

Am Morgen passierten wir die Sicherheitskontrolle für Crews am Flughafen Tegel und begrüßten unseren alten Freund, den Schneemann. Er stand dort immer noch höhnisch grinsend mit seinem Besen in der Hand.

Während wir tags zuvor schön im mollig warmen Bus zur Maschine gefahren waren, mussten wir heute erst einmal unseren Crewraum aufsuchen, und zwar zu Fuß. Also packten wir unsere schicke, neongelbe Warnweste aus und wateten durch 15 Zentimeter hohen Schnee. Dies war mit zwei Koffern im Schlepptau ein ziemlicher Eiertanz. Der Fußweg am Vorfeld war nicht oder nur halbherzig geräumt, die Schneeflocken tanzten uns im Gesicht herum, es war windig, glatt und kalt, Kofferkulis und PKWs fuhren an uns vorbei und bespritzten uns mit Matsch. Ich hätte schreien können, wäre damit nicht kostbare Körperwärme verloren gegangen.

Immerhin trafen wir im Crewraum unseren Kapitän und zwei weitere Kolleginnen aus der Kabine, somit fehlte uns nur noch eine. Sie steckte noch in einer verspäteten Maschine aus Frankfurt, aber es hieß, sie sei bereits im Anflug. Na wunderbar.

Also machten wir unser Kabinen-Briefing erst einmal zu dritt. Viel gab es zu einem vollen Flug nach Paris nicht zu sagen, es würde für die Gäste belegte Brote geben und jede Menge Warterei wegen zu enteisender Maschinen gratis, das ahnten wir jetzt schon. Wir handelten Emergency und Erste Hilfe ab und erhielten vom Chef die Info, wie lange wir fliegen würden.

Unser Flieger war schon gelandet, und nicht nur das, er stand auf dem Vorfeld wie ein Kühlschrank mit zwei Tragflächen – ohne Strom, also ungeheizt und dunkel – und wartete sehnsüchtig auf uns.

Wenigstens konnten wir jetzt den Luxus einer Busbeförderung genießen. Leider wusste unser Fahrer nicht, wo die Maschine stand. Der Flughafen auch nicht; an der angegebenen Position, die unser Cockpit hatte, parkte er jedenfalls nicht. Na ja, der Tag war jung, es schneite wie wild, da konnte man doch ruhig warm und trocken ein bisschen über den Berliner Flughafen schippern, oder? Wir fanden unser Fluggerät dann doch – wäre doch gelacht! – und enterten das eiskalte Teil. Spätestens jetzt wünschte ich mir beheizbare Einlegesohlen. Schade, dass es die nur für Skistiefel gab.

Das Cockpit begann mit der Flugvorbereitung, meine beiden Mädels verschwanden in der Aft Cabin – auf dem 320er waren wir für 174 Gäste wieder nur zu viert in der Kabine –, und ich testete standardmäßig die Videoanlage. Kurz darauf kam der Ramp Agent und fragte mich, wann wir einsteigen lassen könnten. In der vorderen Küche stapelten sich noch 200 Zeitungen und Illustrierte sowie die Box mit Crewessen, Eis, Zitrone, dann brauchten wir noch Bonbons zum Boarden, das Cockpit hatte noch nichts zu trinken bekommen, ferner mussten die Sitztaschen und Toiletten ausgesteckt werden. Außerdem waren der Emergency- und Security-Check noch nicht erledigt, immerhin waren wir ja schon mindestens sieben Minuten an Bord, davon zwei Minuten mit Strom.

Ich schob den Ramp Agent stumm an den Kapitän weiter, weil ich auch nicht wusste, wie lange man noch fürs Tanken brauchen würde. Freudig grinsend kam er aus dem Cockpit und meinte zu mir: »Okay, ich lass dann abrufen.«

Wie bitte? Bei all dem Chaos brauchten wir doch mindestens noch zehn Minuten, von der Kleinigkeit mal abgesehen, dass uns noch eine Flugbegleiterin fehlte. Der Kapitän kam aus dem Cockpit, versenkte die Hände tief in den Hosentaschen, brummelte etwas über die Qualität der Zusammenarbeit mit dem Flughafen und meinte dann, es würden vom Abrufen bis zum Erscheinen der Passagiere mindestens 20 Minuten vergehen. Zur Not müssten sie halt noch etwas im Bus warten, bis die Kabine o.k. sei. Na gut, damit konnten wir leben.

Kurz darauf hastete die Frankfurter Kollegin die Treppe herauf, im Schlepptau einen gigantischen Rollenkoffer. Ihr Dienstauftrag schien offenbar etwas länger zu dauern. Nach etwa 40 Minuten waren alle Gäste an Bord, und wir wären im Prinzip startbereit gewesen, wenn da nicht eine klitzekleine Kleinigkeit gefehlt hätte: das Gepäck – genauer gesagt: 174 Koffer Passagiergepäck. Und es war nicht so, dass wir auf das Ende der Beladung hätten warten müssen, im Idealfall war die Beladung mit dem Boarden zeitgleich abgeschlossen. Nein, die Lader hatten noch nicht einmal angefangen. Wie das kam?

Am Morgen war der Flughafen wegen heftigen Schneetreibens und nicht geräumter Landebahn für eineinhalb Stunden komplett geschlossen gewesen. Nun hinkte man dem Zeitplan aufgrund hoher Krankheitsrate und zu dünner Personaldecke hoffnungslos hinterher. Der Flieger aus Griechenland, der neben uns stand, hatte dort vor einer Stunde geparkt und war immer noch nicht entladen. Von unserem Passagiergepäck war weit und breit nichts zu sehen. Ach ja, und enteisen würden wir an diesem Morgen natürlich auch noch müssen.

Wir standen uns über eine Stunde die Füße in den Bauch. Da die vordere Tür offen bleiben musste wegen der Kommunikation mit dem Ramp Agent, bewegte sich die Küchentemperatur mal wieder im nordpolaren Bereich.

Während wir hin und her überlegten, welche Anschlussflüge wir noch erreichen konnten und was der Tag wohl alles so bringen würde, erschien ein kleines Trüppchen Lader, die tatsächlich Anstalten machten, unser Gepäck zu verladen. Immerhin konnte ich den Gästen zur Abwechslung mal etwas Positives berichten. Die meisten sahen der Verspätung gelassen entgegen; unsere Passagiere waren zu 80 Prozent Franzosen, und der Rest klang holländisch. Nur ein Herr stand bereits seit geraumer Zeit in der hinteren Galley und redete auf die Kolleginnen ein. Schnell stellte sich heraus, dass er keineswegs die Nonchalance seiner Mitreisenden besaß, sondern ziemlich zickig war. Sein Problem war ein Anschlussflug nach Amerika, der unter normalen Umständen schon viel zu knapp geplant gewesen war. Nun konnte er sich allerdings endgültig von der Hoffnung verabschieden, den anderen Flieger zu erreichen.

Die Diskussion zwischen dem Gast und den Flugbegleiterinnen verlief recht einseitig, zumal sie durch einen extremen französischen Akzent im Englisch des Herrn erschwert wurde. Sicher war ein verpasster Anschlussflug nach Übersee eine äußerst ärgerliche Angelegenheit. Ich empfahl ihm, seine Beschwerde an die Leitung des Flughafens zu richten, wenn er die Widrigkeiten des Winterwetters nicht als ausreichenden Grund für die Verspätung akzeptieren könnte. Das reichte ihm aber nicht, er wollte sich auf alle Fälle bei unserer Firma beschweren, denn wegen uns würde er ja nun seinen Flieger verpassen. Also gab ich ihm eine Visitenkarte mit der Telefonnummer des Kundenservice und wünschte der Kollegin am Draht insgeheim schon einmal ein geschultes Ohr für Dialekte.

Der Kapitän befreite mich aus dieser Situation, indem er mich ins Cockpit rief und einen Kaffee bestellte. Da dies normalerweise nicht zu den Startvorbereitungen der Piloten gehört, fragte ich nach, ob er schon eine Idee hätte, wann wir hier loskämen. Nein, wisse er auch nicht. Das Gepäck wäre zwar nun endlich verstaut, aber im Moment seien wir Nummer 24 zum Enteisen. Pro Flieger dieser Größenordnung rechnete man mit ungefähr 20 Minuten. Na, Mahlzeit. Nach einer halben Ewigkeit kam dann die Mitteilung des Cockpits: »Ten minutes to Take-off.«

Heiß ersehnt und kaum zu glauben: Wir flogen nach Paris!

Wir flogen auch wieder zurück nach Berlin, eine Verspätung solchen Ausmaßes war aber nicht mehr aufzuholen. Unsere Landezeit war mit 17 Uhr 10 local avisiert, mein Flieger nach Düsseldorf sollte um 18 Uhr starten. Das war mehr als knapp, denn nach der Landung würde das Flugzeug noch mindestens fünf Minuten rollen. Bis dann die Tür geöffnet werden konnte und alle Gäste ausgestiegen waren, würden noch einmal zehn bis 15 Minuten vergehen. Ich wusste nicht einmal, in welchem Teil des Flughafens wir landen würden respektive wo ich meinen Anschlussflieger suchen sollte, und eingecheckt hatte ich aufgrund des Chaos am Morgen auch noch nicht. Das Einzige, was ich definitiv wusste, war die Flugnummer. Der Chef hatte ein Einsehen und holte mich kurz vor der Landung in Berlin ins Cockpit. Er drückte mir einen Zettel mit meiner Flugnummer und dem dazupassenden Abfluggate in die

Hand und teilte mir mit, dass mich ein Bus direkt zu meinem Flieger fahren würde. Ich dürfte ausnahmsweise direkt mit den ersten Gästen von Bord gehen, damit ich meinen Anschluss noch bekäme. Das war aber ein netter Zug!

Trotzdem war es ein komisches Gefühl, das Schiff mit dem ersten Gast zu verlassen. Ich kletterte mit meinem Gepäck die glitschige Hühnerleiter der Fluggastbrücke hinunter. Der Ramp Agent, der mir die Tür aufhielt, quakte mich gleich an: »Hier sind Sie im Übrigen nicht versichert!«

Immerhin versprach er mir, einen Bus zu organisieren. Der Funkspruch unseres Kapitäns war zwar voll bester Absichten gewesen, aber offenbar irgendwo im Orbit hängen geblieben. Ein Abholer für mich war weit und breit nicht zu sehen. Es kamen der Tanker, die Technik, die Putzkolonne … aber kein Auto für mich. Die Zeit verrann, es war kalt, dunkel, windig und matschig. Ich stand genau unter der Nase unseres Fliegers und beneidete jeden, der keine kalten Füße hatte. Meine waren den ganzen Tag über nicht aufgetaut. Mist, wenn ich den Flieger verpassen würde, müsste ich wahrscheinlich noch eine Nacht ins Hotel, überlegte ich – als ein gelber Engel auf mich zukam. War ich schon erfroren und halluzinierte?

Ein Mann mit neongelber Winterjacke und der schwarzen Aufschrift Supervisor fragte mich, ob er mir helfen könne. Wenn man überlegte, dass gerade auf einem Airport ja nichts unbewacht herumstehen sollte, hinterließ ich wahrscheinlich einen ziemlich merkwürdigen Eindruck, so ganz alleine im Schnee unter dem Flugzeug. Ich schilderte kurz mein Begehr, und Mr. Supervisor bat mich in seinen VW-Bus.

»Gar kein Problem, junge Frau, da fahr ich dich eben hin!«

Cool. Ich saß samt Koffern in einem kuschelig warmen

Auto und wurde zu meinem Gate chauffiert. Wie sich herausstellte, befand es sich ganz am anderen Ende des Flughafens. Wäre ich mit den Gästen aus Paris durch die Passkontrolle gegangen, hätte ich es nicht mal mit Rollschuhen rechtzeitig bis dorthin geschafft.

»Kuck mal, da is dat Schiff ja für dich!«

»Das kann unmöglich das Flugzeug nach Düsseldorf sein, auf meinem Plan steht 9479 mit sechs Mann Besatzung. Das da vorne ist eine Langstreckenmaschine!«

Mr. Supervisor kratzte sich am Kopf und sagte dann: »Gib mal her!«

Er zog mir den Dienstplan und den kleinen Zettel von meinem Kapitän aus der Hand, verglich sie und funkte noch einmal. Es knarzte im Äther.

Sowohl mein gelber Engel als auch die Kollegen bestätigten, dass ich mich am richtigen Flieger befand. Ich bedankte mich für den netten Service, wuchtete meine Koffer aus dem VW-Bus und kletterte erleichtert mit meinem Gepäck die Gangway hoch. Die Kollegin an der Tür begrüßte mich freundlich, nahm aber nicht weiter Notiz von mir. In der mittleren Kabine machte sich die diensthabende Crew ein Süppchen warm und mühte sich mit den schweren Zeitungsstapeln ab. Inzwischen erfuhr ich, dass der Flieger eine kaputte Maschine ersetzte; diese Kollegen hatte man 50 Minuten vor Abflug komplett aus dem Standby getrommelt. Durch das gesamte Flugzeug wuselte Putzpersonal mit Müllsäcken und Staubsaugern, ich kam mir vor wie in einem Film, in dem ich bloß eine Statistenrolle hatte. Da ich noch nicht offiziell eingecheckt hatte, war ich im Moment ein echter blinder Passagier. Bei einer erwarteten Passagierzahl von 160 auf dem großen Flieger, der Platz für 304 Menschen bot, wäre ich wohl auch nicht weiter aufgefallen. Damit aber alles mit rechten Dingen zuging, klopfte ich vorne an der Cockpittür und begrüßte die Kollegen:

»Wünsche ein frohes neues Jahr. Im Übrigen habt ihr einen blinden Passagier an Bord, nämlich mich.«

Der Kapitän, ein bekanntes Gesicht von vergangenen gemeinsamen Flügen, lachte und umarmte mich.

»Was machst du denn hier?«, wollte er fröhlich wissen.

»Das erzähle ich dir auf unserer nächsten gemeinsamen Langstrecke, es könnte etwas länger dauern«, antwortete ich. »Ich habe noch nicht eingecheckt und aus Versehen meine Buchungsnummer beim Aufräumen meiner Handtasche mit entsorgt, könnte mir der Ramp Agent vielleicht weiterhelfen? Zum Einchecken im Terminal hatte ich leider keine Zeit, ich komme gerade aus Paris.«

Der Ramp Agent war so freundlich, mich nur per Namen und Dienstgrad einzuchecken, und ich bekam Platz 21 K. Es gab drei Sitzplätze in den insgesamt 52 Sitzreihen, die zwar ganz außen lagen, konstruktionsbedingt aber trotzdem kein Fenster hatten. 21 K war einer davon. Nun hätte ich endlich mal raussehen können – im Dienst vom Flugbegleitersitz aus war das ja nicht möglich – und saß vor der Wand. Wie blöd.

Und dann kam der zweite Engel des Tages in Form meiner Kollegin, als wir bereits zur Startbahn rollten: »Willst du dich nicht nach vorne in die Businessclass setzen? Dort ist alles leer.«

Das war dann doch noch wie Urlaub. Ich saß in Reihe vier am Fenster, Füße auf der Fußstütze, Lehne nach hinten, einen heißen Kaffee mit extra Kuhmilch in der Hand und mit einem fantastischen Blick auf die Lichter der Hauptstadt. Bye, bye, Berlin. Du hast mich diesmal echt Nerven gekostet.

Zwei Wochen später zog ich zwei Blätter aus meinem Postfach in der Firma. Die erste Seite war ein Brief von der Kabinenleitung, in dem es hieß, ein Passagier habe sich positiv über mich geäußert.

»Machen Sie weiter so, vielen Dank! Anbei finden Sie das Schreiben des Gastes.«

Ich blätterte um und las:

»*... und ein dickes Lob möchten wir dem Kapitän und der verantwortlichen Flugbegleiterin aussprechen sowie der gesamten Crew. Sie haben sich trotz massiver Beschimpfungen unter anderem von Herrn Sowieso, Abgeordneter im Bundestag, wegen einer zweiten Enteisung und den damit verbundenen notwendigen Maßnahmen nicht davon abbringen lassen, Ihren Job souverän, bestimmt und freundlich auszuführen. Wir fühlten uns jederzeit gut aufgehoben.*«

Nun hatte Herr »Weißhaupt«, der wilde Cockpitstürmer an Bord der Hurghada-Maschine, nicht nur einen Namen, sondern auch noch einen Beruf. Ich freute mich über den Brief, er machte die kalten Füße dieser Tage wieder wett.

Tausendundeine Nacht

Da man nach einer gewissen Dienstzeit das firmeneigene Streckennetz vollständig abgeklappert hat, freut sich das Flugbegleiterherz über jede neue Destination, die es noch zu entdecken gilt. Manche Flüge finden sich ständig, hartnäckig, immer wieder und ganz wie von selbst auf dem Dienstplan – zumeist die Karibik in allen Variationen: als simpler Nightstop, als Wochenstop, gekoppelt als »Lumpensammler« über mehrere Orte oder nonstop – der Fantasie der Einsatzplaner sind kaum Grenzen gesetzt.

Was wir so salopp als Lumpensammler bezeichneten, verkaufte die Airline-Branche übrigens als Direktflug. So stand es dann in den Reiseunterlagen. Dies wurde schnell verwechselt mit einem Nonstop-Flug, der ohne Zwischenlandung von A nach B erfolgte. Ein Direktflug brachte einen zwar auch auf »direktem« Wege zum Ziel, aber von A über B nach C. Unbedarfte Gäste stiegen auch schon mal nach der ersten Landung aus und wunderten sich dann, wenn sie weder ihr Gepäck noch das gebuchte Hotel finden konnten …

Wenn man nicht ein ausgesprochener Strandfloh und Sonnenanbeter war, konnte einem das Ambiente unter Kokosnusspalmen schnell langweilig werden. Andere Ziele musste man sich erst einmal mühsam herbeirequesten; bei vielen Hundert Mitarbeitern waren die Wünsche leider vielfältiger als das Angebot des Streckennetzes.

Zu den Destinationen meiner Airline zählte bald auch Dschidda.

Wir karrten Flugzeugladungen voller Mitbürger moslemischen Glaubens auf sogenannten Hadsch-Flügen von Deutschland in die saudi-arabische Stadt, damit sie von dort aus die ersehnte Pilgerreise nach Mekka beginnen konnten.

Das Drama begann schon im Flugzeug, die Gäste hatten keine Platzkarten, aus welchen Gründen auch immer. Nun versuchten 300 Reisende einen adäquaten Platz zu finden, natürlich die Herren auf keinen Fall getrennt von den dazugehörigen Damen. Dass dieses Puzzlespiel spätestens bei den letzten 50 Gästen nicht mehr klappte, verstand sich fast von selbst. Nicht nur einmal hätte es deshalb an Bord fast eine Prügelei gegeben. Deshalb versuchte die Firma möglichst, männliche Kollegen für diese Flüge einzuteilen, aber uns Damen erwischte es natürlich trotzdem. Als Uniform waren auf diesen Flügen Röcke und kurzärmelige Blusen verboten, es gab keine Zeitungen und keine Magazine an Bord, denn sie hätten anstößige Bilder enthalten können. Weibliche Passagiere brauchte man nach ihren Wünschen gar nicht erst zu fragen, der Mann bestellte sowieso für sie mit. Man konnte sich schon glücklich schätzen, wenn mit einem selbst überhaupt gesprochen wurde.

Umso mehr kommunizierte ein mitfliegender Reiseleiter, der sich in regelmäßigen Abständen das Bordmikrofon schnappte und begleitende Gebete hinunterleierte, in etwa so laut wie ein Muezzin vom Minarett.

Da Beten auf den Knien gen Mekka aus Platzgründen an Bord nicht praktikabel war, versuchte man diesen Umstand offenbar im Massengebet mit Lautstärke wiedergutzumachen. Ganz geflissentliche Herren rollten ihren Teppich trotz der Enge in der Galley, vor den Türen oder den Waschräumen aus.

Im Prinzip war so ein Durchkommen für die Crew – egal

in welche Richtung – nicht mehr möglich. Den letzten Schliff erhielt das Chaos im Flieger allerdings durch die heiligen Waschungen in unseren Toiletten. Jeder Gläubige musste sich während des Flugs großzügig feucht reinigen und seine Straßenkleidung gegen die weiße Pilgertracht tauschen. Schon nach dem ersten Dutzend dieser Rituale schwamm der Teppichboden meterweit in jede Richtung. Leider war die sinngemäße Benutzung der Toiletten trotz speziell angebrachter arabischer und türkischer Beschriftung nicht für jeden an Bord ersichtlich, und schon nach kurzer Zeit waren alle gnadenlos verstopft. Was niemanden davon abhielt, sie weiterhin zu benutzen, Notdurft war schließlich Notdurft. Zum Glück war es uns gestattet, eine Toilette für die Crew abzusperren.

Bei der Landung bot unsere Maschine stets ein bizarres Bild – alle Gäste weiß gewandet und absolut euphorisch in Bezug auf die bevorstehende Wanderschaft zum heiligen Schwarzen Stein der Kaaba. Dies war das Ziel der Pilgerreise, das höchste islamische Heiligtum. Jeder gläubige Moslem sollte einmal in seinem Leben dort hingereist sein, so es in seinen Möglichkeiten stand.

Wenn der Flug schon nicht einfach war, bei der Einreise war der Spaß endgültig zu Ende. Unseren Pass bekamen wir abgenommen, und man tat gut daran, nicht den mit dem Amerika-Visum mitzuführen. Als Crewmitglied durften wir zwei Pässe haben, da wir bei Verlust eines Exemplars ansonsten quasi arbeitsunfähig waren.

Im Hotel bekamen wir Frauen direkt beim Check-in einen schwarzen Tschador in die Hand gedrückt: eine Art schwarzes, bodenlanges Nachthemd mit langen Ärmeln und dazu ein großes schwarzes Kopftuch. Arme, Beine und Haare hatten von diesem Moment an in der Öffentlichkeit bedeckt zu sein, das galt auch für den Aufenthalt im Hotelrestaurant oder in der Lobby.

Ich habe diese Fummel immer gehasst, erstens waren sie an Saum und Ärmeln stets viel zu kurz – 1,81 war anscheinend kein übliches Körpermaß vor Ort –, und sie rochen furchtbar muffig. Wurden sie überhaupt mal zwischendurch gereinigt? Besser nicht darüber nachdenken. Fortan galt es, sich den staatlich auferlegten Benimmregeln für Frauen in diesem Land zu beugen: erwähnte Verkleidung, nicht rauchen, keinen Alkohol trinken und am besten nicht ohne Mann auf der Straße unterwegs sein. Hielt »frau« sich nicht daran, riskierte man nicht nur böse Blicke; es flogen relativ schnell Plastikbecher oder anderer Müll, benutzte Taschentücher oder wohlgezielte Spucke an den unbedeckten Kopf.

Eines Abends beschlossen zwei Flugbegleiterinnen, der Kapitän und ich spontan, uns in ein Taxi zu setzen und in einen nahe gelegenen Souk zu fahren. Der Taxifahrer war offenbar entzückt über unseren blonden Kapitän mit seinen drei Haremsdamen und schlug ihm ein spannendes Abendprogramm vor. Nicht unweit von hier würde in Kürze eine öffentliche Steinigung stattfinden, das wäre für uns Europäer doch wohl mal was Neues? Du lieber Himmel, ich wünschte mir augenblicklich, Jeannie aus der Flasche zu sein und mich sofort dorthin zurückzubeamen!

Ich freute mich jedes Mal wie ein Schneekönig, wenn ich wieder im Flieger nach Hause saß. Obwohl das bei Weitem noch keine Garantie für einen baldigen Heimflug war. Stundenlange Verspätungen waren auf dieser Strecke die Regel. Oft erreichten wir durch die Warterei auf fehlende Passagiere die maximale Dienstzeit von damals 16 Stunden. Eine Pilgerreise nach Mekka war außerdem kein Zuckerschlecken, die Gäste waren zwar glücklich, aber körperlich verausgabt. 90 Prozent waren krank, Husten, Fieber, Durchfall – alles war dabei. Für die Menschenmassen war die Pilgerstrecke nicht ausgelegt, die hygienischen Zustände eine Katastrophe, und die sengende Hitze gab den Leuten den Rest. Auf dem Rückflug war es den meisten völlig egal, wo sie saßen, Hauptsache, sie konnten überhaupt sitzen und hatten ihr heiliges Zamzam-Wasser dabei – Heilwasser aus einer Quelle neben der Kaaba, als Geschenk für die Daheimgebliebenen. Fünf Liter im handlichen Plastikkanister waren pro Person maximal erlaubt, viele versuchten mehr mitzunehmen. Nicht selten aber blieben ganze Paletten Zamzam-Wasser am King Abdulaziz Airport in Dschidda stehen, weil das zulässige Gesamtgewicht unseres Airbusses schon mit dem vollgestopften Gepäck der Hadsch-Reisenden erreicht war. Ein weiterer Renner als Mitbringsel waren nämlich besonders schön verzierte Koran-Bücher – auch nicht gerade ein Federgewicht, wenn man sie gleich dutzendfach mit sich führte.

Zurück in Deutschland, wurden die Pilger gefeiert wie Helden. Bei einer Landung in Frankfurt kamen wir einmal als Crew vor allen Gästen durch die Einreise und den Zoll. Wir schritten quasi durch ein Spalier von mehreren Hundert Abholern, und die fröhliche Menge war sich nicht zu schade, uns laut zu bejubeln. Dem Kapitän wurde mehrfach freundlich auf die Schulter geschlagen, schließlich hatte er es geschafft, die Pilger wohlbehalten nach Hause zu bringen.

Als dann die ersten Gäste durch die Glasschiebetür des Zolls kamen, brach ein unglaublicher Freudentaumel aus. Die wartende Menge johlte, lachte, klatschte, pfiff und jubelte. Tosender Applaus und Fußgetrampel hallten durch den ganzen Flughafen. Solche Emotionalität habe ich wirklich selten erlebt. Die Pilger selber waren fix und fertig, konnten kaum noch laufen und schienen doch einen ganzen Meter über dem Erdboden zu schweben. Sie waren die wahren Helden und wurden nun gebührend gefeiert. Zugleich lachend und weinend und vor allem stolz fielen sie ihren Familien und Freunden in die Arme. Was für ein Wiedersehen!

Bald darauf hatten wir Dubai im Programm. Nach drei Versuchen hatte ich Glück und erhaschte einen Flug zu unserer neuen Destination. Der Aufenthalt betrug knapp zwei Tage vor Ort, und die Rückreise war über Berlin, Köln und Düsseldorf geplant – sehr kreativ.

Immerhin hatte ich so ein Schnäppchen gemacht und Gelegenheit, in die Stadt der Superlative der Vereinigten Arabischen Emirate zu fliegen. Das Burj al Arab, eines der teuersten und luxuriösesten Hotels der Welt, die Dubai-Palme, das angeblich achte Weltwunder, und den Burj Khalifa, mit 828 Metern das derzeit höchste Gebäude unseres Globus – all das konnte ich mir nun persönlich anschauen. Ob ich mich nach dem Nachtflug auch dazu aufraffen würde, war eine andere Sache. Nach zwei Jahrzehnten in der Fliegerei war der Druck, unbedingt Sightseeing machen zu müssen und ja nichts zu verpassen, kaum mehr vorhanden.

Anders meine Kolleginnen und Kollegen. Sie nutzten die Zeit vor allem zum Shoppen auf dem Fake-Market, auf dem es günstige Plagiate aller Art gab, und in der Dubai-Mall, dem zweitgrößten Einkaufszentrum der Welt.

Ich beschloss, einen Spaziergang durch die Nachbarschaft des Hotels zu machen, und landete schließlich in einem Supermarkt. Dort ließen sich exotische Dinge wie Chili-Bananensauce, eingelegte Weinblätter und Flaschen mit Rosenwasser genauso erstehen wie Nutella, Pringels und Kinder-Überraschungseier. Ich beschloss an diesem Abend im Hotel zu speisen, dort lockte ein Buffet mit landestypischen Köstlichkeiten wie Hummus, Falafel, Taboulé, Baba Ghanoush und Köfte.

Mein Bedarf an Shopping war gedeckt. Ich hatte sowieso kein sehr ausgeprägtes Einkaufsgen – viele meiner Kollegen konnten das überhaupt nicht nachvollziehen. »Kein Stop ohne Tüte« war einer ihrer Leitsätze. Besonders gefragt waren deshalb auch Flüge in die USA, die aufgrund des günstigen Dollarkurses als Einkaufsparadies galten. Hier konnte man günstig Markenjeans kaufen; Converse-Turnschuhe, Ugg Boots, iPhones und iPads standen besonders hoch im Kurs. Aktuelle Trends und sogenannte Must-Haves rauschten jedoch immer ganz rasant an mir vorbei. Für mich war es einfach ein tolles Gefühl, durch ein Einkaufseldorado schlendern zu können mit dem befriedigenden Wissen, einfach überhaupt nichts zu brauchen. Räucherstäbchen lagen tonnenweise im Vorratsschrank, Markenklamotten brauchte ich nicht, und aus dem Hause Apple konnte und wollte ich mir nichts leisten. Als Mutter von vier Kindern muss man die Prioritäten zwangsweise anders setzen, wenn man nicht gerade zufälligerweise einen Goldesel im Stall hat. Meine Esel dachten jedenfalls nicht mal daran, mich mit Golddukaten anstelle von Mist zu bedenken …

Auf Flügen nach Bangkok wurden manche unserer Kollegen regelrecht nervös, wenn der Flieger eine Stunde Verspätung hatte und sie mit ihrem Programm ins Schleudern kamen. Bei einem Aufenthalt von nur 23 Stunden vor Ort war es halt schwierig, die Termine für Massage, Pediküre, Maniküre, einen Trip zum Einkaufstempel, zum Nachtmarkt und zum Blumenmädchen für billige Orchideen alle unter einen Hut zu bekommen. Was für eine Hetzerei!

Manche gingen auch zum Friseur, zum Tätowierer – neue Augenbrauen standen ganz oben auf der Liste von Permant-Make-up –, zum Optiker oder zum Zahnarzt. Die Dienstleistungen in Asien waren zumeist sehr gut und preislich nicht mit denen in Deutschland zu vergleichen.

Apropos Asien. Bangkokflüge waren immer für eine Überraschung gut, wie ich bald merkte. Auf einem Rückflug hatten wir eine Frau an Bord, die im Flughafengebäude ihren Mann verloren hatte. Das Ominöse an der Geschichte: Sie war im Besitz beider Tickets und hatte sowohl ihr Handy als auch das ihres Mannes einstecken. Er hatte dafür das gesamte Handgepäck und alle Kreditkarten. Nach einem kurzen Gang zur Toilette war ihr Mann aus dem davor liegenden Wartebereich verschwunden. Leider sprach er weder Thai noch Englisch und nur gebrochen Deutsch. Seine Frau stand in Tränen aufgelöst bei uns in der Küche und wusste nicht, ob sie nun in Bangkok bleiben und ihn suchen oder nach Hause fliegen sollte.

Was mochte hinter dieser Geschichte stecken? Hatte sie ihren Mann auf der Toilette gemeuchelt und schwindelte uns allen gekonnt etwas vor? Oder hatte sich der Göttergatte mit einer knackigen Thai aus dem Staub gemacht und ließ seine ausgediente Ehefrau allein nach Berlin zurückfliegen? Konnte man wirklich in einem gut ausgeschilderten Flughafengebäude sein Flugzeug nicht finden?

Nach 20 Minuten und diversen Ausrufen in allen möglichen Sprachen, inklusive der Heimatsprache des Verschollenen, hoben wir ab – mit Gattin und ohne ihn. Zu Hause warteten drei minderjährige Kinder auf ihre Mutter.

Auf einem meiner nächsten Rückflüge von Bangkok war ein Indianer an Bord. Ein weißer Mann, etwa Ende 40, mit fettigen, langen blonden Haaren, verziert mit Perlenstirnband und Adlerfeder, stieg in einer kurzen Lederfransenjacke in den Flieger. Darunter trug er lediglich nackte Brust und um die Hüften ein winziges Stück Waschleder, also eine Art Lendenschurz; ansonsten war er unbekleidet. Nur die Füße waren ebenfalls in Lederstücke gewickelt und mit Schnur zusammengebunden. Als Handgepäck besaß der Mann lediglich einen kleinen, schmuddeligen Fellbeutel, und er roch äußerst streng.

Der diensthabende Kapitän legte viel Wert auf die äußere

Erscheinung seiner Gäste, Muskel-T-Shirts und Netzhemden waren bei ihm verpönt. Als er von dem spärlich geschürzten Indianer hörte, kam er aus dem Cockpit, beäugte ihn an der Boardingtür und forderte ihn dann auf, sich wenigstens eine Hose anzuziehen und die Jacke zu schließen. Unser Winnetou hatte natürlich keine Hose dabei und sah es auch überhaupt nicht ein, warum er nur auf Wunsch des Kapitäns freiheitsliebende Körperteile irgendwo hineinsperren sollte. Als der Kapitän hartnäckig auf seiner Forderung beharrte, wurde der Häuptling böse und grub das Kriegsbeil aus. Er rief den Gästen, die bereits Platz genommen hatten, zu, sie sollten ihm eine Hose leihen, er dürfte sonst nicht mitfliegen. Daraufhin grölten die Passagiere, der Kapitän solle doch gefälligst seine Beinkleider zur Verfügung stellen, wenn er unbedingt wollte, dass der Häuptling etwas anzog. Die Situation drohte zu eskalieren. Da man es keinem Gast zumuten konnte, zwölf Stunden neben einem halb nackten, stinkenden Pseudo-Wilden zu sitzen, musste er leider in Bangkok bleiben.

Gemein? Nun, die persönliche Freiheit endet genau da, wo sie die anderer beeinträchtigt – und dazu gehörte auch das Auftreten unserer selbst ernannten weißen Rothaut. Ein Flugzeug ist nun einmal kein Theater, sondern eine erzwungene, temporäre Gemeinschaft auf engstem Raum – obwohl es immer wieder bühnenreife Auftritte gibt.

Auf der Insel gestrandet

Zwei schwarz-weiß gefleckte kanarische Enten inspizierten ausgiebig und mit frechem Geschnatter meine Terrasse nach etwas Fressbarem. Über mir telefonierten Gäste auf dem Balkon mit ihren Lieben daheim: »Nein, wir wissen auch nicht, wann es weitergeht. Ja, wir haben noch das gleiche Hotelzimmer, bis morgen ist es zum Glück noch frei. Ist gut, wir melden uns, wenn wir etwas Neues wissen ...«

Die Sonne versteckte sich für einen Moment hinter grauen, dicken Wolken, aber die Luft war vergleichsweise mild – um die 20 Grad –, und es wehte ein leichter Wind. Noch, denn für den Abend war Sturm vorhergesagt worden, für den Flughafen von La Palma nicht gerade optimale Startbedingungen. Allerdings war die Wetterprognose bislang unser kleinstes Problem.

La Palma, auch Isla Bonita, die schöne Insel, genannt, ist die westlichste Kanareninsel. Landschaftlich ist sie sehr reizvoll und ein Dorado für Wanderer und Kraxler, wie wir unschwer an der Garderobe und dem Auftreten unserer Gäste an Bord erkennen konnten.

Nachdem wir gelandet waren und die Maschine für den Rückflug vorbereitet hatten, erhaschte ich einen kurzen Blick auf die schwarzen, zerklüfteten Berge, in denen kleine weiße Häuser wie eingemeißelt saßen und trotzig dem Wind die Stirn boten.

Schade, hier hätte ich gerne mal etwas länger Aufenthalt, dachte ich so bei mir. Aber die Zeit drängte schon wieder, die Ramp Agentin stand mit ihrer Liste bereits hinter mir, wir erwarteten einen ausgebuchten Flieger, aber keine Besonderheiten.

Ramp Agents haben weltweit die Tendenz, die Wartehallen der Flughäfen möglichst schnell passagierfrei bekommen zu wollen, daher fragte auch die spanische Lady bald nach dem unvermeidlichen »Ready for Boarding?«.

Da ich nicht wusste, ob wir schon mit dem Tanken fertig waren, bat ich sie um einen kleinen Moment Geduld und ging ins Cockpit, um mit dem Chef Rücksprache zu halten. Dieser ließ mich dann trocken wissen: »Das Tanken ist beendet. Aber wir haben einen Slot um 22 Uhr.«

Ich hielt dies für einen Witz, allerdings einen ziemlich schlechten, denn das würde für uns bedeuten, weitere vier Stunden warten zu müssen. Aber der Kapitän scherzte mitnichten. Wie konnte es sein, dass wir eine so schlechte Abflugzeit zugeteilt bekommen hatten?

Unsere Jungs bemühten sich um Aufklärung, verhandelten mit dem Tower von La Palma, telefonierten mit dem Hauptquartier, rauften sich die Haare, nahmen erneut Funkkontakt auf und konnten doch am Slot nichts ändern. Im Gegenteil, er rutschte noch eine Stunde weiter nach hinten. Nun war unser Flug auch nicht mehr mit einem Kommandantenentscheid zu retten, mit dem der Kapitän nach Rücksprache mit der Crew eine Dienstzeit von 15 Stunden genehmigte. Alles Rechnen half nichts: Wir waren bereits bei siebeneinhalb Stunden Dienst angekommen, und wenn wir den Slot abwarteten und dann rund fünf Stunden nach Hause flogen, lagen wir locker über den maximal zulässigen Stunden – wobei nicht einmal garantiert war, dass sich die Abflugzeit nicht noch ein weiteres Mal verschieben würde. Inzwischen erfuhren wir nämlich auch den Grund der Verspätung: Die spanischen Fluglotsen hatten zu einem spontanen Streik aufgerufen.

Der gesamte Luftraum über Spanien und den Kanaren war zurzeit allein der heimischen Vogelwelt, den Wolken und dem Wind vorbehalten.

Nachdem der erste Schreck verdaut war, forschte jeder von uns nach, was das Notfallpack im eigenen Koffer für den unverhofften Zwischenstopp denn so hergab.

In 21 Jahren passierte mir dies nun zum dritten Mal. Der erste unplanmäßige Night-Stop ereignete sich 1990 in Heraklion auf Kreta, als ein störrisches Blech am Triebwerk sich nach dem Einlegen des Umkehrschubs nicht mehr in die Ausgangsposition zurückstellen ließ. Das Hotel auf Kreta war zwar direkt am Flughafen, hatte aber mehr Tiere im Zimmer als auf der Speisekarte, nur kaltes Wasser, und um 23 Uhr wurde der Strom abgestellt. Die Möglichkeit, sich in den Schlaf zu lesen, fiel damit leider aus, andere strombetriebene Elemente wie Aircondition oder Fernseher gab es sowieso nicht. Von der verordneten Minimumruhezeit von zehn Stunden verbrachte ich den einen Teil damit, mir mit Eiswasser und spröder Seife das Make-up aus dem Gesicht zu operieren. Den Rest der Zeit saß ich aufrecht im Bett, um nicht von dem mitwohnenden Krabbelgetier an Ort und Stelle verspeist zu werden.

Die zweite außerplanmäßige Übernachtung erlebte ich fast genau ein Jahr später. Auf dem Weg von Palma de Mallorca nach Hause fiel bei unserem damals dreistrahligen Flugzeug das mittlere Triebwerk direkt nach dem Start aus – zack, einfach so. Ein Sicherheitsrisiko bestand zu keiner Zeit, der diensthabende Kapitän fackelte jedoch nicht lange, er kehrte sofort um, ließ die Gäste in Hotels verfrachten und das Flugzeug vor Ort reparieren. Weise geworden durch den erlebten Stopp in Griechenland, schlüpfte ich in ein blütenweißes Reise-T-Shirt, machte mich mithilfe einer gut gefüllten Kulturtasche frisch, nahm alles Geblinke und Geglänze vom Rest der Uniform ab, welches sie als solche entlarven konnte, und ging mit dem Rest der Crew fröhlich in einer Bodega Paella essen. Am nächsten Morgen übernahmen wir (in frischer Bluse!) ein repariertes Flugzeug, gut gelaunte Gäste, da es nun endlich nach Hause ging, und bekamen für diesen Ausflug sogar noch diverse Belobigungen, weil alles so top organisiert war.

Das war inzwischen lange her. Ich musste zugeben, dass mein persönliches Survival-Kit über die Jahre immer mehr zusammengeschrumpft war. Der Kabinenkoffer war sowieso immer viel zu klein, zu schwer, zu vollgestopft, musste man da noch ein Ersatz-T-Shirt mitschleppen? Noch eine Bluse? Binnen Stunden war sie so zerknittert, dass man sie sowieso nicht mehr anziehen konnte, wozu sich also abschleppen?

An diesem Abend auf La Palma inspizierte ich den Inhalt meines Koffers voller Erwartungen. Zum Vorschein kam Folgendes: eine Einwegzahnbürste. Das war schon mal ein guter Anfang! Aber: keine Zahnpasta. Nun, die würde ich mir schon zusammenleihen können. Des Weiteren fand ich zwei Aspirintabletten, abgelaufen seit 2005, ein rotes Haargummi, sieben Einmalpröbchen aus diversen Damenzeitschriften mit Creme, Bodylotion und Shampoo, ein zusammengepfriemelter Schlüpfer Größe S (war das wirklich mal meiner?), drei leicht angerostete Haarnadeln und ein leeres Nasenspray im Miniaturformat. Wahrscheinlich war der Inhalt über die Jahre verdunstet. Das war's.

Ich musste schon ein wenig schlucken, am meisten fehlten mir die Zahnpasta, ein gescheites Deo und Abschminktücher. Eine zerknitterte, weit gereiste Bluse wäre nun auch liebevoll von mir beäugt worden, denn ich fühlte mich einem stinkenden Iltis weitaus näher als einer duften Stewardess. Meinen Kolleginnen ging es nach Inspektion ihrer eigenen Vorräte nicht viel anders, insgesamt brachten wir es in der Crew auf drei Zahnbürsten und ein Deo. Gar nicht sooo schlecht, wir waren ja nur zu sechst. Meine Kollegin beklagte fehlendes Make-up; hier konnte ich großzügig mit einem Zeitschriftenpröbchen der Farbe Noisette aushelfen, dem blassen Winterteint vielleicht nicht angemessen, aber immerhin. Im Tausch bot sie einen Klecks Zahnpasta. Unser Copilot fragte mich unbedarft nach einem Übernachtungsset für die Gäste. Tja, die gab es leider nur auf Langstrecke, hatte er denn gar nichts dabei? Piloten hatten ja immer ein Gottvertrauen in unsere Maschinen und ihre eigenen Fähigkeiten. Das war auch gut so, aber gegen einen Fluglotsenstreik half das leider wenig. Inzwischen konnten wir über unsere abenteuerliche Ausrüstung schon wieder lachen, und als wir im Flughafengebäude von La Palma dann einen kleinen Supermarkt entdeckten, konnte sich auch unser Fachpersonal aus der allerersten Reihe noch schnell mit den notwendigsten Essentials eindecken.

Unser Flieger stand inzwischen stromlos und versiegelt am Gate. Zuvor hatten wir alle Zollwagen und Getränkebars verplombt und die Schnittchen sowie die vorbestellten Sonderessen vom netten Catering-Mann wieder abholen lassen, damit er sie ins Kühlhaus brachte. Das Gepäck der Gäste war längst ausgeladen und zurückverteilt worden. Vor dem Flughafengebäude warteten etwas abseits bereits zwei Taxen, die uns zu unserem schnell organisierten Hotel fahren sollten. Zum Glück war es draußen längst dunkel, und nur wenige Passagiere erkannten uns. Auch wenn wir an dem Dilemma mitnichten schuld waren, hielten wir uns lieber bedeckt. Wer wusste schon, ob die Gäste das ebenso sahen?

In weiser Voraussicht hatte ich an Bord schon eine Accomodation List ausgefüllt, sodass das Einchecken unserer Crew im Hotel relativ zügig vonstatten ging. Wir waren gerade fertig und erhielten unsere Zimmerschlüssel, als rund 50 Passagiere in die Halle strömten, die alle auch gerne ein Zimmer haben wollten. Wir verkrümelten uns schnell, um uns frisch zu machen, und verabredeten uns für ein gemeinsames Abendessen in einer nahe gelegenen Pizzeria. Wir verbrachten einen ganz amüsanten Abend bei Gambas con ajo, Pizza Vegetale, und der Chef gönnte sich eine Lenguado, eine Seezunge.

Was tun sechs Menschen, die sich wenig bis gar nicht kennen und sich dann umständehalber an einem gemeinsamen Tisch wiederfinden? Sie tauschen sich über das aus, was sie verbindet: die Fliegerei. Es wurde ein anekdotenreicher Abend. Zwei Stunden später trennten wir uns und gingen auf die Zimmer. Es war für mich ungewohnt, ohne Buch einschlafen zu müssen. Aber ich war so müde, dass ich nicht mal Schäfchen zählen musste.

Das Telefon schepperte schon um sechs, ich konnte es zuerst gar nicht finden, denn es stand nicht wie gewohnt auf dem Nachtschrank, sondern im angrenzenden Wohnzimmer. Eine Hotelangestellte war dran, sie teilte mir mit, dass wir in einer Stunde abgeholt werden würden, um zum Flughafen zu fahren.

Als ich gerade angezogen war und mir das Halstuch umfummelte, klingelte das Telefon abermals – diesmal war es der Kapitän. Er erklärte mir, dass es sich um blinden Alarm handeln würde, denn von der Firma wären noch keine Informationen für einen Flugauftrag gekommen. Ich sollte den Rest der Kabinencrew informieren und dann weiterschlafen. Schick – ich war gerade fertig mit dem Anziehen und hatte den Lippenstift quasi schon in der Hand.

Also rief ich die Mädels an und blies den Weckruf wieder ab. Aber weiterschlafen? Das sagte sich so leicht. Trotzdem hängte ich die blaue Uniform wieder über den Stuhl, schlüpfte in den Hotelbademantel und kroch zurück ins Bett. Ich musste gerade eingedöst sein, als es an meiner Tür stürmisch klopfte. Meine Kollegin stand da, frisch geföhnt, gestylt und hungrig. Sie wollte mit mir frühstücken gehen. Nun, warum auch nicht, ich hatte derzeit schließlich keine anderen Termine.

Im Frühstücksraum trafen wir unseren Kapitän, leider mit wenig frohen Nachrichten. Der Luftraum über Spanien sei weiterhin bis 17 Uhr gesperrt. Na, prima. Und im Übrigen wäre da noch etwas: Unsere Maschine war am Morgen um fünf Uhr aus dem 48-Stunden-Check gefallen. Das bedeutete, dass erst einmal ein Techniker unserer Firma kommen musste, um die Maschine wieder freizugeben. Aber wie sollte dieser herkommen, wenn kein Flugzeug flog? Vielleicht per Fähre? Schwimmen? Wir machten Witze, doch es war eher Galgenhumor. Nun hatte man den Flieger schon vor Ort und durfte wegen eines Stück Papiers doch nicht damit fliegen. Aber in der Luftfahrt wird ja immer alles ganz genau genommen, und so hing unsere Weiterreise nun von zwei Faktoren ab – dem Streik und dem Check.

Bald sollte sich noch ein dritter dazugesellen: das Wetter. Für den Abend war ein heftiger Sturm angesagt. Gerade eine Woche zuvor war der Flughafen dieser grünen Insel wegen Windes für zwei komplette Tage gesperrt gewesen. Noch schien die Sonne, man konnte durch die Fenster die Berge sehen, von leichtem weißem Dunst verhüllt, der durch die Fallwinde dekorativ über den Abhang gezogen wurde. Aber der Atlantik auf der anderen Seite des Frühstückraums schäumte bereits mit eindrucksvollen Wellen, die kraftvoll auf den schwarzen Sandstrand schlugen. Ach ja, und für Deutschland wurden für den Abend Schneeverwehungen und Blitzeis angekündigt.

Nach dem Frühstück setzten wir uns auf die Terrasse, wo meine Kollegin eine Zigarette rauchte. Wir trafen einige Gäste, die erstaunlich gefasst und gut gelaunt waren. Im

Gegensatz zu uns hatten sie wenigstens einen Koffer mit Ersatzklamotten dabei. Mir ging die synthetische Uniform mittlerweile mächtig auf den Senkel, und die nächsten Nachrichten machten es auch nicht besser. Um zwölf Uhr hieß es, der Luftraum sei weiterhin gesperrt, nun bis einschließlich acht Uhr abends. Kurz darauf informierte das Hotel die Gäste – aber auch nur die und nicht uns –, dass der Flug 9435 komplett für den laufenden Tag gestrichen wäre.

Inzwischen hatten wir aber die Information von der Firma bekommen, dass der Luftraum offen sei. Auf Druck der spanischen Regierung mussten die Fluglotsen ihre Arbeit wiederaufnehmen. Ihnen wurden disziplinarische Maßnahmen und angeblich bis zu 15 Jahre Haft angedroht, denn europaweit saßen mittlerweile etwa 330 000 Menschen fest. Wir hatten noch Glück im Unglück, auf La Palma konnten alle Gäste in Hotels untergebracht werden. An vielen Flughäfen war das gar nicht möglich, sie ertranken förmlich in einem Strom gestrandeter Reisender.

Fatalerweise verabschiedeten sich viele Gäste nach der angeblichen Flugstornierung in die Stadt, um einkaufen zu gehen. Durch Telefonate mit meinem Mann erfuhr ich, dass erste Flugbewegungen schon wieder stattfanden, es konnte also nur eine Frage der Zeit sein, bis wir an der Reihe wären.

Um 17 Uhr fing es an zu regnen. Bedrohlich schwarze Wolken hatten die Sonne verdeckt, und der Wind nahm zu. Wir Mädels verbrachten die Zeit vor dem Fernseher; der Copilot wusch seine Socken im Waschbecken und föhnte eine Stunde an ihnen herum, bis der Überhitzungsschutz des Föhns schließlich die Sicherung killte. Er stülpte daraufhin die Fußbekleidung über zwei leere Wasserflaschen zum Trocknen. Offenbar glaubte auch er noch an einen Heimflug in Kürze.

Unser Chef telefonierte sich indessen die Ohren heiß. Das Problem des 48-Stunden-Checks konnte immerhin durch eine Ausnahmegenehmigung gelöst werden, die die Firma zum Flieger faxen wollte, sobald wir wieder an Bord wären. Ein Abflug war indes leider immer noch nicht in Sicht.

Um 18 Uhr trafen wir beim Kaffeetrinken in der Lobby einige Gäste vom Hinflug, die uns ausgiebig bedauerten und uns von den traumhaften Tauchbedingungen vor Ort vorschwärmten. Sie boten an, uns Garderobe auszuleihen, und waren wirklich mitfühlend. Wenig später kam der Kapitän mit der Nachricht, dass unser Flug nun doch offiziell gestrichen worden sei. Dies führte zu langen Gesichtern bei der Crew. Den ganzen Tag hatten wir noch gehofft, nach Hause zu kommen.

Aber, man glaubte es kaum, keine halbe Stunde später hieß es dann doch: Wir fliegen! Geplante Abflugzeit war 23 Uhr 30 local, geplante Flugzeit fünf Stunden.

Wohin würde die Reise gehen? Düsseldorf hatte ein Nachtflugverbot bis sechs Uhr morgens, die Kanaren lagen eine Stunde früher als wir, um 4 Uhr 30 würden wir da nicht landen können. Also doch vielleicht nach Köln? Oder würde Düsseldorf ausnahmsweise die Pforten offen lassen für all die verlorenen Kinder? Wir wussten es nicht. Immerhin stand nun eine Check-in-Zeit fest, um 22 Uhr würden uns zwei Taxen zum Flughafen bringen. Wir hatten also noch genug Zeit, um abendessen zu gehen. Das Croissant vom Frühstück war längst verdaut, und mit entsprechendem Kohldampf ließen wir uns verschiedene Salate, Serranoschinken, Paella, Calamares und Fisch schmecken.

Wieder im Zimmer angekommen, schaute ich auf die Uhr: noch zwei Stunden bis zum Pick-up. Ich knipste den Fernseher an, und aus dem Stand wurde mir schlecht. Das lag aber weniger am Fernsehprogramm als am Inhalt mei-

nes Magens. Irgendetwas stimmte da nicht. Ich ließ den
Fisch im Badezimmer wieder in die Freiheit und hoffte in-
ständig, dass sich die Übelkeit bald verflüchtigen würde.

Am Flughafen sahen wir unseren Airbus mutterseelen-
allein auf dem Vorfeld stehen. Normalerweise hatte der
Airport um diese Zeit längst geschlossen, aber in einer solchen Ausnahmesituation schoben alle Sonderschichten.

Inzwischen stürmte es so gewaltig, dass mir ganz flau im
Magen war. Oder lag es doch noch am Fisch? Mit einem
mulmigen Gefühl kraxelten wir die Gangway hoch, brachen das Siegel an der Tür auf und betraten den stock-
dunklen Flieger. Ohne Strom brannte nicht mal die Notbeleuchtung, die Maschine war sozusagen tot, bis sie an
das Bodenaggregat angestöpselt werden konnte und damit
wieder zum Leben erwachte. Der freundliche Catering-
Mann vom Vortag kam an Bord und brachte uns die Verpflegung. Entgegen den Versprechungen der Ramp Agentin handelte es sich nicht um frische Brötchen, sondern um
die Schnittchen von gestern. Immerhin hatte das Zeug
wenigstens im Kühlhaus gestanden. Trockeneis gab es leider keines, ebenso wenig wie frische Milch oder Zitrone.
Also würde es lauwarme Getränke geben, das Mund-Eis
war nämlich auch ziemlich sparsam geladen. Dafür waren
die einzelnen Eiswürfel etwa tennisballgroß. Steckte man
einen davon in einen Plastikbecher, konnte man noch etwa
ein Schnapsglas voll Cola drum herum gießen. Aber wir
wollten nicht meckern und bauten auf die Großzügigkeit
der Gäste, darüber wohlwollend hinwegzusehen – Hauptsache, es ging endlich nach Hause.

Mir bereiteten ganz andere Dinge Verdruss: Mein Magen
hörte nicht auf zu grummeln, und der Wind toste so sehr,
dass das Flugzeug schon im Stand wie ein Schiff hin und
her schwankte. Ich dachte an die anspruchsvolle Startbahn
dieses kleinen Flughafens, der direkt zwischen Atlantik

und Lavabergen gelegen war, und an unsere verstreuten Schäfchen – würden unsere Passagiere uns auch wirklich alle rechtzeitig finden?

Um 23 Uhr begannen wir mit dem Boarden. Die Stimmung der Gäste war geteilt. Ich machte mir Sorgen, dass niemand von der Gangway geblasen wurde. In all den Jahren hatte ich noch nie bei so einem Sturm geboarded. Aber unsere Jungs waren zuversichtlich, und ich vertraute ihnen. Hatte ich denn eine Wahl?

Als endlich alle Passagiere Platz genommen hatten – übrigens vollzählig, niemand hat den Flieger verpasst –, kam die nächste Hiobsbotschaft. Wir hatten mal wieder einen Slot: diesmal um ein Uhr, also in anderthalb Stunden.

Draußen prasselte uns der Regen aufs Blech, der Wind riss an unserem Flugzeug herum, und ich hätte schreien können.

Nun, den Kopf in den Sand stecken galt nicht, und hysterisch in der Kabine herumschreien hätte vielleicht die innere Anspannung etwas kompensiert, kam aber in meiner Position als Kabinenchefin nicht so gut an. Der Kapitän machte eine kurze Ansage an die Passagiere, versprach, mit Nachdruck an einem besseren Startfenster zu arbeiten, und kümmerte sich dann wieder um den Funkkontakt zur Firma und zum Tower. Uns wurde an diesem Tag echt nichts geschenkt.

Meine Standardbegrüßungsansage war nicht gerade kompatibel mit der vorliegenden Situation, also versuchte ich es augenzwinkernd:

»Schönen guten Abend, liebe Gäste, ich freue mich wirklich sehr, dass Sie alle rechtzeitig den Flieger gefunden haben! Sicherlich haben viele von Ihnen das Chaos in den Medien verfolgt, und ich kann Ihnen versichern, dass es auch in meiner bisherigen Karriere im Flugbetrieb ein

Highlight war, aus heiterem Himmel auf einer Kanarischen Insel zu stranden und nicht zu wissen, wann es wieder heimwärts geht. Obwohl, es gibt ja sicher unwirtlichere Plätze als diesen hier … Aber ich will Ihnen nichts vormachen: Nicht nur unsere Zeitungen sind von gestern, auch unsere Verpflegung stammt von unserem ursprünglich geplanten Flug. Wir haben zwar veranlasst, dass sie im Kühlhaus übernachtet – doch ob Sie die Käse-, Schinken- und vor allem Lachsbrötchen noch zu sich nehmen möchten, entscheiden Sie bitte wohlwollend selbst. Des Weiteren fehlt es uns an Trockeneis zum Kühlen unserer Getränkewagen; sollten Sie den Genuss von Sekt oder Bier mit einem Klumpen Eis darin nicht scheuen, wir servieren es Ihnen selbstverständlich gern. So, das war ein Wort in eigener Sache, nun kommen wir wieder zu dem offiziellen Teil: Unsere Jungs im Cockpit arbeiten mit Nachdruck an einer besseren Startzeit, und in der Zwischenzeit möchte ich Sie noch einmal mit unseren Sicherheitsvorkehrungen an Bord vertraut machen …«

Unsere Gäste lachten und applaudierten – ich hatte sie im Sack!

Nachdem der Emergency-Film gelaufen war, legte ich schon mal das bunte Videomagazin ein, um den Passagieren ein wenig die Zeit zu vertreiben. Da geschah ein kleines Wunder: Die Anschnallzeichen blinkten auf! Dies war das Zeichen für uns zum Scharfmachen der Rutschen in den Türen. Anscheinend waren die Piloten erfolgreich im Organisieren eines neuen Startfensters gewesen.

Wenig später rollten wir nur kurz, der Flughafen La Palma war klein und übersichtlich. Draußen heulte nach wie vor ein unbändiger Sturm, die Maschine stand mit der Nase in Startrichtung und bebte. Der Wind riss an den Tragflächen und am Leitwerk, Regen prasselte herab, dann endlich jaulten die Triebwerke auf. Meine Kollegin und ich waren durch eine dünne Trennwand vor den Blicken der Passagiere geschützt, so mussten wir wenigstens nicht krampfhaft grinsen oder lässig tun, um Gäste mit Flugangst zu beruhigen. Die hatten wir selber, ich zumindest. Nach meinem persönlichen Albtraumflug vor drei Jahren im Bermudadreieck war ich Wind gegenüber – respektive energischem Wind, will sagen Sturm – sehr skeptisch, wenn nicht panisch eingestellt. Bloß nix anmerken lassen!

Die Bremsen wurden gelöst, und der 320er schoss vorwärts. Wir spürten, wie die Maschine auf der Startbahn hin und her geworfen wurde, und klammerten uns an unseren spartanischen Flugbegleitersitzen fest. Endlich hob das Flugzeug ab und schraubte sich trotzig gegen den Wind in den Himmel. Wir wurden ganz gut durchgeschüttelt, aber es war längst nicht so dramatisch, wie wir es erwartet hatten. Dass der Start wegen Scherwinden fast um Haaresbreite abgebrochen werden musste, erfuhren wir erst sehr viel später.

14 500 Deutsche waren an diesem Wochenende irgendwo hängen geblieben, insgesamt betraf der Streik 330 000 Flugreisende. Laut Presseinformation hat der Spaß 450 Millionen Euro Schaden verursacht. Ich hatte mir als Souvenir eine nette Fischvergiftung mitgebracht – aber Unkraut vergeht nicht, nach nur vier Tagen konnte ich schon wieder feste Nahrung zu mir nehmen.

Was würde wohl als Nächstes passieren? Meinen Crewkoffer habe ich nach diesem Abenteuer komplett neu ausgestattet, mit T-Shirt, Ersatzbluse, einem gut gefüllten Kulturbeutel, sogar einer Leggings, dicken Socken und neuen Medikamenten gegen alles Mögliche. Man weiß ja nie, wohin der Wind uns weht …

Hurrikan-Saison

Eigentlich hätte ich vom Fenster des siebten Stocks unseres Hotels ein Stück Himmel über Florida und das Meer sehen können. Momentan herrschte dort nur ein einziges Grau in Grau, und dicke Tropfen klatschten unermüdlich an die Scheibe. Es regnete bereits herein, die amerikanischen Schiebefenster waren den Wassermassen nicht gewachsen.

Vor drei Stunden schien noch die Sonne über Miami Beach. 30 Grad im Schatten und ein laues Lüftchen verwöhnten uns, als ein vorwitziger Regentropfen meinen Blick zum Himmel lenkte. In der Ferne zogen fiese Wolken auf, und ich beschloss, im nahe gelegenen Supermarkt rasch noch ein wenig Reiseproviant für den Flug nach Hause zu besorgen. Unsere Maschine sollte um 18 Uhr lokaler Zeit aus Düsseldorf landen, für 17 Uhr war unser Weckruf bestellt.

Ich brachte mein Buch aufs Zimmer, schnappte mir mein Portemonnaie und ging los. Auf der Collins Avenue war es drückend heiß, und der Verkehr näherte sich der Rushhour. Bei Publix kaufte ich Sushi, Gemüse zum Dippen und ein Pfund Kirschen. An der Kasse sah ich schon, wie es draußen plötzlich dunkel wurde. Ein erster Donner war zu hören, der die Kassiererin erschrocken zusammenfahren ließ. Sie fluchte leise, gab mir meinen Beleg zusammen mit dem obligatorischen »Have a nice day« und wandte sich dem nächsten Kunden zu.

Draußen regnete es bereits ordentlich, aber das Hotel war nur einen Block entfernt. Also stopfte ich die Tüte mit

Einkäufen in meine Tasche, klemmte sie mir unter den Arm und stiefelte los.

Plötzlich öffneten sich über mir alle Schleusen, und das Gewitter tobte sich richtig aus. Es blitzte unaufhörlich, ein Donnergrollen jagte das nächste, und die Collins Avenue stand bereits knöcheltief unter Wasser. Es gab kaum Möglichkeiten, sich unterzustellen, das Wasser platschte von den Markisen und Hausdächern auf den Bürgersteig, und die vorbeifahrenden Autos spritzten meterhohe Fontänen von der Straße zu mir. Der Regen war kalt, und der Wind wurde immer stärker. Mein Kleid klebte mir inzwischen am Körper wie bei einem Miss-Wet-T-Shirt-Contest.

Noch eine Fußgängerampel, und ich hatte das Hotel erreicht. Triefend nass betrat ich die unterkühlte Hotellobby. Warum herrschten in den Vereinigten Staaten in allen geschlossenen Gebäuden diese irrsinnigen Kühlschranktemperaturen? So wie ich musste sich schockgefrorenes Gemüse fühlen: aus der Sonne Floridas gepflückt und zack – in riesigen Tiefkühltruhen versenkt.

Mit zitternden Fingern steckte ich den Schlüssel in den Schlitz für den Fahrstuhl und sehnte mich nach einer heißen Dusche. Wasser tropfte aus meinen Haaren und meinem Kleid, und unter mir bildete sich bereits eine Pfütze auf dem grünen Teppich.

In Zimmer 716 angelangt, rettete ich zuerst das Handy aus der durchweichten Tasche, schälte mich aus dem nassen Stoff und drehte das heiße Wasser auf. Während ich duschte, braute sich draußen eine Sintflut zusammen. Der Himmel war auf einmal rabenschwarz, im Osten waren noch winzige Löcher mit Sonnenschein und blauem Himmel zu sehen, doch von Westen her walzte das Unwetter heran. Ein Blitz nach dem anderen schlug in den Atlantik, und gewaltiger Donnerhall ließ mich jedes Mal zusammenzucken.

Ich rubbelte mir mit dem Handtuch die Haare trocken und starrte beeindruckt aus dem Fenster. Es war kaum noch ein Unterschied zwischen Himmel und Meer auszumachen. Der Wind nahm zu, er peitschte die Kronen der Palmen, die sich fast bis zum Boden beugten. Einzelne mächtige Wedel waren bereits abgerissen und lagen am Pool. Stühle und Tische kippten um, Sonnenschirme wurden einfach weggepustet. Die Wellen brachen sich nicht mehr parallel zum Strand, sondern im Neunzig-Grad-Winkel dazu, der Wind schob die Kraft des Ozeans einfach beiseite.

Unwetter in Florida kommen oft unerwartet und verschwinden auch genauso schnell. An diesem Tag schien es sich allerdings einzuregnen. Fasziniert betrachtete ich die Blitze, die nach wie vor alle paar Sekunden ins Meer einschlugen und die graue, wogende Masse aus Wolken und Wasser durch ihre Helligkeit kurzfristig trennten. Beim Gedanken an den Heimflug durch dieses Wetter war mir allerdings gar nicht mehr wohl – es war gerade zwei Wochen her, dass die Air France einen Airbus bei Unwetter verloren hatte. Mein persönlich gefühlter Obergau: nachts mit dem Flieger ins Wasser zu fallen, zwischendurch vor Angst ohnmächtig zu werden und mit Fischen vor dem Fenster (vorausgesetzt, der Flieger blieb heil) wieder aufzuwachen. Welch ein Albtraum!

Um mich nicht weiter in diese unerquicklichen Gedanken hineinzusteigern, beschloss ich, mich anzuziehen und mir in der Cafeteria einen Kaffee zu holen. Vielleicht traf ich ja jemanden aus der Crew. Im ganzen Hotel wohnten nur Airliner, die meisten von amerikanischen Gesellschaften, aber neben uns Deutschen waren auch ein paar Holländer, Schweizer und Österreicher vertreten.

Zu sehen war im Moment niemand, die Tische auf der Terrasse waren hastig verlassen worden. Nur ein paar

Pappbecher und eine einsame Dose Mr. Pepper waren Zeugen, dass hier bis vor Kurzem noch buntes Geschnatter am Pool stattgefunden hatte. Ich holte mir einen Kaffee – dünn wie Tee und ähnlich im Geschmack, aber wenigstens heiß – und ging in die Lobby.

An einem der niedrigen Tische saß auf einem zerschlissenen Sofa ein junger Mann in Jeans und Lederjacke und fummelte an seinem Laptop herum. Vielleicht war er Pilot einer Cargo-Airline? Wir kamen ins Gespräch, und ich fragte ihn, ob der Flughafen Miami denn überhaupt noch offen sei.

Jeff – so hieß der charmante Mensch – befragte seine Zauberkiste und stellte fest, Miami Airport war geschlossen. Na, bravo. Wann sollte unsere Maschine aus Düsseldorf kommen? In einer Stunde? So oder so würde das Unwetter für Verspätung sorgen.

Ich bedankte mich bei Jeff, der mir ein zahnpastaweißes Lächeln schenkte, und ging zurück auf mein Zimmer, um eventuelle Informationen über eine Verspätung nicht zu verpassen. Bis zum geplanten Weckruf tat sich nichts. Gut, dann schien wohl doch alles planmäßig zu laufen.

Etwa eine Stunde später stand ich wieder in der Lobby, diesmal in Uniform und mit dem gesamten Gepäck. Auf dem Zimmer lief ich trotz der Lage im siebten Stock inzwischen Gefahr zu ertrinken, so sehr regnete es auf der Schlagseite des Fensters herein. Nach etwa einer halben Stunde erschien der Chef mit leicht gequältem Gesichtsausdruck.

Der Flughafen Miami war immer noch gesperrt, unsere Maschine war bereits im Anflug und kreiste mit vielen anderen Fliegern, um auf schönes Wetter beziehungsweise die Wiedereröffnung des Airports zu warten. Da dies schon eine Weile so ging, hatten sie nur noch ausreichend Sprit, um weitere 30 Minuten Kringel zu fliegen. Sollte sich bis dahin nichts getan haben, würde man Fort Myers anfliegen und dort aussteigen. Ein weiterer Anflug auf Miami zu einem späteren Zeitpunkt wäre aufgrund der vorangeschrittenen Dienstzeit der Crew aus Düsseldorf nicht mehr möglich.

Knapp vor Ablauf der halben Stunde war Miami-Airport wieder geöffnet, und so stiegen wir in den Crewbus. Die Straßen von Miami Beach waren noch halbwegs frei und befahrbar, aber je näher wir dem Flughafen kamen, umso tiefer stand alles unter Wasser. Streckenweise waren die Straßen knietief überspült, die wenigen Fußgänger, die wir sahen, hatten ihre Schuhe in der Hand und wateten vorsichtig durch schlammfarbene Fluten. In einigen Straßen standen Autos fast bis zum Türgriff in den Fluten, Vorgärten waren nur noch zu erahnen, und einige silberne Mülltonnen schwammen wie skurrile Boote umher. In Richtung Downtown reihte sich Stoßstange an Stoßstange, Rushhour und Wassermassen hatten die Blechlawine fest im Griff. In unserer Fahrtrichtung aber war zum Glück kaum Verkehr, mittig auf der Straße konnte man noch fahren, wenn auch nur sehr langsam. Ein rosa Flamingo hätte uns schwimmend sicher mühelos überholen können.

Mehr als eine Stunde zu spät trafen wir am Airport ein. Als wir aus dem Shuttlebus stiegen, blinzelte die Abendsonne verschlafen durch kleine Fenster in den Wolkentürmen, als wäre sie erstaunt über das ganze Chaos. Im Moment wirkte alles ziemlich feucht, aber friedlich.

Der Regen verdampfte wie der Aufguss in einer Sauna auf dem Asphalt, und die Uniform klebte augenblicklich komplett am Körper. Wir retteten uns in das klimatisierte Terminal.

Der Flughafen war wie erwartet überfüllt. In den Staaten mussten Passagiere aufgrund scharfer Sicherheitskontrollen noch früher am Schalter erscheinen als bei uns in

Europa – empfohlen wurden drei Stunden vor Abflug. Nun war es nicht schwer, sich vorzustellen, wie viele Gäste während des tobenden Unwetters dort gestrandet waren. Die Zeit der Sperrung währte nur eineinhalb Stunden, aber wenn man überschlug, dass täglich 1000 Flugbewegungen an diesem Airport abgefertigt wurden, konnte man sich lebhaft die Masse der Menschen vorstellen, die sehnsüchtig auf Beförderung warteten.

Wenn wir zu Hause ein Flugzeug übernehmen, sind wir in der Regel vor den Passagieren an Bord. Auf einer Außenstation führt der Weg zum Flieger meist durch die wartenden Gäste am Gate. Solange alles pünktlich vonstatten geht, ist dieses Schaulaufen noch gut auszuhalten. Immerhin können die Passagiere so auch einmal einen Blick auf die geheimnisvollen Stimmen aus dem Cockpit erhaschen oder sich vielleicht Gedanken machen, warum die Currywurst so lange zu ihnen an den Platz braucht, wenn sie sehen, dass für einen Flieger mit 304 Sitzplätzen gerade mal acht Flugbegleiter die heiligen Hallen betreten. Manch eine von uns stolziert auch ganz gerne auf High Heels mit gekonntem Hüftschwung durch die Menge oder präsentiert stolz die goldenen »Pommes« auf dem Jackenärmel. Die zu ergattern, hat schließlich einigen Schweiß gekostet. Ein wenig Extrovertiertheit kann in dem Business bestimmt nicht schaden.

Unangenehm wird dieser Paradelauf mitten durch die wartenden Gäste aber immer dann, wenn der Flieger Verspätung hat – egal, aus welchen Gründen. Die Crew ist doch immer schuld. Und wenn sie einmal keine unmittelbare Schuld hat – auf das Wetter haben wir leider bis heute noch keinen direkten Einfluss –, dann wird es uns geneidet, dass wir schick in Schale, top ausgeschlafen, gut genährt und erst auf die vermeintlich letzte Minute am Ort des Geschehens auftauchen.

Liebe Gäste, es sei Ihnen verziehen: Sie können ja nicht wissen, dass auch wir eine schlaflose Nacht hinter uns haben, weil unser Biorhythmus noch auf deutscher Zeit steht, wir vor Dienstbeginn schon ewig lang geschniegelt und gebügelt wie bestellt und nicht abgeholt bei Schlabberkaffee in der Hotellobby gesessen haben, uns unseren Weg im Schneckentempo durch Stau und Pfützen bahnen mussten und schließlich noch die Haarnadeln aus der kunstvollen Turmfrisur beim Security-Check ziehen mussten, weil das drei Millimeter breite Spängchen mörderisch piepte. So reist man doch gerne als feucht gewordene, ondulierte Flugente. Über eine Verspätung von drei Stunden können wir nur müde lächeln, schließlich arbeiten wir oft die ganze Nacht durch, und auf uns wartet zu Hause sowieso niemand …

Am Airport von Miami erwarteten uns 304 mehr oder weniger müde, erschöpfte, mürrische und genervte Gäste, von denen wegen der Überfüllung an den Gates viele keinen Sitzplatz mehr bekommen hatten. Ein paar Gesichter schauten entspannt, als sie die Crew sahen, es gab aber auch Passagiere, die uns feindselig anstarrten. Andere applaudierten und grölten Nettigkeiten wie: »Na, ausgeschlafen?« oder: »Schön, dass ihr auch schon kommt!«

An Bord kämpfte noch das Reinigungspersonal mit den Müllbergen, und die letzten Catering-Wagen wurden in den Küchen verstaut.

Der Kapitän informierte uns über die Rückflugzeit – satte neun Stunden, da im ersten Teil der Reise noch mit Turbulenzen zu rechnen war –, und wir besprachen den Service dieses Nachtflugs.

Nach etwa 20 Minuten waren 45 Tonnen Kerosin in den Tanks und wir bereit zum Boarden.

Um 22 Uhr Ortszeit rollten wir von unserer Parkposition los und reihten uns ein in die Schlange der wartenden

Flugzeuge zum Abflug. Eine weitere halbe Stunde später hoben wir endlich ab. Draußen war es schon lange stockfinstere Nacht, und die Lichter von Miami verschwanden schnell unter einer dicken Wolkendecke. Zu Hause in Deutschland war es bereits vier Uhr morgens; lange würde es in dieser Nacht nicht dunkel bleiben. Zu diesem Zeitpunkt ahnte aber noch niemand an Bord, wie lang dieser Flug noch werden würde.

Verschwörer an Bord?

Das Gros unserer Gäste auf dem Flug von Miami war – endlich an Bord und auf dem Weg in die Heimat – relativ ruhig, um nicht zu sagen schläfrig. Hunger und Durst hatten jedoch alle wie Wüstenwanderer. Aufgrund des unruhigen Wetters musste die Kabinencrew noch ziemlich lange unverrichteter Dinge angeschnallt sitzen bleiben. Als wir endlich anfangen konnten, aus den Bordküchen das Abendessen zu zaubern, klingelten schon etliche Passagiere nach Getränken oder kamen direkt in die Galley, um sich etwas zu holen. In der Businessclass baute meine Kollegin gerade den Getränkewagen auf und sortierte die weiße Tischwäsche aus dem Trolley, während ich an unsere Gäste Kopfhörer, Hausschuhe, Kosmetiktäschchen und Menükarten verteilte. Als ich in Reihe drei die gewünschten Essen abfragte, klingelte in unserer Sektion das Bordtelefon. Eine Kollegin aus der Aft Cabin informierte mich über einen kranken Gast an Bord. Es handele sich um einen jungen Mann mit Bauchschmerzen, nur damit ich Bescheid wüsste. Ich dankte ihr für die Information und beschloss, gleich nach dem Notieren der Menüwünsche hinten nach dem Rechten zu sehen. Bauchschmerzen – das konnte vom simplen, quer sitzenden Pups bis zur inneren Blutung so ziemlich alles sein. Hoffentlich war es nichts Ernstes. Bei einem mehrstündigen Flug über den Atlantik waren undefinierbare Bauchschmerzen eine sehr diffuse Diagnose, die vor Verlassen der Küstenregion so gut wie möglich differenziert werden musste.

Ich war gerade eine Reihe weiter gekommen, als in der Kabine ein Arzt ausgerufen wurde. Also drückte ich meiner Kollegin meinen Notizzettel in die Hand, fummelte aus dem Schrank im Cockpit den verplombten Arztkoffer und informierte den Kapitän über unseren Kranken.

Meine Kollegen in der Economy waren noch beim Getränkeservice. Also hievte ich den gefühlte 15 Kilo schweren Alukoffer an drei Trolleys vorbei zum hinteren Ende der Kabine. Unsere bordeigene Notfallausstattung zählt mit zu den besten in der weltweiten Fliegerei, und ich hoffte, dass wirklich ein Arzt an Bord war, der den Inhalt auch voll ausschöpfen konnte.

In der vorletzten Mittelreihe saß nun unser Patient, ein junger Schwabe, und grinste verlegen in die Runde. Um ihn herum standen seine besorgte Freundin, zwei Flugbegleiter und mehrere Passagiere, anscheinend Mediziner. Ich war erleichtert, denn auf Amerikastrecken war es nicht selten, dass es zwar vor Ärzten an Bord wimmelte, sich aber niemand meldete, aus Angst vor unberechenbaren und nicht selten ruinösen Schadensersatzforderungen, falls etwas schieflief. In den USA gab es keine Bestrafung im Sinne von unterlassener Hilfeleistung – wohl aber empfindliche Ansprüche in Bezug auf Regress, ob berechtigt oder nicht. Wie gut, dass unser Flieger zu jeder Zeit an jedem Ort deutsches Hoheitsgebiet war und hier jeder nach bestem Wissen und Gewissen helfen konnte, ohne Kopf und Kragen zu riskieren.

Und so hatten wir an diesem Abend gleich drei Ärzte, die bereit waren, uns mit Rat und Tat zu unterstützen. Ein Internist war leider nicht dabei, dafür eine Gynäkologin, eine Neurologin und ein Orthopäde, kein direkter Hauptgewinn, aber allemal besser als gar kein medizinisches Fachpersonal.

Was mich stutzig machte, war das verlegene Grinsen

unseres Patienten. Hatte die Kollegin nicht von starken Bauchschmerzen gesprochen? Oder hatte der Gast vielleicht schon vor dem Flug eine Sammlung von bunten, in den USA frei verkäuflichen Pillchen gegen Schmerzen eingeworfen? Die beiden Damen begannen mit einer Untersuchung, soweit das in dem wackelnden Flugzeug möglich war; der Orthopäde, ein großformatiges bayerisches Urgestein, beobachtete das Geschehen aus etwas Distanz.

Inzwischen klingelten die Öfen in der Galley, die heißen Essen waren fertig zum Einräumen in die Trolleys. Eine Weile würden wir sie dort noch aufbewahren können, allerdings waren unsere Gäste mehr als ausgehungert, und ein zu langer Aufenthalt im warmen Ofen würde den Aggregatzustand der Gerichte relativ schnell von ganz heiß zu fast versteinert ändern. Also begann in der Küche emsiges Treiben, die Essen wurden blechweise heraus und in die Trolleys hineingeräumt, die Kollegen füllten noch einmal Getränke auf den Wagen nach, während ich, in eine Ecke der Küche gequetscht, versuchte, mit den Ärzten eine Lösung für unseren Patienten zu finden. Die Damen waren sich leider nicht sicher, was er haben konnte.

Anscheinend kamen die Schmerzen intervallartig, mittlerweile lag der junge Mann quer in der Sitzreihe, und das zwischenzeitliche Grinsen war einem schmerzverzerrten Gesichtsausdruck gewichen. Ich eilte mit den notdürftigen Informationen nach vorne, gab meiner Kollegin in der Businessclass Anweisung, mit dem Service schon einmal alleine anzufangen, und erstattete dem Kapitän Bericht.

»Müssen wir runter, oder schafft er es bis Düsseldorf?«, wollte der Chef wissen.

Hatte ich Löcher in den Händen? Hieß ich Jesus?

Ich war mir keineswegs sicher, wie sich die Krankheit unseres Passagiers entwickeln würde, seinen Aussagen nach schwankte sein Zustand zwischen »Ich muss bestimmt gleich sterben« und »Alles halb so wild«. Mal lag er in der Reihe leidend darniedergestreckt, wenig später stand er wieder im Gang und verlangte nach Cola.

»Wie lange fliegen wir noch an der Küste entlang?«, fragte ich den Kapitän.

»Bis rauf nach Kanada, also noch knapp zwei Stunden. Können wir mal zwei Kaffee bekommen?«

Natürlich, gerne. Das war doch immerhin eine gute Nachricht, so hatten wir wenigstens bezüglich der Entscheidung für oder gegen eine Zwischenlandung noch etwas Luft. Ich war gerade dabei, die Pappbecher für die Piloten neu mit Kaffeepulver zu füllen, als das Bordtelefon läutete: »Dem Gast geht es wieder schlechter. Kannst du mal schnell kommen?«

Inzwischen waren die Kollegen in der Economy damit beschäftigt, das Abendessen zu servieren. Ich kletterte über drei Trolleys, bis ich in Reihe 50 angekommen war und in die besorgten, grübelnden Gesichter von Frau Dr. Gyn und Frau Dr. Neuro schaute. Der Gast krümmte sich derweil auf dem Sitz und sah in der Kabinenbeleuchtung sehr verschwitzt und leicht grünlich im Gesicht aus.

Eine Zwischenlandung war ärgerlich, teuer und kostete viel Zeit. Bei einer Langstrecke mit entsprechender Flugzeit und schon vorhandener Verspätung konnte gar die Durchführung des ganzen Flugs kippen, weil die Besatzung aus der Dienstzeit fiel. Die Entscheidung dafür oder dagegen machte man sich also nie leicht, aber auf keinen Fall zu Lasten der Gesundheit eines Mitreisenden. Schlussendlich musste der Kapitän diese Entscheidung fällen, und dafür war es notwendig, so viel Informationen und fachkompetente Aussagen für ihn zu sammeln, wie es irgend ging.

Die beiden Ärztinnen waren sich sehr unsicher, ob unser Gast den Flug über den großen Teich wohlbehalten überstehen würde, und sie weigerten sich, ihm weitere

Schmerzmittel zu geben, um Symptome nicht zu über-
decken. Der bayerische Orthopäde war etwas rustikaler
eingestellt, er meinte mit treuem Augenaufschlag und
breitem Dialekt: »Loss ihn halt brüllen, solang wir an der
Küste entlangfoan, dann kannst immer noch runter und
ihn aussischmeißen, wann's bis dahin net besser is.«

Ich brachte die gesammelten Erkenntnisse nach vorne
ins Cockpit. Dort hatten sich die Jungs bereits mit dem
Gedanken vertraut gemacht, aufgrund eines medizinischen
Notfalls zwischenzulanden, und so entschied der Kapitän:
»Wir landen in New York und laden ihn aus.«

»Wie viel Zeit haben wir, um die Kabine vorzubereiten?«

Wie aus der Pistole geschossen kam die Antwort: »18 Minuten.«

Da musste ich dann doch schlucken. Eine medizinische
Notlandung unterschied sich kaum von einer normalen
Landung, abgesehen von einem Faktor: der Zeit. Egal, ob
Herzinfarkt, Entbindung, innere Verletzung: War die Entscheidung, runterzugehen, einmal gefällt, ging es rasant
abwärts. Und wenn ich daran erinnern darf: Wir waren
gerade mitten im Abendessenservice.

Für die normale Vorbereitung einer Kabine auf einem
großen Airbus waren mindestens 40 Minuten notwendig.
Nachdem ich die Crew informiert und den Gästen in einer
Ansage unser Vorhaben erklärt hatte, blieb uns noch eine
knappe Viertelstunde. Und die meisten Passagiere hatten
gerade erst ihr Tablett mit dem Essen bekommen, auf das
sie so lange sehnsüchtig und geduldig gewartet hatten.
Nun konnten wir es ihnen in Windeseile quasi wieder vom
Tisch reißen, zurück in die Trolleys stopfen und alles für die
Landung vorbereiten. Wohin so schnell mit halb vollen Ge-
tränkebechern, Flaschen, Tassen, den Bergen von Müll, die
jeder Servicedurchgang produziert?

»Ab in die Waschräume damit«, hieß es immer bei der Inszenierung einer vorbereiteten Notlandung in den Schulungsräumen. Unsere Waschräume waren jedoch von Passagieren besetzt, die gar nicht mitbekommen hatten, wie schnell wir handeln mussten. Dazu kam der Umstand, dass die Maschine die Nase nun steil bergab drückte, die Trolleys auf einmal ein Vielfaches ihres normalen Gewichts aufbrachten und das Gehen in der Kabine zum artistischen Kunststück wurde. Wir schafften es gerade eben, alles rechtzeitig irgendwo reinzustopfen, als auch schon rumpelnd das Fahrwerk ausfuhr. Keine zwei Minuten später waren wir sicher auf dem John F. Kennedy Airport in New York gelandet.

Als das Flugzeug in flottem Tempo zum angewiesenen Gate rollte, wurden unsere Gäste wieder lebendig. Wir konzentrierten uns erst mal auf das schnelle »Ausladen« des Patienten und die Übergabe an die hiesigen Sanitäter. So staunte meine Kollegin an der mittleren Tür dann nicht schlecht, als sie nach dem Öffnen derselbigen in die Gesichter von vier schwer bewaffneten amerikanischen Uniformierten und zwei Sicherheitsbeamten sah. Erwartet hatte sie eigentlich einen Notarzt oder zumindest ein, zwei Rettungssanitäter. Sie rief mich vorne an, aber ich war sowieso schon auf dem Weg zur offenen Tür.

»Where is the unruly?«, blaffte einer der Polizisten in sehr forschem Ton, hielt seinen Schlagstock griffbereit an der Hosennaht und äugte, offenbar zu allem bereit, an mir und meiner Kollegin vorbei ins Flugzeuginnere.

Das war ja ein schickes Missverständnis! Statt eines flugunfähigen, leidenden Gastes erwartete man in New York offenbar einen Randalierer. Was war denn da im Äther schiefgelaufen? Ich erklärte den Beamten, dass wir einen kranken Mann an Bord hätten, der dringend medizinische Versorgung benötigte, also eher eine Tragbahre statt einen

Gummiknüppel. Ich erntete zunächst verständnislose Mienen, aber dann reagierten die Amerikaner professionell, die Sanitäter wurden ruck, zuck informiert und machten sich in kürzester Zeit auf den Weg zu unserem Flieger.

Während wir auf deren Ankunft warteten, rumorten unsere Passagiere herum. Es ging wie ein Lauffeuer durch die Kabine, dass vor der Tür ein Trupp bewaffneter Polizisten flanierte. Dies stand natürlich in krassem Missverhältnis zu dem, was wir als Grund für die Zwischenlandung genannt hatten, und erzeugte Verständnislosigkeit und Unmut.

Ein hitziger männlicher Gast mit blonder Föhnfrisur, der beim Boarden in Miami schon lautstark seine schlechte Laune jedem mitgeteilt hatte, schimpfte in nicht eben jugendfreien Worten über die Crew und unsere Firma. Mit so einer verdammten Airline würde er nie wieder reisen, er hätte sie sowieso noch nie pünktlich erlebt. Nun würde dieser unnütze Ausflug dem Fass den Boden ausschlagen, offenbar waren alle Gäste belogen worden: Es gab gar keinen Kranken an Bord! Wahrscheinlich war das Flugzeug defekt, und man hatte nur keinen Schneid, das zuzugeben, oder die Crew hatte schlichtweg keinen Bock auf den Heimflug. Saftladen! Und als Höhepunkt seiner Tirade verkündete er: »Ich will hier sofort aussteigen!«

Meine Kollegin behielt angestrengt den Ausgang im Auge, aufgrund der geltenden Einreisebestimmungen durfte niemand das Flugzeug verlassen – und eine Zigarette im Fluggaststeig oder gar auf dem Vorfeld zu rauchen, kam auch absolut nicht infrage.

Ich suchte innerlich wieder den berühmten Reißverschluss, um mindestens vier Dinge gleichzeitig tun zu können: nämlich das Cockpit über die Fehlinformation in Kenntnis zu setzen, eine erklärende Ansage an die Passagiere zu machen, die wild gewordene Föhnwelle zum

Schweigen oder wenigstens auf Zimmerlautstärke zu bringen sowie mit den Kollegen in der Aft Cabin Kontakt aufzunehmen, um zu erfahren, wie es unserem Gast ging.

Endlich war das medizinische Fachpersonal vor Ort, will heißen in der Fluggastbrücke vor dem Flugzeug. Sie machten keine Anstalten, die Maschine zu betreten, und erkundigten sich zunächst ausgiebig bei mir über das Krankheitsbild des jungen Mannes. Ich war fassungslos und genervt zugleich. Hätten diese Herren bei einem Herzinfarkt auch erst mal so ein lustiges Frage-und-Antwort-Spielchen veranstaltet? Schließlich waren wir kein verseuchter Flieger voller ansteckender Ausländer, sondern hatten lediglich einen kranken Mann an Bord. Allerdings hatten wir zunehmend renitente Passagiere, die das Flugzeug plötzlich verlassen wollten. Die Stimmung kochte immer weiter hoch, so sehr wir uns auch bemühten, die Gemüter zu beruhigen.

Endlich entschied man sich, den Patienten in Augenschein zu nehmen, aber anstatt hereinzukommen, fragte mich der Arzt ganz unverblümt: »Can he walk?«

Da die Schmerzen bei unserem Patienten unterschiedlich stark auftraten, rief ich hinten an und fragte, ob der Gast im Augenblick wohl laufen könne. Wenig später kam er nach vorne. Seine Freundin folgte ihm, sichtlich peinlich berührt und einen riesigen Rucksack hinter sich her zerrend. Alle Gäste verfolgten die beiden mit Argusaugen, die ersten Pfiffe wurden hörbar. Die Föhnwelle schrie zuerst in die Runde, was wohl viele andere dachten: »Der hat ja gar nichts, der ist ja ein Simulant!«

Du lieber Himmel, was war ich froh, als die beiden Passagiere unser Flugzeug endlich verlassen hatten und auf dem Weg zum nächsten Hospital waren. Nun konnten wir endlich unsere dringendsten Probleme angehen, und derer hatten wir viele. Zunächst mussten die Gäste an Bord beruhigt werden, damit uns die Situation nicht vollends entglitt. Das Cockpit bemühte sich bereits seit der Landung um ein Startfenster für den Weiterflug nach Deutschland. Als medizinischer Notfall irgendwo zu landen, klappte stets problemlos; als unplanmäßige Maschine aber wieder zu starten, und das dazu auf so einem Riesenflughafen wie JFK/New York, war eine andere Sache.

Am kritischsten aber waren die Verschwörungstheoretiker unter den Passagieren, die glaubten, die Krankheit des vermeintlichen Patienten sei nur vorgetäuscht worden, während in dessen Koffer eine potenzielle Bombe sei. Das Gepäck unseres Pärchens blieb nämlich definitiv an Bord, für medizinische Notfälle waren keine erneuten Sicherheitskontrollen vorgesehen.

Solche ja nur menschlichen Vermutungen sollte man keinesfalls auf die leichte Schulter nehmen, allerdings mussten gesunder Menschenverstand, eine Handvoll Pragmatismus und eine ausgewogene Mischung aus Wissen, Erfahrung und erwarteter Professionalität die Oberhand behalten. Vier Wochen später, bei einem Flug nach New York, sollte ich von unserem Ramp Agent erfahren, dass der junge Mann unter einer Nierenkolik gelitten hatte. Hellsehen müsste man können – doch das fehlte in unserer Ausbildung noch.

Endlich war es dann doch so weit, das bereits verbrauchte Kerosin war mit Feuerwehrschutz nachgetankt worden, jeder saß wieder auf seinem Platz, und in der Kabine brannte nur die Notbeleuchtung für den Start. Wir waren Ready for Take-off, und es trennten uns nur noch schlappe sieben Stunden Flugzeit von unserem Ziel. Seit zwölf Stunden steckten wir nun in der Uniform und konnten mit der Arbeit quasi noch einmal von vorne anfangen.

Inzwischen war es aber schon so spät, dass die meisten Passagiere schliefen. Also servierten wir noch einmal Getränke, ich legte einen Spielfilm ein, und in der Economy kehrte bald Ruhe ein. Als auch unsere Businessgäste endlich satt und halbwegs zufrieden schlummerten, machte ich einen Rundgang durch die Kabine. Inzwischen war es draußen taghell.

Schlauerweise hatten wir vor Beginn des Films darum gebeten, alle Fensterblenden zu schließen, damit noch ein wenig »Nachtruhe« möglich war. Und so wurde das Kabineninnere nur durch einige wenige, vorwitzige Sonnenstrahlen beleuchtet, die sich durch einzelne, nicht ganz geschlossene Jalousien hineinschmuggelten.

Es war eine gespenstische Atmosphäre: Die Passagiere schliefen ausnahmslos. Manche hingen in den abenteuerlichsten Positionen im Sitz, so dass man sich fragen musste, wie man so überhaupt Ruhe finden konnte. Das sparsame Sonnenlicht, welches quer durch den Flieger leuchtete, ließ kleine Staubpartikel glitzern.

Die eine Hälfte der Crew schlief hinter den aufgebauten Vorhängen. Die anderen, die in den Küchen eigentlich »Wache« schieben sollten, waren auf ihren Klappstühlen eingenickt, eingerollt in eine Decke gegen die Kälte und mit einer Zeitung auf dem Schoß. Ich konnte es ihnen nicht verdenken – dieser Tag hatte es wirklich in sich gehabt.

Auf meinem Rückweg auf der anderen Seite des Fliegers stieg ich so gut es ging über in den Gang ragende Arme und Beine. Vor der mittleren Tür lagen zwei kleine Kinder auf Decken, ihren Teddy jeweils fest im Arm. Unser Flieger glitt ruhig mit seiner schlafenden Fracht und mit dem monotonen Gebrumm der Triebwerke über den Atlantik. Zeit für einen Kaffee.

Kringel über Karpathos

Manche Flüge kosten graue Haare; andere sind so schön, dass ich sie mir am liebsten einrahmen würde wie ein Bild, damit ich sie nicht so schnell vergesse. Oder ich möchte sie in eine Flasche abfüllen und ab und zu mal daran schnuppern, wenn mir der Job nicht ganz so gewogen ist.

Einer dieser durchaus konservierungswürdigen Arbeitstage war ein Flug mit unserer Rennsemmel, dem A320, nach Karpathos, der zweitgrößten griechischen Insel, genau drei Flugstunden entfernt. Das Wetter zu Hause war für Mitte September grottenschlecht, nur sechs Grad um vier Uhr morgens, und dazu gesellte sich noch ein unangenehmer Nieselregen, der überall reinzukrabbeln schien. Wir hatten noch etwa zehn Minuten Zeit bis zum offiziellen Check-in, als unser Kapitän zur Tür hereinschneite, 1,90 groß, grau gelocktes Haar, kecke Hornbrille, Jacke lässig unter den Arm geklemmt, mit kleinem Laptopköfferchen. Er war der Typ Pilot, bei dem Mütter ihre Tochter energisch auf dem Sofa ein Stück in seine Richtung schubsen würden, in der Hoffnung auf genau so einen Schwiegersohn.

Kaum hatte sich unser Chef im Pilotenbereich unserer Firma sortiert und seinen Laptop zum Update eingestöpselt, sprintete er mit zackigen Schritten zu uns in den Wartebereich und raunte in butterweichem Bariton meinen dort wartenden Kolleginnen zu: »Ihr seid bestimmt die Reisegruppe nach Karpathos. Schön, dass ich euch gefunden habe!« Dann plinkerte er mit seinen braunen Augen und schnurrte: »Hat eine der Ladys mal ein Taschentuch für mich?«

Das schien ja ein Spaßvogel zu sein! Nun, ich konnte ein amüsantes Cockpit an diesem Morgen gut gebrauchen, ich war so müde wie schon lange nicht mehr, mein Biorhythmus und ich sprachen seit Tagen kein Wort mehr miteinander und, ehrlich gesagt, freute ich mich beim Aufstehen schon auf den Feierabend, auch wenn dieser noch in weiter Ferne lag. Unter diesen Umständen konnte ein bisschen Spaß bei der Arbeit nicht schaden.

Mit der Crew steht und fällt jeder Flug. Versteht man sich untereinander gut und kann sich blind vertrauen, fluppt die Arbeit wie von allein, egal, welche Widrigkeiten einen im Lauf der Reise so aus dem Hinterhalt anspringen. Ist die Stimmung eher spröde und gereizt, weil die Chemie einfach nicht stimmt, reicht oftmals auch das vielzitierte Höchstmaß an Sozialkompetenz und psychischer Belastbarkeit nicht, um dem Tag noch etwas auffallend Positives abzugewinnen.

Aber dies schien ein unterhaltsamer Tag zu werden. Aufgrund der frühen Stunde waren nicht nur die Crew, sondern auch die Gäste noch ziemlich müde. Nach dem ersten Servicedurchgang konnten wir eine kurze Frühstückspause einlegen und dimmten das Licht in der Kabine. Kurz darauf ging die Sonne auf, färbte die oberste Wolkenschicht erst zaghaft pink und himmelblau, und wenig später strahlte sie schon in leuchtendem Gold am Horizont. Das Cockpit klingelte per Interphone.

»Hallo, Katharina, hättest du mal eine Zeitung für mich?«, gurrte der Chef.

»Welche möchtest du denn gerne?«

»Such mir einfach was aus.«

Als ich mit den Zeitungen ins Cockpit kam – ich hatte die *Bild*, die *Welt* und die *Financial Times* in der Hand, da ich den persönlichen Geschmack unseres Kapitäns nicht kannte –, bedankte er sich mit großer Geste.

»Das ist total nett von dir!«, sagte er, strahlte mich an und stopfte die Zeitungen zusammengefaltet mit geübten Handgriffen zwischen das orangefarbene Sonnenrollo und die Fensterscheibe auf seiner Cockpitseite.

»Die Sonne brezelt hier heute wieder rein, das ist unglaublich. Ich war schon fast gar!«

Ich musste lachen – mit dieser Art der Lektürenutzung hatte ich nicht gerechnet. Obwohl ich das Problem im Cockpit durchaus kannte: Der Pilot, der auf der wahrhaftigen Sonnenseite sitzt, schmort schon nach kurzer Zeit durch die Wärmeeinstrahlung im eigenen Saft, während der Kollege auf der sonnenabgewandten Seite Eiszapfen an den Zehen hat, egal wie warm man die Heizung in der Kanzel hochdreht.

Das Tageslicht weckte auch den Großteil unserer Gäste wieder auf, und so begannen die Kolleginnen mit dem Bordverkauf. Anschließend bekamen die Passagiere noch ein letztes Getränk, und wir bereiteten die Kabine zur Landung vor. Als die annoncierten drei Stunden Flugzeit so gut wie verstrichen waren und vom Fahrwerk immer noch nichts zu hören war, meldete sich der Copilot überraschend aus dem Cockpit.

»Ja, schönen guten Morgen, meine Damen und Herren, ich möchte es nicht versäumen, mich auch bei Ihnen vorzustellen: Mein Name ist Richard Birk, und ich bin heute Ihr Copilot auf dieser fantastischen Reise nach Karpathos!«

Wir schauten uns ungläubig an: Seit wann stellte man sich kurz vor der Landung noch bei den Gästen vor? Hatten die Jungs zu dieser Zeit nicht ganz andere Dinge zu tun? Aber Richard plauderte auch schon munter weiter: »Ja, meine Damen und Herren, Sie haben es sicher längst an den vielen Links- und Rechtskurven dieses geschmeidigen Fluggeräts gemerkt, wir schauen uns hier so ein bisschen die Gegend an. Unter uns ist nämlich weit und breit kein anderes Flugzeug, über uns und neben uns auch nicht, und da wir über zehn Minuten vor der geplanten Ankunftzeit sind, haben mein Kollege, Herr Liebig, und ich uns zu diesem kleinen Rundflug hinreißen lassen. So haben Sie die Gelegenheit, Ihr Urlaubsziel schon einmal ausgiebig von oben zu betrachten. Lehnen Sie sich bequem zurück, und genießen Sie den Flug!«

Dass wir so viele Kurven geflogen waren, war mir bei den Landevorbereitungen entgangen. Ich schnallte mich wieder ab und schaute aus den Fenstern auf der rechten Seite. Unsere Maschine ging gerade in eine butterweiche Rechtskurve und gab den weitläufigen Blick auf türkisblaues Wasser, zerklüftete Felsen und ein paar kleine, weiße Jachten frei. Es sah bei dem strahlenden Sonnenschein wirklich traumhaft schön aus.

Unsere Gäste waren allerdings geteilter Meinung. Die flugerfahrenen, unerschrockenen Urlauber fanden den Ausblick durchaus spannend und lohnenswert, die Gäste mit latenter Flugangst mochten den Anblick der immer näher kommenden Küste gar nicht gerne. Solange das Flugzeug in der Horizontalen flog, konnte in der Regel mit Flugangst noch ganz gut umgegangen werden, bei schneidigen Kurven, bei denen eine Tragfläche steil in den Himmel kippte und die andere sich dynamisch Richtung Erde senkte, wurde es vielen doch recht komisch im Magen. Unsere Helden im Cockpit konnten sich in diese Gäste offenbar nicht hineinfühlen, sie reizten die verfügbare Zeit bis zur letzten Minute aus und drehten fröhlich ihre Kringel weiter.

Nach der Landung ertönte jubelnder Applaus: Die einen klatschten fröhlich aufgrund der unerwarteten Zugabe, und die anderen waren einfach nur erleichtert, dass der unerwartete Rundflug endlich ein sicheres Ende genommen hatte.

In der Bodenzeit konnten wir ein paar Minuten auf der Gangway sitzen und die griechische Sonne genießen. Gerne wären wir für ein paar Tage hiergeblieben, das Wetter war herrlich, und das Meer lockte mit salzigem Wind an den Strand. Aber leider stand nach einer guten halben Stunde der Ramp Agent schon wieder auf der Treppe und fragte nach der Zeit fürs Boarden.

Schade eigentlich, aber so war das nun mal bei Flügen durch Europa – der Aufenthalt währte immer nur kurz. Also klopften wir uns den Staub der Treppenstufen von der dunkelblauen Uniform und gingen wieder hinein in unser fliegendes Büro.

In Anbetracht der luftigen Bekleidung unserer Gäste – sie trugen fast alle kurzärmelige Shirts, hatten kurz behoste Beine und nackte Füße in Sandalen – machten wir uns doch Gedanken über klimatische Empfindungen und die daraus entstehenden möglichen Folgen. Wusste denn niemand von diesen sonnigen bajuwarischen Gemütern, dass in München nur sechs Grad auf sie warteten? Mir lief schon bei dem Gedanken daran, in derart luftiger Bekleidung dem kalten Alpenwind trotzen zu müssen, ein Schauer durch die synthetische Uniform!

Kurz darauf huschte der Ramp Agent an mir vorbei und entschwand mit einem knappen Gruß über die Gangway. Aus dem Cockpit rief der Chef energisch: »Tür zu, es zieht!«

Offenbar hatten wir es nun auf einmal mächtig eilig, die griechischen Gefilde wieder zu verlassen.

Gerne hätte ich seinem Wunsch entsprochen, aber leider waren die beweglichen Seitenteile der Treppe an den Flieger geklemmt, sodass ich die Tür nicht schließen konnte.

Ein Treppenfahrer, der das Problem buchstäblich hätte lösen können, war weit und breit nicht in Sicht, also war hier Geduld gefragt. Um unsere Gäste nicht länger warten zu lassen, begann ich schon einmal mit einer Begrüßungsansage:

»Meine Damen und Herren, herzlich willkommen an Bord. Im Prinzip wären wir jetzt startbereit, leider müssen wir vor dem Abflug noch diese Treppe hier loswerden. Ich bitte Sie daher noch um etwas Geduld, es kann sich dabei sicher nur um eine griechische Minute handeln. Sie kennen das ja ... «

Unsere Passagiere waren amüsiert und spähten einheitlich gespannt zum vorderen, immer noch sperrangelweit offenen Ausgang.

Inzwischen ertönte es wieder aus dem Cockpit: »Kriegst du die Treppe denn nicht los? Wir müssen weg hier, sonst verlieren wir unseren Slot! «

Dazu sah ich mich leider nicht in der Lage. Dieses Uraltmodell machte nun wirklich keinen vertrauenerweckenden Eindruck, und ich wagte stark zu bezweifeln, dass ich die verrosteten Seitenteile auch nur einen Millimeter würde verschieben können, ohne dabei entweder von der Treppe zu fallen, mir eine Zerrung zu holen oder wenigstens den Nagellack zu ruinieren. Sorry, Chef! Aber unser Kapitän war ein Mann der Tat und gab sich mit einem schnöden »Kann ich nicht« keineswegs zufrieden. Er hechtete sportiv aus seinem Sitz, schob mich freundlich, aber energisch beiseite und verließ den Flieger. Draußen auf der Plattform nahm er das Problem höchstselbst in Augenschein.

Ich hatte das Bordmikrofon noch in der Hand, und während die Passagiere mutmaßten, was nun als Nächstes passieren würde, klärte ich sie mit verschmitztem Grinsen auf: »Ja, meine Damen und Herren, dieser attraktive Mann, der da gerade an mir vorbeigesprungen ist, ist heute unser Kapitän, Herr Liebig. Er wird sich unseres kleinen Problems nun höchstpersönlich annehmen …«

Die Gäste verrenkten sich den Hals, um einen Blick auf den Chef zu ergattern. Dieser stand auf der Treppe und beäugte das störrische Seitenteil. Dann schob er entschlossen die Ärmel hoch und zerrte energisch an dem widerstrebenden Metallteil. Nach einem kurzen, lauten Quietschen gab die bockige Treppe auf und ließ den Flieger knarzend frei.

»Meine Damen und Herren, wir haben heute aber auch wirklich Glück! Herr Liebig ist nicht nur in der Lage, dieses technische Wunderwerk zu fliegen, er kann es auch problemlos mit zickigen Gangways aufnehmen!«

Donnernder Applaus von unseren gut gelaunten Passagieren empfing unseren Kapitän wieder im Flugzeug. Herr Liebig strich sich eine Locke aus der Stirn, verschwand mit einem triumphierenden Grinsen im Cockpit, und ich konnte die Flugzeugtür endlich schließen. Die gute Laune blieb uns während des Flugs erhalten. Beim Austeilen der Sandwiches – wahlweise Geflügelwurst oder Gouda – ergaben sich so einige amüsante Gespräche an Bord:

»Was möchten Sie gerne essen?«, fragte ich den Gast in der Reihe neben mir.

Keck grinsend, antwortete er: »Ich hätte heute gerne mal ein Thunfischsandwich.«

»Oh, tut mir leid«, erwiderte ich mit einem Lächeln, »die servieren wir immer nur auf der Terrasse, in der Kabine haben wir Pute oder Käse für Sie im Angebot.«

»Gut, dann nehme ich die Pute!«

Gespielt ernst informierte ich ihn: »Es ist leider keine ganze Pute, nur ein Stück davon …«

»Macht nix, nehme ich trotzdem!«, antwortete der Gast amüsiert.

Der nächste Gast hatte es offenbar eilig. »Ich nehm den Käse!«, rief er bestimmt.

»Möchten Sie nur den Käse oder mit Salat und Brot drum herum?«, konterte meine Kollegin.

»Nee, gerne mit Zubehör …«, kicherte der Gast.

Nächster Gast: »Ich nehm auch Käse, aber mit alles!«

Ich wühlte angestrengt in der Sandwichschublade: »O je, wo ist denn bloß der Dativ? Lisa, hast du den bei dir drin?«

Gast, trocken: »Zur Not nehme ich auch die Pute.«

In der nächsten Reihe proklamierte der Gast: »Ich möchte nichts essen!«

Ich tat erstaunt: »Keine unserer kulinarischen Verlockungen kann Sie betören?«

Der Gast antwortete: »Nee, vielen Dank …«

»Ach, kommen Sie, ich brauche doch auch eine Daseinsberechtigung …«, erwiderte ich und hielt in jeder Hand ein Sandwich.

Der Gast grinst breit: »Ach so?«

Meine Kollegin hakte nach: »Hat der Herr keinen Appetit?«

Ich antwortete gespielt gekränkt: »Nö, er kann auf meine deliziösen, mit Liebe belegten Brote verzichten, hat er gesagt.«

Der Gast grinste noch breiter. »Ich kann schöne Frauen nicht schmollen sehen, dann geben Sie mir halt eins mit Pute.«

Ich strahlte ihn an: »Gerne. Hier bitte, guten Appetit!«

Seine Nachbarin – offenbar war es seine Gattin – meinte daraufhin: »Schatz, das ist doch nicht schon wieder für den Hund?«

Unsere Gäste bewiesen an diesem Tag viel Humor und fühlten sich trotz des relativ turbulenten Heimflugs pudelwohl an Bord. Wir hatten Spaß an unserem Service, und als meine Kolleginnen den Bordverkauf durchführten, dachte ich: Schade, dass nicht jeder Flug von so einer Leichtigkeit getragen wird! Denn leider ist nicht jede Reise reif für einen Bilderrahmen oder eine Flaschenabfüllung.

Fernweh

Wenn ich spätabends die Hunde lüfte, ist die Nacht rabenschwarz. In sternenklaren, aber mondscheinlosen Nächten kann man den Weg, die Bäume und das Feld gerade noch schemenhaft erkennen, die nächste Straßenbeleuchtung ist weit. Hier am Ärmel der Welt mitten in Deutschland bietet der Sternenhimmel zwar nicht ganz so viel wie in der Wüste Gobi, wo es wirklich stockfinster ist, aber es gibt noch immer eine beachtliche Zahl an glitzernden Himmelskörpern, die man in einer Stadt so nie sehen würde. Und zwischen Großem Wagen, Orion und Kassiopeia tummeln sich stets auch noch winzige, pulsierende Leuchtobjekte. Sie blinken abwechselnd rot und weiß und sind nicht am Abendhimmel festgetackert wie ihre Sternbildbrüder, sondern bahnen sich beharrlich ihren Weg. Manchmal sind es gleich mehrere hintereinander, wie glühende Perlen auf einer Schnur.

Ich weiß nicht, was mir mehr das Fernweh in die Knochen treibt: der Anblick der sternengleichen Flieger, die bei Nacht über den Himmel krabbeln, oder die weißen Kondensstreifen, die tagsüber von Flugzeugen an den strahlend blauen Himmel gemalt werden. Oft erwische ich mich bei dem Gedanken: Wohin geht wohl deine Reise?

Sosehr ich es liebe, daheim zu sein: Spätestens nach vier Wochen erliege ich dem heimischen Hofkoller und muss wieder raus, dabei ist es eigentlich egal, ob der Trip nach Afrika, Asien oder Amerika geht oder vielleicht nur einen Kringel um irgendeinen Kirchturm in Deutschland dreht: Der Weg ist das Ziel.

Als ich 1990 Flugbegleiterin geworden bin, wollte ich nur ein Jahr fliegen und dann »etwas Vernünftiges« machen. Wer weiß, wie das Leben verlaufen wäre, hätte ich mich, wie ursprünglich geplant, in den Staaten dem Studium des Hotelmanagements gewidmet. Vielleicht wäre ich sogar in Amerika geblieben? Ich glaube nicht, denn so begeistert ich auch mit 16 von dem Land der unbegrenzten Möglichkeiten war, eines habe ich durch die vielen Jahre des Herumreisens gelernt: In Deutschland fühle ich mich am wohlsten. Es ist aufregend, neue Länder, Kulturen und Gebräuche kennenzulernen, und je mehr man herumreist, desto mehr Plätze fallen einem ein, wo man noch nicht gewesen ist und unbedingt einmal hinmöchte. Reisen schärft nicht nur die Sinne für die Schönheiten der Natur, die Sehenswürdigkeiten, den Genuss ungewöhnlicher Speisen und den Klang fremder Sprachen. Es sensibilisiert einen auch für die Probleme, die in anderen Ländern herrschen, wie Armut, Kriminalität, politische Unterdrückung, fehlende soziale Absicherung. Was geht es uns in Deutschland doch gut, denke ich mir so oft, wenn ich wieder daheim gelandet bin. Wir leben hier im Paradies, vom Wetter vielleicht mal abgesehen.

Manche meiner Kollegen beschweren sich über Langeweile im Job, immer die gleichen Sandwiches – Wurst oder Käse? –, die gleiche Kaffeekanne, der gleiche Sand im Koffer und die gleichen Shoppingcenter. Ich sehe das anders. Jeder Flug birgt eine neue Herausforderung, eine neue Crew, neue Passagiere. Nichts ist so unkalkulierbar und herausfordernd wie der Faktor Mensch.

Wenn ich nun viel über Dinge berichtet habe, die außerplanmäßig waren, oder über Gäste, die lautstark ihrem Unmut Luft gemacht haben, so liegt das natürlich daran, dass einem solche Momente weit länger im Gedächtnis bleiben als ein freundliches »Danke schön fürs Mitnehmen« beim Aussteigen. Trotzdem ist genau das der Treibstoff, der den persönlichen Motor am Laufen hält. Meine Motivation sind all die Gäste, die sich bei uns an Bord wohlbehütet gefühlt haben, geschmacksneutralen Wurstbrötchen, nicht vorhandenem Tomatensaft, plötzlichem Wintereinbruch, wilden Turbulenzen und fehlendem *Spiegel* zum Trotz.

Es ist schwierig, im Kampf auf dem Markt in Zeiten der Wirtschaftskrise ein hervorragendes Produkt anzubieten, welches noch dazu fast nichts kostet, stets pünktlich ist und immer einen Fensterplatz im XXL-Format bereithält – machen wir uns nichts vor. Doch auch wenn es täglich ein Prüfstein ist, mit verrückten Dienstplänen, knappem Material, einer 100-Prozent-Polyester-Uniform, chronischem Jetlag und kleinen und großen menschlichen Schwächen zu jonglieren, so ist es dennoch ein schönes Gefühl, das Tagwerk geschafft zu haben. Man wächst an den Aufgaben, wenn man in der Lage ist, genügend Idealismus, Anpassungsfähigkeit und Selbstironie mitzubringen.

22 Jahre Fliegerei habe ich jetzt zusammen, bis zur Rente mit 60 sind es noch ein paar Meilen. Das wird sich in Zukunft sicherlich anders anfühlen, und das eigene fortgeschrittene Alter lässt einen aus dem Pool an Erfahrungen, Wissen, Humor und Contenance schöpfen, was die Arbeit im Flugzeug um vieles leichter macht. Im Gegensatz dazu setzen Schlafstörungen durch ständige Zeitverschiebungen, knackende Knochen und ein Nachlassen der Flexibilität sowohl von Haut und Haar als auch von gesellschaftlicher und familiärer Einbindung wieder neue Hürden, um ihn immer wieder zu finden, diesen Traumberuf.

Vielleicht ist es ein spezieller Fliegervirus, wenn man dem täglichen Wahnsinn aus der Verbindung von Menschen und Technik, Hetze, Improvisation, Organisation, Spontaneität, gut gemischt mit Charme und einem Lächeln im Knopfloch, verfallen ist. Aber genau wie bei Pubertät und Jetlag helfen hier keine Pillen, nur tapfer aussitzen, bis es von selbst verschwindet. Bei mir ist das bislang nicht der Fall, und ich freue mich darüber. Gegen mein Fernweh gibt es ebenfalls keine wirkungsvolle Medizin, aber immerhin temporäre Linderung. Und zum Glück wartet bald wieder ein Flieger auf mich, mit einer neuen Crew, neuen Gästen und einem neuen Ziel – ich freue mich schon jetzt auf die neuen Geschichten.

Fliegerchinesisch

Die Beschreibung meiner »Airlebnisse« funktioniert nicht ganz ohne englische Begrifflichkeiten. Wo es irgendwie ging, habe ich im Text deutsche Termini verwendet oder die englischen bei der ersten Verwendung erklärt. Für alle, die das Buch nicht von vorne bis hinten lesen, sondern lieber kreuz und quer darin herumschmökern, hier eine Liste des wichtigsten Fachchinesisch aus der Fliegerei.

Accommodation List:
Wird vom Purser bei der Ankunft im Hotel zusammen mit einem Rezeptionisten ausgefüllt, damit man die Crew schnell wiederfindet oder ein verschlafendes Crewmitglied per Telefonanruf oder beherztem Trommeln gegen die richtige Zimmertür wecken kann. Selbstverständlich werden Sonderwünsche gerne berücksichtigt, wie etwa Raucher- oder Nichtraucherzimmer, Kingsizebett, Badewanne statt Dusche, Blick aufs Meer, Blick auf den See oder Blick auf die Kollegin.

Aft Cabin:
Der hintere Teil der Kabine.

After-Landing:
Fröhliches Beisammensein der Crew nach dem Flug, war früher Standard, ist heute eher selten.

Aircondition:
Sorgt für die angepasste Luftzufuhr im Flugzeug, kann sowohl kühlen als auch heizen. Produziert in Ländern

mit hoher Luftfeuchtigkeit und Außentemperaturen unter Volllast weißen Nebel in der Kabine, der von Gästen ab und zu mit Feuer verwechselt wird.

Boarden:
Das Einsteigen und Platzieren der Gäste mittels Bordkarten. Die spannendere Variante nennt sich » free-seating «, da lässt man die Bordkarten weg: Wer zuerst kommt, sitzt zuerst.

Briefing:
Vorflugbesprechung, vorzugsweise mit der kompletten Crew. Man bespricht die Flugdetails (Strecke, Dauer, Service), die Themen Emergency, Erste Hilfe und Passagierbetreuung. Bei genügend Zeit werden auch noch Shoppingtipps und Adressen von Insider-Restaurants am Zielort ausgetauscht.

Cabin Crew:
Der Teil der Crew, der sich während des Fluges nicht hinter einer gepanzerten Tür verstecken kann und den Tomatensaft serviert.

Cabin Ready:
Nachricht, dass in der Kabine alles klar zum Starten ist. Wird dem Cockpit vom Purser mitgeteilt. Ohne Cabin Ready darf nicht gestartet, bzw. gelandet werden. Ungeduldige Piloten spielen daher schon mal mit dem Gedanken, lieber Fracht zu fliegen.

Checklist:
Es gibt offizielle Kontrolllisten für die standardisierten Arbeitsabläufe im Cockpit, für die Notausrüstung in der Kabine und besonderes Verhalten im Notfall. Und persönliche Checklisten – was muss alles in den Koffer für die Langstrecke? – oder ortsbezogene – was kaufe ich alles in Bangkok, Miami, New York … ?

Check out:
Feierabend. Wichtiger Zeitpunkt zum Errechnen der geleisteten Dienstzeit. Im Normalfall sollte diese 14 Stunden nicht überschreiten. Kann durch einen Kapitänsentscheid auf 15 Stunden verlängert werden, dann ist aber endgültig Schluss.

Cleaning:
Reinigung des Flugzeuges, Intensität je nach Flugdauer und Bodenzeit. Personalvolumen entspricht dem Landesstandard, in Asien kommen gerne an die 30 Mitarbeiter und wuseln in Windeseile kreuz und quer durch den Flieger, in der Karibik sind es die Hälfte, die dazu beim Fegen mit Bastbesen fast einschlafen, in Deutschland sind es die wenigsten, die aber am effizientesten putzen. Es ist immer wieder ein Wunder zu sehen, wie man es schaffen kann, aus einem fliegenden Mülleimer wieder ein sauberes Flugzeug zu machen. (Genauso erstaunlich ist es, wie schnell dieser Zustand auf der nächsten Reise wieder zunichte gemacht wird.)

Clear air turbulence (CAT):
Sehr schneller Wechsel von Luftrichtung und Luftgeschwindigkeit, der nicht visuell per Radar vorhergesagt werden kann. Wird von den Gästen meist als »Luftloch« bezeichnet und so empfunden, da das Fluggerät unvorhergesehen und schlagartig an Höhe verliert. Wer neugierig und flugangstfrei ist, liest unter Wikipedia einmal nach, was solche Turbulenzen anrichten können. Alle anderen beachten einfach den gutgemeinten Hinweis der Crew, während des gesamten Fluges angeschnallt sitzen zu bleiben. (Machen die Piloten übrigens auch.)

Cockpit permission:
Notwendig, wenn sich hier jemand während des Fluges aufhalten möchte, der nicht zur diensthabenden Crew ge-

hört. Muss umständlich beim Flugbetrieb beantragt, personifiziert und abgesegnet werden, natürlich hat der Kapitän des betreffenden Fluges das letzte Wort. Auf Flügen über und in die USA, Kanada, GB und Israel gibt es seit dem 11.09.2001 keine erlaubten Gäste im Cockpit mehr.

Coffeemaker:
Kaffeemaschinen an Bord, die zur Herstellung von Kaffee, Tee und Kakao heißes Wasser in silberne Kannen tröpfeln lassen. Auf Grund fehlender Mikrowellen an Bord wird in diesen Kannen auch Babynahrung im Glas oder Milch in Flaschen erwärmt (für Babys oder auf langen Flügen für den Café Latte der Crew). Coffeemaker treiben die Flugbegleiter in schöner Regelmäßigkeit zum Wahnsinn, da sie entweder Ewigkeiten zum Brühen benötigen, überlaufen, auslaufen, das Wasser nicht genug erhitzen, das Wasser gar nicht erhitzen oder den Dienst komplett verweigern. Beim Start läuft aus Coffeemakern auch gerne mal schwallartig das Wasser, was den Eindruck von Niagarafällen in der Küche erweckt.

Crew Cargo Compartment:
Hier werden die Koffer der Crew verstaut, damit sie nach dem Flug schnell auffindbar sind. Sorgt für ungewollte Unterhaltung, wenn im Winter die Tür einfriert und sich nicht öffnen lässt, aus Versehen bei einem Zwischenstopp geleert oder überhaupt nicht beladen wurde. Nette Piloten schauen bei ihrem Rundgang um die Maschine hier kurz hinein und zählen die Koffer nach.

Crewkontakt:
Telefonische Abteilung, die für den Einsatz der Crews auf den Flügen der laufenden Woche zuständig ist. Sie aktivieren die Standbys oder informieren über kurzfristige Planänderungen. Der Crewkontakt ist oft der direkte Ansprechpartner für alle möglichen Fragen wie: »Wo ist meine

Crew?«, »Wann landet die Maschine?«, »Wie lange ist die Ruhezeit?«, »Wo finde ich den Crewbus?« etc. Steht zwar fast alles in unseren Handbüchern, aber es ist doch schöner, noch einmal mit jemandem darüber zu reden, vor allem wenn es zeitlich brennt. Manchmal ruft der Crewkontakt auch auf dem Handy an, morgens um 4.30 h, wenn man schon 20 km auf der Autobahn auf dem Weg zu Arbeit gefahren ist, und trällert:

»Guten Morgen, der Flug nach Dresden fällt leider aus. Aber den Salzburg heut Mittag kannst du noch fliegen.« Dann ist es gut, dass die Leitung in die Firma so lang ist.

Dead Head:
Beförderung von Crewmitgliedern außer Dienst, kann je nach Einsatz in Uniform oder in Zivil sein. Dann muss die Uniform aber im Handgepäck mitgeführt werden, da die Gepäckbeförderung im Frachtraum immer mal wieder für Überraschungen sorgt.

Delay:
Zu deutsch »Verspätung«; kann vielschichtige Gründe haben: schlechtes Wetter, viel Verkehr am Himmel, Stau am Airport, bummelnde Lader, defekte Gepäckbänder, verloren gegangene Gäste (im Duty-free, in der Bar oder im Parkhaus), fehlende Papiere, Zubringermaschine noch nicht gelandet, Flieger defekt, Crew aus dem Standby, Enteisungsmittel alle, Schneepflug auf der Startbahn im Schnee stecken geblieben …

Economy:
Standard-Touristenklasse, böse als »Holzklasse« bezeichnet. Die Körpergröße sollte idealerweise 1,65 m nicht überschreiten, wenn man nach der Landung noch Gefühl in den Kniescheiben haben möchte. Der Sitzabstand ist in dieser Klasse bei den meisten Airlines gleich. Etwas groß-

zügiger sind die Plätze an den Türen, am Notausgang oder in der Reihe, wo sich der Flieger von acht Plätzen auf sieben pro Reihe verjüngt. Aber Vielflieger wissen das längst.

Fasten Seatbelts:
Anschnallzeichen. Wenn diese während des Fluges aufleuchten, verheißt es oft nichts Gutes. Gegen Ende des Fluges schon, dann ist bald Feierabend.

Forward Cabin/Galley:
Vorderer Teil der Kabine bzw. vordere Küche. Hier wackelt es am wenigsten. (Kein Witz.)

FSM:
Flight Safety Manual, unsere Bibel. In diesem stabilen Ringbuchordner steht alles, was man als FB über die Sicherheit, Notfälle, Notfallverfahren, Handhabung der Notausrüstungsgegenstände sowie die Themen Gefahrgut, Strahlung und Erste Hilfe wissen muss. Auswendig. Vorwärts. Rückwärts. Auch im Schlaf.

Galley:
Bordküche. Hier werden auf kleinstem Raum alle kulinarischen Köstlichkeiten und Getränke verstaut, die man während des Fluges benötigt. Hauptaugenmerk liegt hier beim Vorhandensein und dem reibungslosen Funktionieren aller Hebel und Bremsen, damit bei Start, Landung oder Turbulenzen alle Container und Trolleys sicher an ihrem Platz bleiben. In der Galley gibt es die Coffeemaker, Öfen, zahlreiche Staufächer sowie eine praktische Müllpresse. Trotzdem ist bei einer Langstrecke das Fassungsvolumen von Müllpresse und Müllwagen immer am Limit. Was uns früh lehrt, Dinge, die ihren Daseinszweck erfüllt haben, wieder genau dahin zurückzustauen, wo sie hergekommen sind. (Gilt natürlich nur für Leergut, Gläser, Porzellan und Mehrweggeschirr.)

Galley-Mouse:
Der Flugbegleiter, der für das Zählen der Essen und die Überprüfung der Beladung verantwortlich ist. Früher war die Küchenmaus in der Down Galley beschäftigt, fleißige Mäuse bereiteten dort schon einmal die Wagen vor, räumten aufgeheizte Essen in Styroporboxen oder statteten kistenweise Piccolos mit Becher und Servietten aus. Entspanntere Modelle lasen lieber Zeitung oder hielten sich an der Kaffeemaschine fest. Heutzutage unterscheidet sich eine gute Galley-Mouse von einer müßigen, indem die eine alles gewissenhaft prüft und die andere nur grob überfliegt. Wenn dann während des Fluges auf einmal 15 Essen fehlen oder partout keine Batterien für den Abrechnungscomputer zu finden sind, kann man wieder sein Improvisationstalent testen.

Hatrack:
Gepäckfächer über den Sitzen. Egal, welches Modell wir fliegen, sie sind immer zu klein, besonders im Winter. Manchmal lassen sich dort merkwürdige Dinge finden, vom schlafenden Kleinkind bis zur ausgebüchsten Schlange war schon alles dabei.

Hot meal:
Heißes Essen an Bord. In der Economy mit Auswahl: Nudeln mit Hühnchen oder Nudeln ohne Hühnchen (= vegetarisch). So schlecht ist das Essen an Bord nicht. Nicht, wenn man bedenkt, wie lange es schon reist, wie mühsam es in kleine Schalen mit bombenfest sitzendem Deckel verpackt wurde, wie oft es hin und her geräumt wurde und wie satt so eine kleine Portion machen muss! Pfiffige Gäste verzichten trotzdem und haben ein eigenes Lunchpaket dabei. Gestorben ist von unserem Essen aber noch niemand. In all den Jahren habe ich auch nur einen Gecko im Grünzeug und einen winzig kleinen, schwarzen Sechsfüß-

ler im Dessert erlebt. In großen Hotels rennen nachts auch die Schaben fröhlich durch die Küche, und in einem bekannten Steakhouse fand ich mal einen ganzen Radiergummi im Salat. Also nicht weiter spektakulär. Richtig spektakulär ist die Anrichteweise der Business-Hot-meals. Diese werden in kleinen Plastiktöpfen im Ofen erhitzt, dann auf schönes Porzellan mit Schwung über Kopf gestürzt. Leider sind die Töpfchen oftmals so heiß und so glitschig, dass das Stürzen einem akrobatischen Akt gleicht.

(Neuestes Highlight in der Business: ein Suppenservice als Zwischengang. Hierzu wird Suppe in vier flachen Aluportionsschälchen à sechs Portionen im Ofen erwärmt und mittels Kelle in vorgewärmte Schüsselchen nebst Einlage und Baguette Brot verteilt. Dies ist auch gänzlich ohne Turbulenzen eine ziemlich rutschige Angelegenheit, schon bei leichtem Gewackel wird es zur Artistiknummer. Muss es im Flugzeug eigentlich unbedingt Suppe geben?)

Jetlag:
Gefühlter Zustand nach einem Langstreckenflug auf Grund des durch die Zeitverschiebung völlig verwirrten Schlafrhythmus. In jungen Jahren kurz andauernd, im fortgeschrittenen Alter hat man tagelang etwas davon.

Jetstream:
Atmosphärische Starkwindbänder mit Windgeschwindigkeiten bis zu 540 km/h, bilden sich zwischen Hoch- und Tiefdruckgebieten und stellen die stärksten natürlichen Winde dar. Im Vergleich zu anderen Wetterphänomenen sind sie sehr verlässlich und gut vorhersehbar. Besonders auf Flügen über größere Entfernungen ist der Effekt des Jetstreams deutlich spürbar, man gewinnt oder verliert viel Flugzeit je nach Richtung des Jetstreams. Bei geschickter Routenplanung kann man ihn nutzen, um eine höhere Geschwindigkeit und einen niedrigeren Treibstoffverbrauch

zu erreichen. Sowohl Flughöhen als auch Reiserouten werden deshalb an den Verlauf des Jetstreams so angepasst, dass man ihn als Rückenwind nutzen oder als Gegenwind meiden kann. Leider muss man während eines Fluges auch mal öfter durch einen Jetstream hindurch – dann kann es ganz ordentlich rappeln.

Jumpseat:
Sitz mit Schulter- und Beckengurten, wo sich die FBs anschnallen müssen. Wird in der Aft Cabin auch gerne für Skatrunden zweckentfremdet, weil sie jeweils zwei Fluggastsitzen gegenüberliegen.

Leg/Doppelleg:
Ein Leg ist ein Flug von A nach B. Früher flogen wir zwei Legs, nämlich hin und zurück, zumindest bei allen Flügen bis maximal fünf Stunden Flugdauer. Heute schiebt man auch gerne Doppel-Legs, damit sind dann vier Flüge gemeint. Bis zu sechs Landungen pro Tag gestattet der Gesetzgeber. Dann ist man aber auch wirklich genug durchgeschüttelt worden. Wie hieß noch gleich der Airport da draußen?

Life Vest Demo:
Sicherheitsballett mit Schwimmweste und Sauerstoffmaske, heute nur noch selten nötig, etwa wenn die Entertainmentanlage den Dienst verweigert oder sowohl Emergency-Film als auch Ersatzkassette nicht vernünftig laufen wollen. Wird dann oft zur Herausforderung, weil die alten Demo-Westen im Brustbereich aufgeschnitten waren, damit man sie auch mit Pferdeschwanz oder Brille einigermaßen seriös über den Kopf ziehen konnte. Die alten Schätzchen sind längst neuen Modellen gewichen, nun kann man schon einmal beim Überziehen stecken bleiben, sich die Brille von der Nase ziehen, einen Ohrring aus-

reißen oder die Frisur ruinieren. Aber immerhin hat man dann mal wieder die 100-prozentige Aufmerksamkeit der Gäste.

Local:
Hier: Ortszeit. Piloten rechnen grundsätzlich nicht in local, sondern in GMT, das entspricht der Greenwich Mean Time, zu Deutsch mittlere Greenwich-Zeit. War von 1884 bis 1928 Weltzeit, wurde abgelöst von UTC, Universal Time Coordinated. In dieser Zeit werden die Dienstpläne geschrieben, im Winter rechnet man für deutsche Winterzeit eine Stunde dazu, im Sommer zwei. Für FBs wird die Zeit vom Crewkontakt bei Aktivierung aus der Bereitschaft immer in local angegeben, offenbar traut man unseren Rechenkünsten nicht. Sorgt bei Umstellung von Sommer- auf Winterzeit gerne für Verwirrung und nicht eingeplante Schweißausbrüche.

Minimum Rest:
Mindest-Ruhezeit. Im schlimmsten Fall beträgt sie nur zehn Stunden, gemessen von Check-out bis Check-in, dabei ist es dann unerheblich, zu welchem Zeitpunkt man nach der Landung den Crewbus findet, wie lange der dann im Stau steht und ob das Zimmer im Hotel schon fertig geputzt ist. Merke: Ruhezeit ist nicht gleich Schlafenszeit.

Nightstop:
Übernachtungen auswärts. 1–3 sind Standard, 4–6 gut möglich, bei 10 Nightstops am Stück sollte man alle Pflanzen abschaffen, auf Kakteen ausweichen oder auf Hydrokultur umstellen und den Goldfisch vorher zum Nachbarn rüberbringen. Er langweilt sich sonst. Nicht geplante Nightstops sind zumeist auf ein defektes Flugzeug, manchmal auch auf schlechtes Wetter oder Fluglotsenstreiks zurückzuführen und können jederzeit passieren. Wohl dem, der

eine gut sortierte Notausrüstung (Schlüpfer, Zahnbürste, Ersatzbluse etc.) mit sich führt.

Passenger Disturbance Report:
Manche Gäste vertragen die dünne Luft an Bord nicht. Sie werden laut, sie werden frech, manchmal drohen sie oder schlagen gar um sich. Da man sich nicht alles bieten lassen muss, aber auch nicht gleich beim ersten Wutausbruch zwischenlandet, gibt es dieses schöne Formular. Es wurde entwickelt zum Schutz aller Mitreisenden. Es ist eine schriftliche Verwarnung für den betreffenden Gast, das Fehlverhalten sofort einzustellen, andernfalls würde sich die Polizei bei der Landung um weitere Klärung kümmern. Auf einem Flug nach Amerika kam ein Passagier in die Küche:

»Ich will sofort einen neuen Sitzplatz. Mein Hintermann droht, mich umzubringen!« Der Gast hinter ihm saß mit erhobener Hand, ausgestrecktem Zeigefinger und rief immerzu laut in alle Richtungen »Peng, Peng« – Hier brauchte man eher einen guten Therapeuten als ein Formular.

Pax:
Hat in diesem Zusammenhang nichts mit dem Wort »Frieden« zu tun, auch nicht mit »Himmelskörper«, »Gottheit« oder »Spinnentier«, sondern mit »Persons approximately«, wörtlich übersetzt: ungefähre Anzahl der Passagiere an Bord. Kommt noch aus dem letzten Jahrhundert, wo die Zahl der Passagiere an Bord von Schiffen grob geschätzt wurde. Heutzutage achtet man peinlich auf eine genaue Übereinstimmung von Paxen und Anzahl der aufgegebenen Gepäckstücke.

Pick up:
Die verabredete Zeit für die Abfahrt zum Flughafen. Üblicherweise eine Stunde nach Wake-up.

Pink Line:
Name des Bordtelefons. Eigentlich heißt es nun »Interphone«, aber Pink Line ist hängen geblieben. Die Lämpchen an der Kabinendecke, die bei der angewählten Station aufleuchten, waren früher pink. Heute sind sie feuerrot. Mit dem Begriff »Feuer« möchte man das Telefon aus nachvollziehbaren Gründen aber nicht in Verbindung bringen. Man kann die verschiedenen Bereiche der Kabine anwählen, oder direkt die Damen und Herren im Cockpit. Bimmelt mit dem klassischen Bing-Bong, welches man aus Film und Fernsehen kennt. Dient aber auch für Ansagen und für Notfallkommunikation, sollte daher immer mit Bedacht benutzt werden. Kann auch in einem Dreiklang bimmeln, dann wird der Kabinenchef vom Kapitän verlangt. In 90 % der Fälle hat er vergessen, den Cabin-Ready-Knopf zu drücken (siehe dort). Oder der Chef braucht dringend noch einen Kaffee.

Purser/Purserette:
Hier: Chef(-in) der Kabine, wird abgeleitet von dem englischen Wort purse, auf Deutsch: Geldbörse. Früher war derjenige mit dem Geldtäschchen die Nummer eins an Bord. Das Cleaning fragt heute noch nach Numero uno. Im Firmenjargon heißt es aber nur noch SCCM (Senior cabin crew member).

Ramp Agent:
Bindeglied zwischen der Crew des landenden Flugzeuges und dem jeweiligen angeflogenen Flughafen. Spricht unter anderem den Zeitpunkt des Boardens mit uns ab, am liebsten fünf Minuten nachdem der letzte Gast von Bord gegangen ist. Zeit ist irgendwie immer ein Problem.

Slot:
Ein Slot ist ein kleines Zeitfenster von etwa 20 Minuten, die die Slot-Koordination in Brüssel für alle europäischen

Flughäfen einem Flugzeug zuteilt. Ist man in der zugeteilten Zeitspanne dann nicht startbereit, hat man den Slot verloren und muss sich wieder hinten anstellen. Bei großem Verkehrsaufkommen kann das schon einmal Verspätungen von 1–2 Stunden verursachen, besonders ärgerlich, wenn die Gäste schon an Bord sind. Aussteigen ist dann meist nicht mehr möglich, es könnte ja sein, dass sich der Slot doch noch verbessert und es plötzlich wieder schnell gehen muss. Neue Kollegen wurden früher auf den Arm genommen und mit einem 5-Mark-Stück zum Nachbarflieger geschickt, um deren Slot abzukaufen. Warum machen wir das eigentlich heute nicht mehr?

Survival-Kit:
Überlebenspäckchen an Bord von Langstreckenflugzeugen. Sie befinden sich am Boot bzw. der Rutsche und enthalten so wichtige Dinge wie Notfallsignale, Blendspiegel, Wasserentkeimungstabletten, Reparaturklemmen, Verbandsmaterial und ein Überlebenshandbuch.

Mindestens genauso wichtig: das persönliche Survival-Kit, welches bei unvorhergesehenen Übernachtungen auf Grund von schlechtem Wetter, defektem Flugzeug, Fluglotsenstreik, Aschewolke oder anderer widriger Umstände zum Einsatz kommt und daher stets im Handgepäck mitzuführen ist. Enthält neben Deo, Zahnbürste, Schlüpfer und Ersatzbluse spätestens nach der ersten am eigenen Leib erlebten unplanmäßigen Übernachtung auch so nützliche Dinge wie Ohrstöpsel, Einschlaflektüre, Glückssocken, Handyaufladekabel, Taschenlampe, Wärmflasche und ein Schmusetier.

Turnaround:
Die Turnaround-Zeit bezeichnet die Zeit von der Landung bis zum nächsten Start. Beim kleinen Airbus plant man 30 Minuten, beim großen eine Stunde. Auf Flügen mit Turn-

around sieht man also wahnsinnig viel von Land und Leuten.

Unruly:

Ein Passagier, der sich nicht an die Regeln hält und durch sein Verhalten Gefahr läuft, zwischendurch ausgeladen zu werden. Passiert gern auf Flügen nach Bangkok, wir haben aber auch schon einmal jemanden auf den Malediven der Polizei übergeben, weil er einer Kollegin mehrfach in den Ausschnitt gelangt hat. Seine Freundin ist mit uns weiter zum Zielort nach Colombo/Sri Lanka geflogen. War dann wohl nichts mit dem Traumurlaub.

VIP:

Very Important Person. Diese Gäste werden namentlich in den Papieren aufgeführt und erhalten einen besonderen Service. Wirklich wichtige, prominente oder reiche VIPs verhalten sich zumeist eher unauffällig, natürlich und freundlich. Möchtegern-VIPs brüllen schon mal am Schalter: »Ich bin der zweitwichtigste Mitarbeiter der Firma!« und fordern mit ihrem Verhalten geradezu Kopfschütteln, Stoßgebete und Lachanfälle beim Personal heraus. Zumal bei uns ja sowieso alle Könige an Bord sind.

Zu guter Letzt

Bedanken möchte ich mich bei meinen Kindern Hannah, Henry, Helen und Hardy, die des Öfteren für mich eingesprungen sind, wenn es darum ging, die Hunde zu lüften, den Stall auszumisten oder zu kochen, damit ich den Satz oder den Gedanken noch mal eben zu Ende schreiben konnte. Bei pubertierenden Teenagern ist dies keine Selbstverständlichkeit, und ich weiß diese Großzügigkeit wirklich zu schätzen.

Ohne Frau Maschmann, meine Lieblingsbibliothekarin aus dem Nachbardorf, wäre dieses Buch beim Piper-Verlag nie entstanden. Ein dickes Dankeschön gilt daher auch ihr.

Die Zusammenarbeit mit Frau Kuepper, meiner Lektorin, und Frau Cramer aus dem Hause Piper hat mir sehr viel Spaß gemacht, ich habe viel gelernt und freue mich über die frisch gebürsteten Buchstaben, die nun das Fliegen lernen sollen. Wie sagte doch Mark Twain: »Schreiben ist ganz einfach – man muss nur die falschen Buchstaben weglassen.«

Und natürlich gilt mein Dank auch meinem Mann Jürgen, meiner Mutter und meiner Freundin Andrea, die sich mein Geschreibsel immer geduldig angehört, mich beraten und unterstützt und vor allem an mich geglaubt haben. Always happy landings to you!